Femmes du jazz. Musicalités, féminités, marginalisations

# 女性ジャズミュージシャンの社会学

## ——音楽性・女性性・周縁化

マリー・ビュスカート
中條千晴 訳

青土社

女性ジャズミュージシャンの社会学

目次

誰もが同じ土俵に立って、気力や能力やモチベーションを
見せられるようになれば素晴らしいのに。
（とりわけ）性別に関係なくね。

——メルバ・リストン

パノニカ・ドゥ・コーニグズウォーター
『ジャズミュージシャン三つの願い（Les Musiciens de jazz et leurs trois voeux）』より。

# まえがき

ハワード・S・ベッカー

社会学の定義は、人々や組織、都市、その他の社会のアクターが、所得や富、教育、健康状態、知性、才能といった基準に従ってどのように配置されているかを研究するものであると言える。社会学者たちはアクター間の差別化がどの程度のものかを捉えようとする。富裕層は貧困層の一〇倍収入を得ているのか、はたまたそれは一〇〇〇倍にも及ぶのか、というように。研究者は、個人の平均的な収入と、大多数の人々の収入との関係を測定しようと試みる。さらに言えば、なぜそのような分配の結果となるのかを解明したいと考えている。これらに見られる差異はどのような要因によって生じるのか。これらの差異が社会的に決定されたものであり、特定のグループや組織による意図的・非意図的な行いの結果であるとすれば、社会学者たちはどのようにしてそれらを解消できるかを解明したいと望む。

とりわけ、特定の社会集団が、他の集団は通常得られるものを必然的に奪われていることが明らかになり、さらにその集団が他の集団から否定的な感情を抱かれ、意図的に差別的な行動をとられていることが明らかである場合、研究者の関心はより強くなる。したがってアメリカの社会科学はアフリカにルーツを持つアメリカ人（の一部あるいは全体）の差別的な扱いや、彼らの抱える宿命に常に関心を持つ。その一方でフランスの社会科学は、階級差の問題をより重んじ、関心を寄せてきたのである。

そして両国においても、世界の国々と同様、ジェンダーは研究・調査の主要な課題となっている。社会科学者たちは大半の人間が古くから認知していたことを認識した。すなわち、女性の得られるものはいかなる場合においてもわずかだという事実である。女性が選挙で投票権を得たのは、男性のほとんどがその特権を享受したさらにずっと後のことだ。彼女たちが自分たちの金を管理する権利を獲得できたのは歴史的に見ればごく最近だ。金、組織における地位、その他人々が日常で獲得しようとするものの全てにおいて、女性が得られるものは常にわずかである。女性は収入も少なく、働く組織の階層では女性の方が昇進しにくい。男性は通り抜けることのできるかの有名な「ガラスの天井」にぶつかってしまうのだ。また、組織化されているというわけではないが特記すべきは、女性に対する敬意は男性へのそれよりも低いという点である。例えば、会話分析によると、女性が話すと男性よりも遮られる可能性が高いことが分かっている（だが女性たちが全ての面において恵まれていないわけでもない。女性は男性よりも長生きだ）。

このような本来容易に観察できる格差について、ジェンダーをめぐる研究はまず単純極まりない解釈から始まり、いまや大きく発展した。確かに、女性に対する固定観念に結びついた感情や態度、そしてそれが生み出す差別によって、男女の差異にいくらか説明が与えられると私たちは考えている。しかし、このような至る所に散見される利得の不平等な分配は、社会における相互作用と社会を構成する人間生活がより複雑で微細に現れた結果であり、（略語としては欠陥があるが）「制度的人種主義」とも呼ばれるものであることも私たちは認識している。これは、ある行動の結果が全く異なるものを生むはずであったのにもかかわらず、意図的に生み出された不平等と同様に、予期せず不当で有害な不平等を生み出してしまうことを指す言葉である。例えば、警察官に身長の最低基準を導入することは、警察業務の身体に要求される身体的特徴を考慮すれば、頭では合理的であると思われるかもしれない。だが男性は女性よりも身長が比較的高いため、警察活動の大半において身長は必要とされないにもかかわらず、女性より男性の方が同じ仕事に就くのに有利になる。警察行政は身体的な適性を持つ警察官を確保したいと考えるが、一見ジェンダーとは関係ないように見えるその基準が、実は女性を差別しているのだ。

マリー・ビュスカートはジャズにおける女性に関する研究のなかで、矛盾と挑戦に満ちた事例を対象とし、そこから私たちが何を学べるかを見ようとした。ジャズミュージシャンや、彼らと共にステージでジャズを作り上げ紹介し続けている者たちは、自らを型破りであると捉え、自分たちと比べると「通」ではなく洗練されてもいない人間よりも、日常の固定観念には影響されにくいと考えている。彼らは自分たちが女性を差別したり、偏見を持ったりしているとは思ってもいない。マリー・ビュスカートが聞き取りをした（男性の）ミュージシャンたちは、「女性と共に演奏するのは楽しい」「女性も男性と同じくらい才能がある」「時折一緒に演奏する女性を尊敬している」と、真摯に語っていたと推測できる。女性シンガーたちはそれほど好まれてはいなかったが、ジェンダーを理由にした批判が公然とされていたわけでもない。

マリー・ビュスカートは、女性シンガー、そして年齢を重ねた器楽奏者が、ほとんど「男の世界」である環境において女性が直面する困難に説明を与える。漠然とした一般論を述べるのではなく、実際に起きていることを詳細に説明し、私たちが自らの意見を持てるよう導いてくれる。そして彼女が明確に解き明かしてくれたように、これは、組織的な慣行が意図せず差別的な結果をもたらすケースなのだ。

ビュスカート氏の分析の隠し味をここで明かすつもりはない。ただ女性たちが直面している困難は、何よりもまず共通の文化的信条にその根幹があるといってよいだろう。それは例えば、「声は真の楽器ではない。だから声で演奏する人間はミュージシャンではない」という考え方だ。この発想は即座に「女性シンガーはミュージシャンではない」という結論を導く（男性シンガーはほとんど器楽奏者と同等なためこの考えからは逃れられる）。ジャズミュージシャンの生き方が不安定要素で構成されていることも、困難の要因である。どんな仕事も長くは続かない。必要があれば声をかけられる有能なミュージシャンとして、できるだけ多くの仕事仲間に認知されることが雇用を維持することに繋がる。女性たちは時に、（音楽業界の別の部門での定職や出産などさまざまな理由で）ジャズ界から長期間離れてしまい、声をかけられる「候補」から消えてしまうこともある。一方で、男性ミュージシャンは認知され続けることが可能だ。自ら演奏しない夜も他のミュージシャンたちの演奏を聴きに行くことで。だが女性はそのようなことはあまりなく、このようなやり方に抵抗を感じている。というのも、やはりジャズミュージシャンの圧倒的多数は男性であり、男性だけのグループは、その集団行動に規範のない場合、たいてい非常に男権的であるからだ。多くの女性たちが、自らの社会化された慣習に鑑みると、その雰囲気があまりにも「男性的」であると感じている。「例えば、ステージ上に六人か七人の男がいて、自分だけが女という場合、疲れる。ほんとに疲れるんだ……演奏中の彼らは、サッカーチームみたい。サッカーをプレーしたいと思わないといけない」。これは女性でなくてもわかる。

マリー・ビュスカートは、ジャズシーンにおけるシンガーとしての立場を最大限に利用し、長く忍耐強いフィールドワークによって、その素晴らしい成果を私たちにもたらし、これまで仕事の世界についての理解を豊かにしてきた一連のフィールドワークのアプローチに、さらに刺激的で稀有な事例研究を提供してくれたのだ。

＊このまえがきはナタリー・モレル氏によって英語からフランス語に訳された。

# 序章

『マイ・フェイバリット・シングス』を即興演奏する女性サックス奏者の演奏に驚く者がいなくなるのは、まだまだ先のことだろう。目下頭角を現し、脚光を浴びはじめている彼女たち女性ミュージシャンは、ジャズの女性化〔訳者による補足――社会学では、ある集団の総人口における女子の比率の増加を意味する〕を各々のやり方で牽引するパイオニアたちである。私たちはその女性化の価値を認めねばならない。[1]

右の言葉は、フランスのジャズ「界《ワールド》」[2]への女性の進出が遅々として進んでいない状況を明らかにしている。フレンチジャズという小さな惑星[3]を構成する二〇〇〇人のジャズミュージシャンのうち、女性はわずか八%にすぎない[4]。ジャズの世界は男の世界という様相を呈しているが、それに加え、そこではジェンダーにもとづく二重の差別[5]が生じている。一方において、水平方向の差別が女性に「女の仕事」を、男性に「男の仕事」を割り振っている。歌手の約六五%が女性であるのに対し、器楽奏者のなかで女性が占める割合は四％に満たない。また、バイオリン（九％）やピアノ（約六％）などの一部の楽器では比較的「女性化」が進んでいるとはいえ、ドラム（二％未満）、ベース（ベーシストと自称する女性はいない）、ギター（一％未満）、トランペット（二％未満）といった楽器は、ほとんど女性化されていない。もう一方では垂直方向の差別がある。女性は男性に比べ、音楽の分野でトップの地位まで登りつめることが難しくなっている。「ガラスの天井」[6]が彼女たちの職業的な栄達の道を制限しているのである。フランスの女性シンガーや女性器楽奏者は、同業者や批評家や世間から非常に高く評価されている者たちですら、知名度が低く決して芸術活動だけで生計を立てられない。言い換えれば、彼女たちは「報酬や労働時間、達成した時に実感できる業界内での評価の程度から算定されるインフォーマルな仕事のランキング」の低層に位置づけられているのである。[7]

先の『ジャズマン』誌の特別号――「ようやく女子が！　ジャズを変えつつある者たち」というあくまで前向きなタイトルが付けられている――が思い起こさせるように、女性ミュージシャンの存在が認知されていない状況については、フレンチジャズ界の内部からさまざまな批判の声が上がっている。その業界に携わる者たちは、彼らの目に明確に差別と映るようになってきたものを快く思っていないようである。著名な批評家たちは、「優れた」[8]女性や、ごく少数ではあるが名声を得ている女性奏者に必ず注目する。これは二〇〇〇年に「この「重くて、間違いなく嵩張る」楽器の奏者のなかで最も代表的な女性」[9]として紹介された、著名なウッドベース奏者ジョエル・レアンドルの持ち上げられ方によく表れている。大多数のミュージシャンは、女性のさらなる進出に賛同の意を示している。例えば、あるミュージシャンは「ジャズ界に女性が少ないのは残念です。できることなら、男女平等を支持したいのですが」[10]と述べている。イベントプランナーやプロデューサーたちは「優れた」女性奏者や女性歌手の活躍の場を広げるため、クラブやフェスティバル、プライベートパーティーで「女性による、女性のための」のイベントを開催している。新聞や雑誌が行ったイベントプランナーやミュージシャンたちへのインタビューのなかでも、この問題はよく話題に上がる。記事やウェブサイト、ラジオ番組も、繰り返しこの話題を取り上げている。[11] さらに、男性ミュージシャンと女性ミュージシャンのあいだで議論が行われ、そこで男性ミュージシャンの「マッチョ」な側面が公然と非難されることもある。一九五〇年代のアメリカのジャズマンに関してハワード・ベッカーが明らかにしたように、（社会階級やエスニシティ、性別にもとづく）差別であると解釈されうるあらゆる現象は、フレンチジャズ界で働くプロフェッショナルたちから、自由と創造性というジャズの精神に反するものであると非難されているのだ。

だが、そうであるならば、「男女混合の空間内でジェンダー化された領域が構築される[12]」だけでなく、ミュージシャン間のこうしたジェンダーにもとづく差異化が、音楽的、社会的、経済的な階層化に変換され、一部の者たち（女性シンガーと女性器楽奏者）が他の者たち（男性器楽奏者）に比べて不利益を被っているということを、どのように説明すればよいのだろうか？　ここでは少し回り道をして、芸術に携わる女性を対象とした先行研究に目を通し、考えられる理由を洗い出したい。これらの研究は、ジャズ界についてのこのエスノグラフィー調査の土台を築くとともに、本書全体を通して展開される分析のための語彙を提供してくれたものだからである。

## 芸術に携わる女性とジェンダー差別

まず、従来女性たちは音楽活動から排除され、そうでなくとも、特定の限定された音楽活動（特に歌唱）に専従させられたり、特定の限定された社会空間のみに帰属させられたりしてきたことに留意したい。また、こうした女性ジュージシャンたちは特殊で周縁的な職（特に修道女や売春婦）を割り当てられてきた。『カイエ・ドゥ・ミュジーク・トラディショネル』誌の「女性のあいだで」と題された特別号は、過去および現在のさまざまな伝統社会におけるジェンダー差別の様相や、楽器や社会、音楽の領域における専門知識の習得の様相に関するエスノグラフィー調査の事例を数多く提供してくれている。[13] 宗教的なものが根拠とされる場合もあれば、社会的、文化的なものが根拠とされる場合もあるが、男性と女性には、それぞれ異なる音楽、楽器、社会的役割を担当する道が用意されるのだ。そして社会が近代化するなかで、政治的・社会的展開によって、そうした区分に異議が申し立てられている場合もある。

だが、男女平等は不可侵の原則である、と無前提に考えられている現在の西洋世界についてはどうなのだろうか？　より伝統的な職業領域でのジェンダーにもとづく差異化の現象を分析した主要な文献[14]を見ても、また、まだわずかではあるが、女性の芸術家を扱っている研究[15]を見ても、以下の理由のうちの少なくとも一つが挙げられている。[16]

一部の芸術活動における女性のプレゼンスの低さは、大抵暗黙裏に行われ、把握するのが難しい差別によるものといえるかもしれない。例えば、アメリカの主要なオーケストラでは近年、女性の楽団員が三〇%増加したが、それは採用オーディションの際に「スクリーン」を使用して、応募者の姿が物理的に見えないようにしたためなのである[17]。

また女性アーティストのなかには、非常に多忙な職業生活と、主として彼女たちが切り盛りを任されている（特に子どもが誕生した後はそうなる）家庭生活とを両立することの難しさから、ドミニク・パスキエが研究した画家たちや、イヤサント・ラヴェが分析したオーケストラミュージシャンのように、アーティストとしてのキャリアを諦め、教職に就くことを選ぶ人たちがいる[18]。

さらに、そうした世界は依然として非常に「男性的」なしきたり――社会的ネットワーク、音楽面での慣例、人間関係上の規範――に沿って動いているため、一部の女性や男性たちに、自身を歓迎していないと思われる世界から身を退くことを促す一方、一九世紀のアメリカやイギリスの女性エッチング画家[19]や、フランスの女性ロック・ミュージシャン[20]、イギリスの女性「ポップ」・ミュージシャン[21]の場合と同じく、一部の男性〔ミュージシャン〕たちが女性たちを「一人前」の同業者として見なさないという結果を招いている。

加えて、ジェンダー化された社会的な表象やステレオタイプ、さらには非常に幼い頃から〔ジェンダーごとに〕差異化した社会化によって、女性たちは職業としてのアート実践から排除され（ピアノが長いあいだ、ブルジョア家庭の若い女性がアマチュアとしてのみ演奏されるものとされていたことはこの好例である[22]）、価値が低いものとされる特定の役割や実践[23]、「芸術ジャンル」やいわゆる女性的な楽器[24]の領域から抜け出せなくなる傾向にある。

以上の三つの理由は、ほとんどの場合、別々に議論されることが多いが、それは〔従来の研究が〕以下の三つの主要な調査方法のうちの一つのみを用いているからである。ライフコースに関する聞き取りやアンケートという方法を採ることにより、差異化された社会化や、家庭環境（特にパートナーや両親）の役割、私生活と職業生活との折り合いの付け方の分析に焦点を当てることができる。[25] 生み出された作品や、芸術に関するプロフェッショナルたちの考えを分析すれば、その芸術世界《アート・ワールド》で作動しているジェンダー表象が、どのように女性と男性のアーティストとしてのキャリアに影響を及ぼしているかが明らかになる。[26] そしてエスノグラフィーという方法は、社会的ネットワークや、インフォーマルな規範や規則、人間関係において喚起される判断基準を、できる限り忠実に再構成する。[27]

## 長期的・横断的エスノグラフィー調査

だが、ジャズ界の女性たちが置かれた状況を、その力学と複雑さを捨象することなく理解するためには、これら三つの方法を横断的に用いる必要があった。それゆえ著者は、一九九八年から、フレンチジャズ界で長期的なエスノグラフィー調査を行った。二〇〇一年から二〇〇七年までに、フレンチジャズ界に携わる男性ミュージシャンと女性ミュージシャンのライフコースを再構成するため、四六名に対して聞き取り調査を行った。さらにこの調査資料を、二〇〇一年以降、〔ジャズの〕専門誌を継続的に分析することによって補完した[28]（「方法論に関する付論」を参照）。そのようにして著者は一つの分析のなかで、この芸術世界《アート・ワールド》がいかに「男性的」に動いているかという点と、調査の過程で浮かび上がってきたジェンダーによって規定されたライフコースとを関連づけようと試みたのである。著者は、差異化されている男女の社会化と、この芸術世界《アート・ワールド》を組織するジェンダー規範、その規範を形作るジェンダー的偏見、そして現代社会の内部で構築されている男女の社会的役割に関連性を持たせた。これらの女性アーティストたちが下した個々の選択は、一連の意識的・無意識的な選択や、成功と失敗、時間の経過のなかで変化する当初の目標とその再設定の帰結と見なされてきたが、それらは本書が対象としている芸術世界《アート・ワールド》内外のさまざまな社会過程の複合的な影響を受けているのである。アーヴィング・ゴフマンの扇情的な表現を使えば、「異性間の合意」[29]は、実際には連続的かつ複合的に構築されているものであり、本書の研究対象である芸術世界《アート・ワールド》内、およびそれが存在する社会環境の両方の、さまざまな社会化の契機における力学として成り立っている。本書では、一人のアーティストの人生におけるそうしたさまざまな契機や、数多くのステレオタイプ、社会的な慣習や規範、実践と社会的ネットワークを追究していくことによって、フランスのジャズシーンにおいて女性のジャズシンガーが低い地位に押し留められている一方で、女性器楽奏者がわずかしかいないというこの二つの状況を説明していきたい。

## 本書の構成

男性であれ、女性であれ、職業的なジャズミュージシャンになること、そうあり続けることは容易ではない。「アンテルミッタン」の資格に規定されるその雇用の世界は、「ハイパー・フレキシビリティ」[30]と、恒常的な人員過剰のせいで起きるメンバー間の絶え間ない競争とによって特徴づけられる。[31]本書の第一章では、この芸術世界《アート・ワールド》がどのような慣例があるのかを説明し、フランスにおいて女性と男性のジャズミュージシャンが置かれている状況を紹介する。

次に、女性のジャズ歌手と女性のジャズ器楽奏者が置かれているそれぞれの状況を検討する。たしかに両者とも、本物のプロミュージシャンとして認められにくく、比較的「安定」した職にアクセスしにくいという、ジェンダーにもとづく困難を共有してはいる。だが、それ以外の点、例えば、それぞれの立場や評価、音楽的・教育的・職業的な社会化、音楽（ジャンル）の選択、ジャズのプロフェッショナルからの見られ方などは異なっている。女性のジャズ歌手が「女性らしい」音楽的役割に閉じ込められ、そのせいで雇用されにくくなるという状態に置かれている一方、女性器楽奏者は安定的で持続的な雇用をめぐる社会的ネットワークの維持に苦心している。長年にわたってジャズで生計を立てて続けられるかどうかは、それ次第になるからだ。女性器楽奏者は安定した雇用の機会を得るために「性的な魅力を封印」しなければならない一方で、女性シンガーは性的魅力を出しすぎていると常に中傷される。それがその仕事をプロとして行うときの不可欠の要素と考えられているにもかかわらずだ。女性シンガーはプロとしての正統（当）性を有さない「女の仕事」に就いているだけだと非難され、女性器楽奏者は、彼女たちに仕事を与えたがらない男たちの世界のなかで、「男の仕事」を実践しなければならないことに「疲れた」と語る。本書では第一部、第二部を通じて、共通の現実――「女の運命」――にさらされ、非常に類似してはいるが、同時に非常に異なるこの両者の状況を構成する要素について説明していきたい。

（1）Vincent BESSIÈRES « Enfin les filles ! Éditorial », *Jazzman*, 123, 2006, p. 16-27, p. 17.

（2）Howard S. BECKER の議論を踏まえている。*Les Mondes de l'art*, Paris, Flammarion, 1998 (1982).

（3）これはオーディエンスにおいても「小さい」といえる。なぜなら、フランスで売られているレコードのうち、ジャズのレコードは三％にも満たず、その大部分は「フレンチジャズ」とは関係ないものなのだ。

（4）この数字および割合は *Jazz 2004. Le guide-annuaire du jazz en France*, Paris, CIJ, Irma Éditions, 2004 をもとにしている。本書の「方法論についての付録」のなかで、先験的（アプリオリ）にデリケートな計算の信頼性をある程度確保するための方法を説明している。

（5）Margaret MARUANI (dir.), *Femmes, Genre et Sociétés. L'état des savoirs*, Paris, La Découverte, 2005.

（6）「男性たちは今なお自らが雇われている組織のトップを支配し、ほとんどの職業やプロフェッションで最高の位置を独占している。［…］この現象は「ガラスの天井」と呼ばれ、目に見えない天井があるために昇進できない労働者がいるのである」（Irene PADAVIC, Barbara RESKIN *Women and Men at Work. Second Edition*, Thousand Oaks, CA, Pine Forge Press, 2002, p. 38）。この概念はもともと、女性は公共の場において最高の地位に就くのが困難であることを分析するために考えられたものであるが、ここではこの概念を、組織の枠にあてはまらない社会的評価のある一流の職業にまで広げる。

（7）Howard S. BECKER *Outsiders. Sociologie de la déviance*, Paris, Métailié, 1994 (1963), p. 128.

（8）例えば Francis MARMANDE « Le jazz, musique qui ne se fait que par les femmes », *Le Monde*, 21 décembre 2005, p. 22. Michel CONTAT « Elles vont faire jazzer. Trois filles à couper le souffle », *Télérama*, 2946, 2006, p. 52-53.

（9）Renaud MACHART « Joëlle Léandre, à cordes et à cri », *Le Monde*, samedi 2 février 2002, p. 34. フランス女性ジャズ界の代表的存在であるジョエル・レアンドルの軌跡については、第二部の冒頭で再び触れたい。本書の巻末にこのミュージシャンの写真を掲載している。

（10）ある著名なミュージシャンがインタビューのなかで口にした言葉。

（11）例えば、ラジオ・カナダが「ジャズ——男の世界（Le jazz : un monde d'hommes）」という番組を放送したり、インターネットで配信されているフランスの独立系情報誌『シティズンジャズ（Citizenjazz）』

が「ブルースを歌う淑女たち」という記事を掲載し、ジャズ界において女性の存在が少ない状態を理解しようとしている。

（12）Marlène CACOUAULT-BITAUD « La féminisation d'une profession est-elle le signe d'une baisse de prestige ? », *Travail, Genre et Sociétés*, 5, 2001, p. 95.

（13）*Cahiers de musiques traditionnelles*, numéro spécial « Entre femmes », 18, 2005. 読者は、インド、ウズベキスタン、アゼルバイジャン、イラン、日本、韓国、ブルガリア、モロッコ、セネガル、カメルーン、そしてフランスの事例を知ることができる。この出版物の編集長であるLaurent Aubert氏は、Razia Sultanova氏編集のこの号に、パリのボーカルジャムに関する著者の記事を掲載してくれた。これは本書の第六章の基盤を成している。

（14）Thierry BLÖSS (dir.), *La Dialectique des rapports hommes-femmes*, Paris, PUF, 2002 (2001). Catherine MARRY *Les Femmes ingénieurs. Une révolution respectueuse*, Paris, Belin, 2004. Margaret MARUANI (dir.), *Femmes, Genre et Sociétés, op. cit.* ; Irene PADAVIC, Barbara RESKIN, *op. cit.*

（15）アートの世界は特に女性に対して閉鎖的なものである。

（16）これらの説明およびここで紹介した事例の詳細は、近日中に発表される英語の記事で紹介する。Marie BUSCATTO « Women and Artistic Work. An Emblematic Example in Gender Studies », *Social cohesion and Development Journal*, 2007. ケベックの女性アーティストに関する次の記事も、この意味で参考になる。Denise LEMIEUX « Les femmes et la création culturelle », *in* Denise LEMIEUX (dir.), *Traité de la culture*, Sainte-Foy, Presses de l'université Laval/Éditions de l'IQRC, 2002, p. 241-260.

（17）Claudia GOLDIN, Cecilia ROUSE, « Orchestrating Impartiality : The Impact of "Blind" Auditions on Female Musicians », *The American Economic Review*, september 2000, p. 715-741. 同様の議論がマリア・アントニエッタ・トラスフォリーニの女性画家に関する研究（« "Elles deviendront des peintres" . Femmes artistes et champ social de l'art », *in* Agnese FIDECARO, Stéphanie LACHAT (dir.), *Profession : créatrice. La place des femmes dans le champ artistique*, Lausanne, Antipodes, 2007, p. 25-47）、またリリアナ・セグニーニがブラジルの女性オーケストラ奏者について書いた本の中においても行われている（« Accords dissonants : rapports salariaux et rapports sociaux de sexe dans des orchestres », *Cahiers du genre*, 40, 2006, p. 137-161）。

(18) Dominique PASQUIER « Carrières de femmes : l'art et la manière », *Sociologie du travail*, 4, 1983, p. 418-431. Hyacinthe RAVET « Professionnalisation féminine et féminisation d'une profession : les artistes interprètes de musique », *Travail, genre et sociétés*, 9, 2003, p. 173-195.

(19) Gladys E. LANG, Kurt LANG, *Etched in Memory. The Building and Survival of Artistic Reputation*, Urbana and Chicago, University of Illinois Press, 2001 (1990).

(20) Laureen ORTIZ, *Parcours par corps : une enquête de terrain sur les musiciennes de rock*, mémoire de maîtrise de sociologie, université de Paris I Panthéon Sorbonne, septembre 2004.

(21) Sheila WHITELEY (ed.) *Sexing the Groove. Popular Music and Gender*, London and New York, Routledge, 1997.

(22) Remi LENOIR « Notes pour une histoire sociale du piano », *Actes de la Recherche en Sciences Sociales*, 1979, 28, p. 79-82.

(23) この事例は、オーケストラの指揮者の場合や、コンテンポラリーダンサーの役割を構成する場合にも当てはまる。Philomène GRABER, *Diriger. Un fief masculin*, université de Genève, mémoire du Certificat de formation continue « Aspects sociaux et culturels du féminin et du masculin », 2004. Pierre-Emmanuel SORIGNET, « La construction des identités sexuées et sexuelles au regard de la socialisation professionnelle : le cas des danseurs contemporains. », *Sociologie de l'art*, Opus 5, 2004, p. 11-34.

(24) Denise BIELBY, William T. BIELBY, « Women and Men in Film : Gender Inequality Among Writers in a Culture Industry », *Work and Occupations*, 19, 1996, p. 366-397. Françoise ESCAL, Jacqueline ROUSSEAU-DUJARDIN, *Musique et différence des sexes*, Paris, L'Harmattan, 1999. Sylvia FAURE, « Filles et garçons en danse hip-hop. La production institutionnelle de pratiques sexuées », *Sociétés contemporaines*, 55, 2004, p. 5-20. Delphine NAUDIER, *La Cause littéraire des femmes. Modes d'accès et modalités de consécration des femmes dans le champ littéraire (1970-1998)*, thèse de doctorat en sociologie, École des Hautes Études en Sciences Sociales, Paris, 2000. Hyacinthe RAVET, « Professionnalisation féminine et féminisation d'une profession », art. cit. Monique DE SAINT MARTIN, « Les femmes "écrivains" et le champ littéraire », *Actes de la recherche en Sciences sociales*, 83, 1990, p. 52-56.

(25) Philippe COULANGEON, Hyacinthe RAVET, « La division sexuelle du travail chez les musiciens »,

*Sociologie du travail*, 2003, p. 361-384. Dominique PASQUIER, « Carrières de femmes : l'art et la manière », art. cit.

(26) Denise BIELBY, William T. BIELBY, « Women and Men in Film », art. cit. Delphine NAUDIER,, *La Cause littéraire des femmes*, *op. cit.*

(27) Laureen ORTIZ, *Parcours par corps*, *op. cit.* Pierre-Emmanuel SORIGNET, « La construction des identités sexuées et sexuelles au regard de la socialisation professionnelle », art. cit. Sheila WHITELEY (ed.) *Sexing the Groove. Popular Music and Gender*, *op. cit.*

(28) 同一の楽器を演奏する女性は片手で数えられるほどであり、守秘義務上の理由から、調査対象者の名前や楽器については言及しない。また、インタビューやより非公式な会合で彼女らが打ち明けてくれた、身分を特定できるような逸話や「分かりやすい」出来事についても言及しない。

(29) « *It is here that sex-class makes itself, here in the organization of face-to-face interaction* » ; « C'est dans l'organisation de l'interaction en face à face que se construit la sexuation proprement dite » (notre traduction), Erving GOFFMAN, « Frame Analysis of Gender », 1976-1977, *in* Charles LEMERT, Ann BRANAMAN (eds) *The Goffman Reader*, Malden, Massachussets, Blackwell Publishers Inc., 1997, p. 201-227, spéc. p. 208.

(30) この表現は、ピエール＝ミシェル・マンジェがジャズミュージシャンの属するフランスの「アンテルミッタン・デュ・スペクタクル」の状況を特徴づけるため使用したものから借用した。この点については、次章で触れることにする。Pierre-Michel MENGER, *Les Intermittents du spectacle. Sociologie d'une exception*, Paris, Éditions de l'EHESS, 2005.

(31) Marie BUSCATTO, « De la vocation artistique au travail musical : tensions, compromis et ambivalences chez les musiciens de jazz », *Sociologie de l'art*, *Opus 5*, 2004, p. 35-56. Philippe COULANGEON, *Les Musiciens de jazz en France à l'heure de la réhabilitation culturelle. Sociologie des carriers et du travail musical*, Paris, L'Harmattan, 1999.

# 第一章　階層的であり飽和したプロの世界

　ここでは、ジャズの器楽奏者やシンガーが活躍するプロフェッショナルの世界が、社会的・音楽的・経済的な面においてどのような機能を形作っているかを述べていきたい[1]。この章は、調査の中で次第に明らかになっていったジェンダー的差別の意味を後の二章において詳しく述べる際の一助となるだろう。この差別とは、女性の器楽奏者がジャズの世界にわずかにしか存在せず、彼女たちがジャズ界に留まるのは困難であること、そして女性シンガーの評価はいまだ低く、認知されている者ですら自分の実力では生計を立てることができない状態を指している。またこの章では、調査の中で次第に明るみに出た、フレンチジャズ界が相対的に女性を周縁に追いやってしまう社会的要因も紹介する。

## ジャズで生きる――その方法は

労働市場に参入することがいかに困難であるかは、「ジャズで生きる」[2]という言葉によく表されている。ジャズ界の雇用市場に参入し、そこに留まりたいと願うジャズミュージシャンは非常に多く、彼らは、絶え間なく続く過酷でリスクの高い競争のなかを日々奮闘している。彼らミュージシャンたちは、不安定かつ飽和しており競争的な労働市場の中に自分の居場所を見つけ出し、それを確保しなければならない。ところで、規模も観客も資金力も小規模であるこの雇用市場を機能させている中心的存在はアンテルミッタン・デュ・スペクタクルである。多くの者にとって、プロのジャズミュージシャンになるということは、この地位を確立するということに等しい。

### アンテルミッタン・デュ・スペクタクル

この身分は普通法から派生し確立されたものであり、雇用形態が短期複数型で雇用者から比較的独立しているような芸術家が、被雇用者と同様の身分を保持できるようにするものである。芸術家として活動をしていない時期には失業手当の権利が与えられ、調査対象のアーティストたちはこれを収入の不可欠な部分として捉えていた。現在その対象は制限され、より排他的になりつつつある（対象期間の短縮、雇用の換算方法の改定、「芸術的な」活動という定義の制限）が、その機能は抜本的には歪められていない。過去四〇年間におけるこのシステムの機能を概括的、社会学的な視点から分析した研究には、ピエール＝ミシェル・マンジェの『アンテルミッタン・デュ・スペクタクル』があり、そちらを参照いただきたい。

一つのジャズバンドだけでは、それが評価されようがされまいが、いかに人気を博していようが、音楽で生計を立てることはできない。そのため彼らは「リーダー」として自分の名前のついたバンドを複数持ち、他のミュージシャンたちに声をかけてもらい、「サイドマン」として演奏する必要がある。ジャズバンドは、「リーダー」が「サイドマン」となるミュージシャンに声をかけ、（「オリジナル」や「スタンダード」[3]といった）セットリストを決め、ギグ[4]、ディスクの制作と流通を手配するのだ。「サイドマン」は声を掛けられると「リーダー」の指示通り演奏を行う。ゆえにミュージシャンは多くて二、三組のジャズバンドの「リーダー」を務めるのと同時に、他方で「サイドマン」としてさまざまな構成のバンド（ソロのコンサートやビッグバンドなど）を複数掛け持ち、謝礼金を得られる演奏の機会を得る。[5]

つまりジャズで生計を立てるには、非公式な仲間内のネットワークに入り込み、ミュージシャン同士で常に協力体制を確立する必要があるのだ。このネットワークは、ジャズのコンサートやジャズレコードといったジャズに特化した仕事の枠というよりも、メインストリーム以外の、認知度も低い活動（プライベートパーティー、商業施設での催し、教育活動、特にジャズではない音楽活動）との方に通じている。とはいえ、これらの枠は何よりもまず、比較的タイトに、「トラッド」ジャズ（ビバップ、ミドルジャズ、スイング、ニューオーリンズ以前の演奏スタイル）と「モダンジャズ」（ビバップ、ハードバップ、オープン、ネオバップ、ポストハードバップ）と即興演奏《アドリブ》（ジャズ・現代音楽とワールドミュージックとの間に位置するようなジャンル）とにカテゴリが分けられている。(6)

## 若手の不安定な生活、順応性、そして常に求められる稼動性

俳優業(7)と同じく、この世界では安定したジャズの仕事に就くまでに平均で一〇年前後かかると誰もが想定する。自らをジャズミュージシャンとして名乗ることは、かけだしの時期において、ジャズという職業を学び、訓練し、周囲に認められ、雇用市場で自分の居場所を見つけ出すことを意味している。ミュージシャンはこの時期を、音楽的な技術を磨いて独自のスタイルを選び出し、プロフェッショナルなネットワークを構築し、ジャズ界での評判を確立していくこと全てを並行して行う時期だと捉えている。聞き取り調査や面談において、若手のミュージシャンたちは皆、膨大な仕事量が絶え間なく続き、音楽に全身全霊を費やすことを余儀なくされていると証言している。仕事と仕事以外の活動が、見習い期間として、実験的段階として、また音楽の労働市場へ参入するプロセスとして表裏一体となっているのである。

この期間における最初の核となる事項は職業としてのジャズを習得すること、つまりスタンダードを習得し、専門学校で授業を受け、「練習を繰り返して」楽器をマスターすることだ。それはまた、他

のやる気ある若いミュージシャンたちと真剣にバンドを組み、仕事を選ばず受けることを通して、若手ミュージシャンに対して排他的な飽和状態の市場でも自らの居場所を作る、ということでもある。彼ら若手ミュージシャンは、不法な形での報酬や劣悪な額の謝礼金で演奏をし、友人たちと練習して技術を学び、満員のクラブを渡り歩いてセッションに入れてもらい、コンクールに応募し、手弁当で初のアルバムを録音し、時間もエネルギーも要する活動を行っているのである。

この期間はまた、ジャズ界の社交で非常に忙しくなる。夜はたいてい音楽「友達」と過ごし、友人のコンサートをいくつも聴きに行き、人に会うことで時間が過ぎる。また、休暇は往々にして他のミュージシャンと研修を受け、遠征をし、フェスに参加し、家族や他の友人が借りた場所で練習をする。ジャン＝ルイ・ファビアーニが一九八六年に述べたように、若手のミュージシャンがジャズ界に入るためには、まさに「入場料」を支払わなければならず、「それは音楽的資質の評価のみならず、身体的「ヘクシス」、すなわち見せかけで儀礼的な慣習と一般には見えにくい手掛かり次第でもある」(8)。若者たちは学校や夜のパーティー、「ジャムセッション」で、互いを（ミュージシャンとして）選び、相手について意見を出しあい、技術的・社会的な評価を後々左右することを見越して仕事のオファーを受けたり、逆に断ったりする。

このジャズ界に参入するための長きにわたる定着期間は個人的な葛藤の源でもある（自らの選択は正しかっただろうか、成功するだろうか、これが自分の本当の道だろうか？）一方で、（時間、報酬、移動やコンサートの場といった）音楽活動に対して深く献身的に関わるきっかけともなる。そしてこの定着期間の特徴は、常に不安定であること、極めて柔軟であることが求められるという点だ。というのは、土壇場でミュージシャンの代替を務めたり、予定していなかったコンサートで演奏したり、予想外に二つのコンサートをはしごしたりすることがあるのだ。非公式での仕事や、過酷な仕事の条件、非常に不安定な状態になることや極めて柔軟でなければならないことは、個人に人生設計を同時並行で考える余地を残さない。その上、彼ら若い男たち（女性は極めて少ない）は子どもをつくることは不可能だと考えている。音楽活動に関わることができなくなるからだ。

まさにこの期間に、かなりの若手ミュージシャンがジャズ界から身を退き、全く他の活動に方向転換することになるのだが、大多数はジャズの周辺分野に転向する。すなわち音楽教育、作曲、スタジオミュージシャン、合唱団や大規模なアンサンブルの指揮、その他（シャンソン、ロック、ポップス、ヴァリエテ、童謡、キャバレー、ワールドミュージックといった）ジャズ周辺にある音楽、文化イベントの企画、音楽療法などである。(9) 著者もまた、ジャズスクールや「マスタークラス」、職業研修で出会った見習いミュージシャンの多くがそのようにして専門分野の方向性を次第に転換していくのを観察してきた。労働・雇用条件が通常より厳しいこと、ジャズミュージシャンと接するということに喜びを感じられないこと、定着期間に五年以上も費やしたのにもかかわらず成功できなかったことなどが、現行の雇用市場では生計を立てるのは困難だとして彼らが足を洗う動機となる。ジャズ界と縁を切ることを「選択」した三〇代のジャズミュージシャンの言葉に耳を傾けてみよう。

彼は、ジャズバンドで楽器を演奏する生活から、広告音楽を中心とした生活に徐々に方向転換した。確かにそこには創造性も個人的な思い入れもあまりないが、何よりも人間として拘束されることが比較的ないという。そうして彼は（一週間以上の）長期休暇を、初めて音楽無し、音楽仲間無しで過ごし、クラブで夜を過ごすことはほとんどなくなり、定時の仕事をし、共働きである配偶者と時間を過ごすようになった。ちなみにこの配偶者はインタビューの一ヶ月後に妊娠している。彼はジャズ界から一時的にでも離れることを「選択」したという。ギャラをもらうのに奔走しクラブに顔を出し続けるのに疲れたのだと。「よく声をかけられる?」という質問に対して彼はこう答えていた。「いや。いつもコネだね。で、目下は、皆の目の届くところにいるかどうかっていうところ。夜は得意じゃないし、週二でしか出ないとなったらもう。消えたに等しいよね。まあ、でもね。これも選んだことだから」

## 周縁的な活動が大半である「ジャズ」での自己表現

一方で、認知度の高いプロのミュージシャン（アンテルミッタンの身分があり、あるいは音楽活動で定期的な収入を得ることができる三〇歳以上のミュージシャン）は、この世界への定着期間に構築した主たるネットワークに留まろうとする。ジャズミュージシャンであれば、キャリアのなかで活動の中断や困難や方向転換は必ず経験するが、その時期に新たな仲間のネットワークを再構築しようと努力するのである。

しかし、調査で出会ったミュージシャンの多くは、日常生活の中で自分の芸術的「資質」[10]が花開いているとは微塵も思っていない。ここで彼らは、マルク・ペルヌー（スイスのジャズ奏者であり現在はジュネーブ大学の教員）が「音楽野郎」について述べたのと同じような状況を経験している。[11]彼らは主に周辺的な音楽活動に従事し、結果自分の理想（「自分の」演奏をして自らの才能を見せること）と主要な活動（「自分」のためではない音楽活動をすること）との間で葛藤を抱いている。

そこではフレンチジャズ界における名声が彼らミュージシャン自身のアイデンティティを構築する要素となっており、音楽スタイルや訓練の度合いや演奏する楽器では全くなくなっている。このように、彼らは、音楽的・職業的・経済的な階層の中・下層に位置しているのである。特に三〇代を過ぎると、専門誌が彼らにインタビューをしたり、彼らのアルバムやコンサートを取り上げたりすることはほとんどない。認知度が同程度のお馴染みの仕事仲間が自分の仕事に興味を持ち、認めてくれる程度だ。（ジャズクラブ、フェスティバル、コンサートホールなどの）イベントプランナーは例外的にしか声をかけてくれない。

彼らのようなジャズミュージシャンは、音楽教育に携わり、音楽の授業で指導をし、ジャズ以外のジャンル（ロック、ヴァリエテ、テクノや童謡）を演奏し、商業施設のイベントやプライベートパーティーに参加し、（広告や映画音楽などの）商業音楽を作曲する。これらの活動を、面白く遊び心もあり、人間的で、人とはぶつからないと捉える者もいるが、骨の折れる仕事で、避けるべきだと評する者もいなくはない。いずれの場合もこれらの活動は、「自己」表現つまり自分の「本当の」音楽を実現する可能性を妨げるものとして捉えられている。

有名なミュージシャンにアプローチしてるんだ。広報にも力を入れてる。［…］仕事が必要だったんだよね。学ぶことはある。彼は素晴らしいミュージシャン。人間的な人。音楽にはいつも関われるし。ただね、この時間って自分自身の音楽に費やしたい時間だよね……でも経済的にそれは許されない。（三三歳　女性ミュージシャン）

プライベートパーティーで演奏するのはお金を稼ぐためだよ。こういうパーティーで楽しめることはほとんどない。「どうして？」という質問に対し彼はこう答える。「装飾っていうかバックグラウンドミュージックとして演奏してるから、真剣に聴いてもらえることはほとんどない。音楽をする上でそういうのは重要だよ。いい夜っていうのは、クラブやコンサートで、観客と音楽の間に何かが起こってると感じられるときなんだ」（三六歳　男性器楽奏者）

彼らミュージシャンたちは、創作の自由な時間と「エネルギー」を維持するために、これらの音楽活動を最小限に抑えなければならないという。定期的で安定した仕事に重きを置く者もいれば、不定期の仕事でも数日間に限定してやりくりする者もいる。アンテルミッタン・デュ・スペクタクルの身分を得るだけの「ギャラ」や、ミュージシャンたちとの出会い、練習やレコーディングスタジオなどの手段にアクセスできること、「人に見えない」ところで技術を磨く努力をするといった、自分自身の音楽を作り上げていく将来へのビジョンがあるか、そして厳しさの中に楽しさを見出すことができるかという事項が判断の基準となる。あるピアニストは「ピアノバー（での仕事）」について話す。練習ができ、観客はたいてい反応なしで要求もなく、きちんとした雇用形態で十分な報酬を得られるので、その仕事を受けたという。他方、同じような立場のピアニストで、プライベートや商業的なコンサート、「ピアノバー」はすべて断り、それよりもジャズバンドで共に演奏するミュージシャンのレッスンに付き合うことを好む者もいる。いずれにせよ、自分のための時間、空間、そして個人的な投資という視点から、仕事にできる限り明確な境界線を引くのが重要なのである。自分で選んだ音楽、つまり自分の本当の音楽が芸術的資質を表現できる唯一の手段なのだ。

ある三〇代の男性ミュージシャンは、自らが満足に表現できる自分のバンドと、経済的動機から定期的に演奏している「ジプシージャズ」とを比較する。「いつかは自分のスタイルや音楽の語りを固めなければならないんだ」。著者の「音楽の語りを固めるというのは？」という質問に対して、このような返答がきた。「自分のバンドはいろんなものにインスパイアされていて、それがいい。クリエイティブな取り組みだとかいろんな面で心から惹かれる部分だよ。ジプシーの方は、創作はしないし、他の人もいる。強いて言うなら技術を駆使するくらいかな」。ジ本業のバンドは、二年間毎週練習しても、知名度の低いライブハウスにもぐりで出演することしかできない。他方ジプシージャズは少ない練習で良い額のギャラを定期的に受け取ることができる。したがって彼は個人的に思い入れのあるジャズと生計を立てるためのジャズを対峙させており、後者は、確かに快く感じられる仕事ではあるが思い入れはないのだという。

これまでに何度も見てきたように、生活への弊害があまりに多すぎると、ミュージシャンはジャズ界から退いていく。そして音楽学校で教えたり、他の音楽ジャンル（ヴァリエテ、シャンソン、童謡、ロックなど）のミュージシャンのバックで演奏したり、ショーの制作や企画構成をしたり、広告やドキュメンタリー音楽の作曲をしたりする活動が中心になる。音楽界から完全に足を洗い、営業やコンサルティング業、教師や事務や音楽療法士になることもある。結果、ジャズで生計を立てているのは、フェスティバルやジャズ評論、パリのクラブで目覚ましく活動する一部のエリートのみとなるのである。

## 「自分の」音楽で生計を立てる――名だたる、そして「男らしい」トップ奏者へ

「自分の」音楽で生計を立て、ジャズミュージシャンとして確固たる地位を維持しているのはミュージシャンたちのなかでも少数である。したがって、音楽は、音楽というゲームの中で希薄になっていき、仕事もまた、その表現において、音の表記において、楽器への気晴らし的な探究心においてすら、ゲームとして捉えられるようになる。「ジャズはミュージシャンのミュージシャンによるミュージシャンのための音楽であるかのように見える［…］それは音楽の仕事の時間の外側で繰り広げられるんだ。音楽の仕事に費やす時間というのは、社会的な仕事の時間から削り取られるものなんだ。それは音楽の時間が過ぎてから「アフターアワー」として行われるんだ……」(12)

理想は仕事とプライベートが混ざった状態である。音楽の仕事において重要なのは、何かを学ぶことではなく個人としての音楽の探求だ。音楽的なテクニックは既に確立したもの、ミュージシャンのネットワークは既にあるもの、コンサート会場も既に熟知しているものとして見られるのだ。ミュージシャンは、自分や誰かが立ち上げた特定のプロジェクトを通して他のミュージシャンと実践の場に出ることで技術やネットワークを維持する。プロとしての主な活動はまさに、自宅で、あるいは誰かと、またはリハーサルやコンサートや音楽制作の周辺での実験的作業において行われるのだ。「楽器の練習はもうしないよ。むしろどう自分らしさを出すかを追求しているんだ。何時間も新しい音を探し

たり、いろんなことを試して……」（四二歳　男性器楽奏者）

だが音楽活動の中の創作は、個人的なものであり仕事としては定義できないと捉えられてしまう。それはプライベートのあらゆる部分に入り込む。何よりもまず睡眠時間や散歩の時間を侵食し、そして友人たちと過ごす時間に侵入してくる。その友人たちもまた同じように音楽を愛する者たちであることが多い。それゆえ夜の飲み会では、ミュージシャンたちについて議論する。ミュージシャンは楽曲を口ずさみ、新しいプロジェクトの話をし、自分の目を引いたミュージシャンたちについて議論する。そして第二に、交友関係と音楽が絶えず混在する。親しい友人たちとの夜、家族とのひととき、レジャー、コンサート、フェスティバル、研修などでは、しばしば即興の「ジャムセッション」が行われ、彼らは楽しみながら「いろいろ試してみる」。休日もまた、ミュージシャンの友人と過ごし、やはり「遊びで」一緒に演奏することが多い。

著者も参加したジャズワークショップの後、プロミュージシャンの一人が、同業者の「仲間」たち数人を自分のセカンドハウスに招待した。家を買ったのは、気軽に音楽をやり、たくさん友人を呼んで「好きなときに」演奏するためだという。彼は自身の妻と、それができる家を購入した。広々としたメインルームには大きなピアノがあり、そこで食事をし、演奏し、寝具もいくつか購入し、その場で寝られる。その家で一晩中演奏し、床で寝、パーティーをし、遊ぶというようなこともした、とも語っていた。この夏のワークショップを先導するミュージシャンたちもすでにこの家に何日か滞在したという。

プライベートな時間はというと、急な仕事や移動、ツアーや夜間のリハーサル、創作などに周囲の理解の範疇を越えるほど時間を費やし、周りの人々が休み、娯楽を楽しみ、家族と過ごしているときに仕事を行うことがほとんどである。

「旅行っていうのはミュージシャンの生活の一部だね。ときにそれは単なる楽しみだけど、必要に駆られての場合もある。頭を抱える時もある。疲れるし、ストレスの元でもあるし、長期間自宅から離れているしね」（三八歳　男性シンガー）

「ジャズミュージシャンになる代償は大きいよ」とある女性は言う。その声は柔らかく魅力的で、歌うと少し掠《かす》れている。「決まったスケジュールで安定した毎日を過ごしている人たちがうらやましいと毎日のように思ってる。夜の生活も、旅も、いつも同じようなホテルも、結局私たちから時間の感覚を奪ってる気がする。前向きな部分って言えば、毎晩ジャズをやることでいろんな音楽を演奏できるし、自分に挑戦できるということかな。それにいつもやる気を駆り立てられてるよ[13]」

芸術的資質を以て自己表現ができるようになり、それが私生活と職業生活の領域全体に影響を及ぼすようになると、葛藤や困難、「ストレス」や「恐怖」を感じる時期もある。極端に音楽活動が個人の在り方に規定されてしまうと、日常生活が絶えず感情に左右される状態に陥ってしまうため、彼らはその生活に潜む危険から身を守ろうとする。仕事の重圧を背負うと、芸術における理想のビジョンが常に緊張や「ストレス」、疲労の元となり、仕事が失敗すると自己を表現し難くなり、「インスピレーション」が低下したり、うつ状態や情緒不安定になったり、覚せい剤の摂取などの新たなリスクを招くこともある。これらの心的負担に対し、著名なジャズミュージシャンたちは自己防衛の手段を確立している。交友関係を維持したり、スポーツをしたり、心理療法を取り入れながら同時に医者にもかかる、というように。このように人間が脆弱になる瞬間、その兆候のある期間は、仕事や音楽における関係、交友関係が崩れていき、そしてそれはその後にも響く。そのため新しい仕事や友人、音楽のネットワークを再構築することによって「立ち直る」ことが必須となる。このような期間は仕事における「ブランク」と捉えられている。

（1）この章が、一九九〇年代半ばに発表されたフィリップ・クーランジョンの先駆的研究に負うところは大きく、ここに感謝の意を示したい。本研究の調査は彼の資料を更新し、聞き取り調査によって補完したものであり、フレンチジャズ界に蔓延する社会的・職業的・音楽的階層によって異なる立場にある女性ジャズミュージシャンたちの、仕事との関係性に焦点を当てたものである。Philippe COULANGEON, *Les Musiciens de jazz en France, op. cit.* Marie BUSCATTO, « De la vocation artistique au travail musical », art. cit.

（2）ジャズミュージシャンによる表現は、初出のみ〔原文が〕イタリック体で明記されている。

（3）これらはベテランのミュージシャンによるメロディーやテーマであり、その楽譜はたいていの場合内々で回り、それによってベテランミュージシャンには既知の古いメロディー、リズム、ハーモニーの演奏形態を創出する機会を得ている（例えば『Night and Day』、『Oleo』、『Body and Soul』など）。定番としては、テーマが演奏されると演奏者は順番に、楽曲の表をもとにして長さを変え即興演奏《アドリブ》をする。

（4）または「プラン」。一夜だけの出演を表す口語表現。

（5）たとえ有名なミュージシャンの「サイドマン」として引っ張りだこでも、一度も、あるいは晩年（四〇代）まで「リーダー」になったことのないミュージシャンもいる。このケースはドラマーやウッドベース奏者といったリズム隊のメンバーによく見られるようだ。

（6）ここでは、厳密に音楽学的な基準で彼らが認識しているような、客観的な音楽スタイルの定義は行わない。むしろ調査の過程で明らかになったのは、彼らの仲間内の社会的ネットワークを再構築すると極めて一般的な音楽カテゴリを中心に構成されていることである。

（7）Catherine PARADEISE, *Les Comédiens.Profession et marché du travail*, Paris, PUF, 1998.

（8）Jean-Louis FABIANI, « Carrières improvisées : théories et pratiques de la musique de jazz en France », *in* Raymonde MOULIN (dir.), *Sociologie de l'art*, Paris, L'Harmattan, 1999 (1986), p. 231-245, spéc. p. 234.

（9）フィリップ・クーランジョンはフランスのミュージシャン全体を対象とした統計的研究によって、一〇年後に職業に留まる確率は四五%であり、二〇%は最初の二年で姿を消すことを明らかにしている。Philippe COULANGEON *Les Musiciens interprètes en France. Portrait d'une profession*, Paris, La Documentation française, 2004, p. 275.

（10）彼らミュージシャンは、マックス・ウェーバーの分析にならってナタリー・ハイニッヒが「資質における特徴（registre de la vocation）」と呼ぶものを発展させている。Nathalie HEINICH, « Façons d'être écrivain. L'identité professionnelle en régime de singularité », *Revue française de sociologie*, 36 (4), 1995, p. 499-524.

（11）Marc PERRENOUD, « La figure du *musicos*. Musiques populaires contemporaines et pratique de masse », *Ethnologie française*, 2003, 33 (4), p. 683-688.

（12）Francis MARMANDE, « Du sexe, des couleurs et du corps », *L'Homme*, no spécial « Jazz et Anthropologie », 158-159, 2001, p. 125-138, spéc. p. 127-128.

（13）Sylvain SICLIER, « Patricia Barber, chanteuse et pianiste du clair-obscur », *Le Monde*, 1er mars 2001.

# 第一部　女性ジャズシンガー、かぎりなく「女性的」な職業

ミュージシャンがもしあなたと働きたくないって思ったら、すぐに態度に出るよ。(1)

フランスの女性ジャズシンガーの立場は女性器楽奏者と比べると一見優遇されているように見える。声というものは最高にして究極の楽器であると言われ続け、著名なミュージシャンは皆その楽器が「歌」を通して人々に訴えかけることを望む。「メロディスト？　そうとも言えるかもね。メロディーは自分にとっては歌だしね。そもそも私が一緒にやろうと思ったミュージシャンのほとんどはシンガーと言っていいよ。自分の歌、身体の一部のように楽器を奏でることができる奴らだしね。私にとっては音楽の核になる部分(2)」

ステージ上のシンガーは初めに観客の視線の的《まと》となる存在だ。クラブやフェスティバル、プライベートパーティーのイベントプランナーはまず彼らに優先的に声をかける。例えばダイアナ・クラール、リサ・エクダール、ステイシー・ケントなど、名をあげるとキリがないが彼女ら外国人女性歌手はジャズレコードのヒットチャートの常連だ。次の証言には、本調査の聞き取りで幾度となく耳にし、目にした言説《ディスクール》が、極めて具体的に現れている。

「二〇〇三年の「神的なサプライズ」（ジャズのシェアが市場において二・七％から三・三％へと〇・六ポイントも上昇したこと）には驚かないね。女性ジャズシンガーの市場での快挙が波及したにすぎない。特にノラ・ジョーンズ（フランスでの売上は一〇〇万枚以上にも上った）のおかげで、ブルーノートはジャズアルバム販売部門で（専門用語で言うところの）「チャートシェア」五五・五％を達成したしね。他にも、ダイアナ・クラール（一一・八％）、ステイシー・ケント（六・七％）、カサンドラ・ウィルソンとか……[3]」

エラ・フィッツジェラルド、ビリー・ホリデイ、サラ・ヴォーンなどの面々が世界的な快挙を遂げたことで、「ジャズの歌姫」という共同幻想が作り上げられた。フランスで活躍する女性ジャズシンガーの面々は常に称賛と共感を呼んでいる。雑誌の見開きに（頻繁に）登場するパリ在住二〇年のアメリカ人シンガー、サラ・ラザルスはその典型的な例である。

「今回は紛れもない事実だ。二〇年間途切れることなく「ギグ」を続け、フレンチブルーの惑星の優れたミュージシャンたちに花を持たせてきたサラ・ラザルスが（ようやく）ファーストアルバムのリリースにこぎつけた。[…]彼女と何度かステージを共にしたことのあるギョーム・ド・シャシーは近頃こう述べている。「サラもピアニストのアラン・ジャン＝マリーも隠れた逸材だ。最小限の音符でもって感情を最大限に引き起こすという一番大事なことを教えてくれる。サラとアラン・ジャン＝マリーは品格あるホンモノだ。反商業主義万歳！[4]」

彼女ら女性シンガーが、報酬もわずかで門戸の狭い音楽界において成功を収めたと見なされている証拠である。

しかしながら、器楽演奏の技巧やハーモニーの独創性、眩い即興演奏をより好む評論家やジャズミュージシャンが、ボーカルジャズに対して両義的、というよりむしろ嘲笑的な評価をすることもある。さらに重要な点は、シンガーたちがそもそも女性である場合、非常に認知度が高くても、音楽的・職業的・経済的階層の下層部に位置づけられてしまい、それがフレンチジャズ界全体を支配していることだ。

実際、調査対象となった女性器楽奏者はみな他のミュージシャンからバンドの「サイドウーマン」として参加しないかと声をかけられるが、女性ジャズシンガーに対してそのような要請はほとんどない[5]。換言すれば、多くのミュージシャンと繋がりがあるシンガーですら、フレンチジャズの雇用の循環に繋がるような社会的ネットワークにとって有益な役割を果たしているとは捉えられていないのである。例外としてボーカルジャズのバンドやトラッドジャズの「ビッグバンド」へ参加できることもあるが、そのような機会はごくわずかであり、女性シンガーが長期的に安定した雇用を確保することはできない。調査対象の女性シンガーはみな以前に一年以上そのような雇用形態であったことがある。しかし、その中でも最も認知度の高いシンガーですら、それだけでは生計を立てることができなかったのである。フランスのボーカルグループの数は、定期的で安定した雇用を確保し（せいぜいボーカルバンド、あるいはビッグバンド一、二つと一年間の契約ができるくらい）、ジャズで生計を立てる（年間一〇以上のコンサートはまずあり得ない）には少なすぎる。

著者の出会った器楽奏者たちが、自分たちが「リーダー」のメインバンドには女性シンガーを採用しないという姿勢を貫いている事実がそれを証明している。彼らのほとんどが女性シンガーのいるバンドに「サイドマン」として参加しているが、自分のバンドでは女性シンガーを同じように「サイドウーマン」と呼称することはない。自分たちが女性シンガーに声をかけるのではなく、シンガーに声をかけられ彼女の曲を演奏する、という形が一般的なようだ。男性シンガーが女性シンガーと同じような状況になるのは、シンガーと器楽奏者を兼ねていないという稀なケースのみである（この事例は一件のみであった）。ほとんどの場合は、男性シンガーは歌のできる器楽奏者とみなされ、この二つの役割がプラス要素となり、定期的に「あちこちで声をかけられる」ことになるという。

このような状況から、フランス人女性シンガーは外国人シンガーとは異なり、同業者からの認知度が非常に高いシンガーでさえ音楽の演奏のみで生計を立てている者はほとんどいないのである[6]。自分の好きな音楽をやりながらアンテルミッタン・デュ・スペクタクルとしての身分を維持するため、年間に一〇数個のジャズバンドに出演しなければならないようなプロの世界において[7]、彼女たちは自分の音楽活動のみではこの立場を確保できるだけのギャラを得ることができない。調査で出会ったシンガーはみな、主要な活動の場を別に持っている（音楽教師の場合が多いが、合唱団の指導、スタジオでのバックコーラス、広告用の声優、音楽分野での広報業などもあった）。

だが、シンガーたちはこれらの立場に対して受け身であるようにみえる。

「「サイドウーマン」なのは良い。好んでそういうのをやってるわけだし」。「サイドウーマンはよくやるのか？」という著者の質問に対し、「今年はあんまり」。このやりとりのあと、このシンガーは認知度があるにもかかわらず過去五年間で一年に一度しか「サイドウーマン」として働いていないという事実がわかった。（三八歳　女性シンガー）

女性シンガーたちは、音楽以外の副業にも価値を見出し、その仕事に敬意を持っていながらも、そのような副業活動を減らせるよういくつもの戦略を繰り広げ、自分の音楽（練習、レコードの録音、コンサート企画、レパートリーの構成など）に専念しようとしている。また彼女たちは、バンド以外でのジャズ演奏の機会がわずかである、あるいは皆無であるため、ジャズを演奏したり、音楽的な面において有益な出会いをしたり、好きな音楽に取り組んだり、音楽性を磨いたりすることができにくくなると考えている。そして、声をかけられるということは評価されたということの端的な証左であり、バンドを率い、日程を決め、すべてを手配するという気苦労から離れられる安らかな休息の時間であると彼女たちは捉えているのである。「サイドウーマン」として初めて経験したことについてある女性シンガーはこう語る。「バックでやるというのは慣れてないから大変。相手の考え、相手の世界に入らないといけないから。簡単じゃない。でも、私もリーダーなので解る。快適だし、リラックスできる」（二五歳　女性シンガー）

反対に器楽奏者の大半は、シンガーが「リーダー」を務めるバンドに一つは所属している。実のところ女性シンガーはみな、認知度が低~中程度の器楽奏者の音楽活動に多大な貢献をしている。女性シンガーたちは、プライベートパーティー、ダンスパーティー、カフェ、レストラン、ホテル、商業イベントといった特定の音楽シーンの主催者から声がかかるのだ。そのような場でのギャラはたいてい高額なので器楽奏者にとっても良い話となる。これらは通常公式の雇用なので、アンテルミッタン・デュ・スペクタクルとしての身分を確保するのにも有用だ。レパートリーは大抵有名な「スタンダード」ばかりなので、練習が少なくて済むとも捉えられている。知名度の低い女性シンガーでもライブのブッキングに労を厭わなければ、そのバンドのミュージシャンたちも年に一〇回程度は確実に演奏ができることになり、これはそのような存在のいないバンドにはほとんど不可能である。

しかしながら彼ら器楽奏者にとって、女性シンガーとの演奏は基本的に生計を立てるためのものに過ぎないようだ。この点について器楽奏者たちは、内輪では赤裸々に想いを吐露している。非公式の会話の中で、ある女性シンガーが辛い経験を語ってくれた。

「ジャムセッション」[8]で出会ったミュージシャンに、彼女はもう少し長い間一緒に演奏してバンドを立ち上げないかと提案した。ミュージシャンたちはまんざらでもない様子で、スタジオ練習のスケジューリングが行われた。二時間の練習のなかで彼女が持ち込んだスタンダードやアレンジの案を試した。彼女には快適かつ自由な雰囲気があると感じられた。セッションが終わり次のスケジューリングが行われた。ミュージシャンたちはこのやり方が面白く、コラボレーションに満足している、と言っていた。彼女は帰宅し、レコーダーに録音した練習を聴いた。そこで彼女は「ひどいサプライズ」を受ける。レコーダーの電源を切り忘れたまま数分部屋を空けている隙に、ミュージシャンたちは自分の技術を酷評していたのだ。彼らは、このセッションは音楽面でもあまり有益ではないし、彼女の才能は不十分であると不平を漏らしていた。彼女はミュージシャンに次のリハーサルをキャンセルするよう電話をかけ、スケジュールも多忙なのでコラボレーションは終わりにすると告げたと語った。この経験から、彼女は心理的に、人間として立ち直るのにかなり時間を要したと言う。

バック演奏は生計を立てるための手段に過ぎないという考え方に女性シンガーがこれほどまで残酷な形で直面することは珍しい。この例からもわかるように、この種の意見は仕事関係を壊滅的にするため、器楽奏者がシンガーに面と向かって話をすることはほとんどない。ともに音楽を演奏する喜び、音楽的に評価する者とだけ仕事をする喜びは、ジャズミュージシャンたちが共通に掲げる規範において最も重要なのだ。（プライベートパーティーや商業イベントでよくあるように）たとえレパートリーや音楽的な環境が気に入らなくても、ミュージシャンを尊重し、ともに演奏しなければならない。ハワード・ベッカーが観察したジャズミュージシャンたちのように、彼らは常に聴衆を選ぶことはできなくても、演奏のパートナーは選ぶのである。ミュージシャンとの共演と同様、シンガーとの共演も単なる功利的なものになってはいけないのだ。そのため女性シンガーとの仕事に対する評価を聞くことができたのは、このような非公式の会話、聞き取り調査、トレーニングセッションでの器楽奏者へのアドバイス、他のシンガーに対するコメントなどの中であった。しかし時にミュージシャンが女性シンガーの前でそれを仄めかす場合もある。次のコンサートでの観察はそれを示している。

あるコンサートの第一部で、若い女性シンガーと、若手のプロピアニストがデュオで演奏した後、ピアニストの友人の一人であるウッドベーシストが笑いながらこう言ったという。「食うためにやってるんだろ」。彼はコンサートの第二部（「ビッグバンド」演奏で、ピアニストも参加していた）を、入場料は第一部と同じであるにもかかわらず、真のコンサートだと評価していた。

経済的なニーズ、そして女性シンガーとの共演に割く時間は、そのミュージシャンがフレンチジャズシーンで認知される度合いと反比例している。フランスの著名な器楽奏者は女性シンガーと共演することはなく、あるいはあってもたいていはその場限りだけである（外国の著名なシンガーのバック演奏や即興の機会に応じるくらいだ）。例外はあるとしても、女性シンガーと定期的に共演するのは年齢を問わず認知度の低いミュージシャンである。したがってそれは、フランスのプロのジャズ界において女性シンガーが、その音楽スタイルや認知度にかかわらず音楽的・経済的階層の下層部にいるということを表しているのだ。

この、フランスの女性ジャズシンガーの声への賛辞と、彼女たちの疎外との間にある明らかな矛盾はどう説明がつくのだろうか。このような音楽的ヒエラルキーが生産され正当化される根幹には、三つの社会過程が相互に補完し合って存在している。まず、音楽をめぐるジェンダー化された観点が器楽奏者とシンガーを区別しており、それが女性シンガーが否定的に評価される要因の一つとなっている点だ。女性シンガーが演奏にこだわりを持っていても、器楽奏者は作曲することを切望し、女性シンガーに対しては、フレンチジャズ界では蔑視され軽んじられている商業ジャズのレッテルを貼る（第二章）。（だが）このような審美をめぐる議論は、有効な部分もあるとはいえ、今回の調査のなかで多々観察された例外となるケース、すなわち「質の高いシンガー」というものを理解するには不十分である。「男性主体の」社会的・言語的・音楽的慣習が仕事の人間関係の重要な位置を占め、すべての女性シンガーにとってジャズ音楽の雇用市場への参入や定着を困難にしているのだ（第三章）。さらに出会ったミュージシャンのほとんどに共通していた女性に対する固定観念が、女性シンガーを「雇用したいと思わせる」存在とさせず、音楽的にも妥当とは言い難い地位に彼女たちを縛り付けている点である(9)(第四章、第五章)。第一部の最後では、アマチュアボーカルの「ジャムセッション」をめぐる環境に目を向け、この部を終えることにする。それはアマチュアのシンガーや器楽奏者、プロになる修行中の若いミュージシャン、「マージナルな」プロが定期的に集まるお祭りのような場所だ。この章では、ジャズの世界で機能する社会的規範がどのように働き、またそれが崩されているかを見ていくことにする(第六章)。

(1) James BALDWIN, *Another Country*, 1963.
(2) Henri TEXIER, « Tout ça grâce à la musique », *ImproJazz*, 2006, 121, p. 14-19, p. 17. アンリ・テクシエは著名な六〇代フランス人ウッドベース奏者で、即興《アドリブ》演奏を主なスタイルとしている。
(3) Pascal ANQUETIL, « Pour ceux qui aiment le jazz.Edito », in *Jazz 2004. Le Guide annuaire du jazz en France*, Paris, Irma, 2004, p. 3-5, p. 5. かぎ括弧内はパスカル・アンケティルによるコメントである。
(4) Jonathan DUCLOS-ARKILOVITCH, « Sara Lazarus, une si belle attente », *Jazzman*, 2005, 109, p. 28-29.
(5) その理由については第一部で後に説明する。
(6) 確かに、(ダイアナ・クラール、カサンドラ・ウィルソン、ノラ・ジョーンズやステイシー・ケントといった)外国人の女性ジャズシンガーは、現在フランスでのジャズレコードのヒットチャートの常連で、ギャラもこの分野においては最高クラスであり、一方著名人であってもジャズの世界のみの音楽活動では生計を立てていけないフランス人女性シンガー（あるいはフレンチジャズの市場で主に活動している外国人）の状況と混同するべきではないだろう。

（7）この点に関しては、第一章で詳しく説明している。

（8）「ジャム」とは、ミュージシャンたちが曲目も演奏者も演奏時間も決めずに即興で演奏するというのに特化された時間のことである。その場にいるミュージシャン同士で、一曲一曲、大抵は既知のスタンダード曲や簡単な音楽フレーズをもとに、即興演奏《アドリブ》ができるように同意がなされる。これはジャズの歴史の本質を成す慣習であり、ミュージシャンたちが（公式に）楽しみとして演奏を行い、他のミュージシャンに声をかけたり、逆にかけられたりする場である。公式のコンサートの後、友人との夕べ、プロ養成の研修コース、クラブでの夜のイベントなどで行われている。ジャムセッションとその社会的な役割については、例えばWilliam Bruce CAMERON, « Sociological Notes on the Jam Session », *Social Forces*, 33 (2), 1954, p. 177-182. などがある。

（9）ここでは二〇〇三年に *Revue française de sociologie* で発表した結果を再度この三年間で深化・補強させたものを紹介する。Marie BUSCATTO, « Chanteuse de jazz n'est point métier d'homme. L'accord imparfait entre voix et instrument en France », *Revue française de sociologie* 44 (1), 2003, p. 33-60. 本誌編集委員のコメントや批評によって初期調査の分析が発展したことに感謝したい。これらの批判が私たちの発表に与えた影響については、« Femme dans un monde d'hommes musiciens. Des usages épistémologiques du « genre » de l'ethnographe », *Volume !*, 4 (1), 2005, p. 77-93. という論文で展開している。

# 第二章　ボーカルジャズ、商業ジャズ、ジェンダー化されたジャズ

「女性シンガーのいるバンドは他のバンドとは違う。スタンダードのレパートリーやアレンジはそれほど凝ったものにならない。耳のいいミュージシャンなら誰でも演奏できる。誰とでも演奏できる。バンドであってないようなもんさ」（三〇歳　男性器楽奏者）。これは、あまり名が知られておらず、女性シンガーと演奏する機会の多いある器楽奏者の言葉である。彼は年に数回演奏する女性シンガーのいないトリオを「本当のバンド」と呼び、このメンバーとは最も好きな楽曲である六〇年代のスタンダードを実験的に演奏するという。このような評価は調査中、音楽ジャンルを問わず、ベテランで知名度の高いミュージシャンからもよく見られた。女性シンガーのいるバンドは「本当の」バンドではなく、器楽奏者のみのバンドよりも音楽的に醍醐味がない。また、他のジャズバンドほど仕事や能力やコミットメントを要しない、という。この美学は女性シンガーが評価され得ない階層性を示している（次の二章で見られるように、これは女性の価値を下げる状況を部分的にしか説明し得ないとはいえ、だ）。彼らはジャズに創造性や情念、個人としての探求を求めていると言うが、これらの言葉に込められた

意味はシンガーか器楽奏者かによって大きく異なっている。

## 音楽感も違えば、音楽活動に対する考えも異なる

### 瞬間作曲活動としてのジャズ

器楽奏者が皆口を揃えて掲げる目標は、新たな楽曲（「コンポ compo」という）を書き、過去のスタンダードをよりリズミカル／メロディアスに書き換え、斬新な楽器の使用やその組み合わせ、あるいは一般的な楽器を斬新に組み合わせ、新しい音楽的ディスクールを生み出しオリジナルな音楽を創造することである。

メロディーと歌は二の次とされ、主なエネルギーは、トラッド・モダン・即興ジャズといったスタイルにかかわらず、即興演奏・作曲・編曲に向けられる。

「ジャズっていうのは即興の音楽なんだ。アドリブができるなら、それはジャズだ。アドリブ、感情、スイングや、何か奥深いもの。そこにはある意味精神的な何かがある。けどそれはかなりジャズ特有のもの。再現できる音楽じゃなくて、自分のタッチを持ってくるんだ。普段演奏するのはトラッドジャズだけど、即興することで自由に表現できるんだ……」（六一歳　男性器楽奏者）

「スタンダードを持って来られたら、私は自分のことを本当のジャズ器楽奏者だとは思えな

い。できるにはできるけど、上手くはないからね。十分じゃない……私はジャズには向いてない……ただ、即興演奏者《アドリブ》とは思ってる。でも即興演奏っていうのはもっと壮大なもの。ジャズは即興演奏の一部でしかない」（五二歳　女性器楽奏者）

ソロ演奏者と他のミュージシャンたちが即座に唯一無二の音を作り上げる瞬間である即興演奏において、「メロディーを奏でる」ことは、音楽を創り上げるための前提条件である。メロディーは、複数の奏者による即興のひとときを締めくくり、その質を強調する役割を果たすことはあっても、その核を成すものではない。器楽奏者はむしろ、リズムやハーモニー、音色の独創性によって自らの喜びや観客の感動を得ようとするのである。

したがって共に演奏するミュージシャンを選ぶ際には、音楽的なレベルが前提条件となっているようだ。この音楽的水準については、聞き取り調査では明確に語られてはいない。ミュージシャンたちは、同業者たちの音楽性や気の持ちよう、表現力、感性について話す方を好む。だがこの題材を突きつけると、彼らはある一定の音楽水準を音楽の交流の前提として規定する。楽器を巧みに操るある程度の技量があって初めてミュージシャンは自分を表現することができる。リズムとハーモニーのルールを流れるように運用できることがコミュニケーションの大前提なのだ。同様に、ジャズに関する確かな知識が、既存の演奏方法の繰り返しや、在り来りの演奏になるリスクを回避させる。この音楽的レベルによって、レパートリーを楽しみ、斬新なものを自由に創作することができる。そしてこれらの音楽的資質が、ジャズミュージシャンのプロとしての実践の核となっている。器楽奏者たち曰く、これらは磨いてゆける能力であるという。指導教官はレッスンにおいて学生にこの能力を磨けという。そして器楽奏者たちはこれらの基準でもって他のミュージシャンについて意見を述べるのである。
ジャズ批評家もまた同様の思考回路を持っている。次の批評はピアニストであるピエール・デ・ベトマンの二〇〇三年のアルバムに対するものだが、彼らの思考を理解できる典型例だ。記事は彼のアルバムの表現力（「胸懐に触れるこの甘美」）と、その美しさを強調している。また、彼の「じっくり熟成させた」レパートリーの独創性と「繊細さ」、演奏の音楽的一貫性（「同じ周波数に合わせているのが明確にわかり、五人の奏者が声を一つにして話している」）、精巧な即興演奏（「お喋りすぎない肉感的なコーラス」）、演奏者の音楽的資質（「同様に洗練された、つまり優れた演奏者である……」）など、彼を非常に評価している。

Prysm との冒険的試みやさまざまなコラボレーション（Stéphane Huchard, Olivier Ker Ourio など）を経て、ピエール・デ・ベトマンは、五重奏団《クオンテット》のリーダーとしてカムバックし、レパートリーをじっくり熟成させレコーディングのためスタジオに入った。彼のファーストアルバムは、アコースティックからエレクトリックのベルベットのようなローズサウンドへと移行し、メロウなサウンドで繊細な曲たちをコーティングしながら、甘美さをもってしっかりと心の奥に触れる。胸懐に触れるこの甘美を支えているのは、同様に洗練された、つまり優れた演奏者であるサックスのデヴィッド・エル・マレク、ギターのマイケル・フェルバーバウム、コントラバスのクロヴィス・ニコラス、ドラムのフランク・アギュロンだ。彼らが同じ周波数で演奏しているのが明確にわかり、五人の奏者が声を一つにして話し、それが本来の方向から遠ざかることなく音楽に向けられている。そしてエル・マレクがお喋りすぎない肉感的なコーラスをもって、現代の最も優れたサックス奏者の一人であることを改めて証明し、フェルバーバウムは、その素晴らしく凝ったギターラインをもって新鋭の奏者となる可能性を十分に秘めている。ピエール・デ・ベトマンのテーマとアレンジといえば、アメリカのルーツは保持しながら明らかにヨーロッパのジャズのスタイルに属し、カンタベリーの英国流の味わいが非常に心地よく、上品なライティングとしてはかなり良い出来に仕上がっている。かなり期待のできる再出発である」[1]

## 歌う音楽としてのジャズ

だがシンガーからすれば、テーマの演奏、メロディーが運ぶ言葉は重要なのだ。歌うということは歌というものを理解して演奏することであり、観客に物語を語るということだ。「私はやはり自分を作曲家ではなくシンガーとして見ている」（というわけだ）。音楽性や音も重要である。演奏はメロディーとリズムを創造する作業でもあるからだ。歌というのは、書かれているものを単に歌うのではなく、さまざまなアレンジが楽器やリズム、メロディーの奏で方によって存在する。だがこの音楽的作業は、物語を語り、感情の軸となるテキストの引き立て役なのだ。このような考え方は、自分の声を楽器のように操る現代音楽の女性シンガーにも顕著に見られる。「大事なのはプロソディー。[…] 言葉が大事。音のリアリティーを見つけないといけない。Xというバンドで、歌詞のない曲ばかりで欲求不満だった。ようやく歌詞のある曲を選んだときは本当に嬉しかった。深い歌詞ではなかったけど。音を与えるには意味が必要。でないと何とも出会えない」（四五歳　女性シンガー）

レパートリーの選択も表現のうちだ。メロディーは歌わなければならないし、音は物語を奏でないといけない。「メロディーを奏でる」ことは女性シンガーの根幹をなす作業だ。メロディーのテキストと音楽的解釈の中にこそ、シンガーの仕事と観客から賞賛を受ける核があるのだ。器楽奏者と異なり、ジャズミュージシャンが「スキャット」と呼ぶ歌の即興は、たとえそれが快感をもてる表現であったとしても、作品の中においては副次的な重要性しかもたない。レパートリーからそっくり取り除く、あるいは必要最低限にとどめているというシンガーもいる。ビリー・ホリデイがそうだ。彼女はアメリカで「ビバップ」や「スキャッター」が目立ち始めた時も、それを拒否している。「彼女がビバップやスキャットの方式で歌おうとしているのは聴いたことがないね。歌は、彼女にとってはテキストの歌詞に密接にリンクしている。だから彼女は、女性シンガーがそもそも入れないジャズの世界だけに自分が属していると思いたくなかったのだろう[2]」

## 女性シンガーと男性器楽奏者の諍い・誹謗・中傷

音楽における女性シンガーと器楽奏者との間の関係が常に拮抗している要因は、このような音楽と音楽活動に対する考え方の違いによるものだとミュージシャンたちは捉えているようだ。

器楽奏者たちは皆、女性シンガーのいるバンドに音楽的な利点を見出せないと不満を口にしている。器楽奏者たちに活動中のバンドを紹介するようお願いすると、女性シンガーとのバンドは最後に回されるか、二回に一回は紹介するのを「忘れる[3]」。彼らはまず自分が「リーダー」であるバンドを紹介し、そして知名度の順に「サイドマン」を務めているバンドを挙げる。ちなみに、彼らがお気に入りの女性シンガーの話をするときは、彼女たちともう仕事はしていない。これには理由が二つある。

まず、彼女たちの音楽的水準が低く、「本物」の音楽創作を妨げると考えられていることが挙げられる。逆説的に、次の男性シンガーは楽器を専門として演奏したおかげで器楽奏者と良い音楽関係を築くことができたという。「ミュージシャンたちは僕も楽器をやるって知ってるからね、大丈夫なんだ。うまくいってる。溶け込んでる」（三〇歳　男性シンガー）

バンドを率いる能力がなかったり、リズム感がなかったり、演奏する曲に魂を込められない器楽奏者に向けて使われる表現に、「女シンガーみたいなことするな」、あるいは「女シンガー症候群だ」というものがある。テンポの決め方がわからない、コード進行を外してしまう、キーがわからないというような人間に対しては「タンスのような（女）シンガー」という言葉が飛び出す。著者がプロ養成のための研修ワークショップに参加した際に、ある器楽奏者がピアニストに次のように助言したこともある。「女性シンガーのバックで演奏したいなら移調を覚えないといけない。彼女たちは調をまったく変えてしまうからね。それに安定してない。もはや調の意味が分かっていればまだラッキーというくらいだ」（五〇歳　男性器楽奏者）

女性シンガーが曲の移調を求めることは多くあるが、そうなると器楽奏者は曲や和声列を新たに練習する必要があり、不愉快に感じられてしまうだけでなく、彼女たちの技量不足として捉えられてしまう。実のところ、ほとんどは技術的な理由ではなく美的感覚による理由だが、「スタンダード」曲が多くのシンガー自身の〈歌いやすい〉キーに適応していないことは多い。そのため、移調はプロのシンガーが自らジャムセッションやリハーサル、バンド練習の際に持参した楽譜を書き換えて要求し、実行されることもしばしばだ。次の話はあるシンガーが著者の参与観察の際に語ったものだが、器楽奏者たちの（著者とのやりとりの中でさえ言うのをためらわない）否定的な見解の根幹には、音楽という仕事に対する価値観の違いがあるのがはっきりと見える。

彼女は新しいバンドとの練習で、「スタンダード」のメロディーの移調をせずに、原曲のキーで歌った（理想的な音調ではなかったが技術的にはこの曲を歌えたからである）。曲が終わった後、ミュージシャンたちは「君の声じゃないから」と、調を四つ変えようと提案した。彼女は提案を非常に喜び、次の練習で演奏するため新しいキーに移調した楽譜を作成し、これをコンサートで採用することとなった。あるコンサートの後、観客として来ていたミュージシャンがバンドのピアニストに、なぜ原調（最も認知度の高いクラシックな調を指す言葉）で弾かないのかと質問したことがあった。ピアニストは彼女の前で、悪気なくこう答えたと言う。「シンガーが原調では歌えなかったからね」

女性シンガーたちは「リーダー」としての素質がないと捉えられている。音楽の知識の欠如、音楽を自ら創る（編曲や作曲の）能力の低さ、即興演奏の質が満足いくものでないこと、これらはすべて彼女らがジャズバンドのリーダーとなる正統性を欠いている理由に挙げられている。このように素質がないとされることが、彼女たちがバンドや演奏曲にあまり関与しないこと、あるいはそのような状況を出来るだけ拒否することを正当化してしまう。ここには、ロバート・フォークナーが鋭く分析したクラシック指揮者の正統性の欠如と類似した点を見出すことができる。指揮者に素質がなければ、オーケストラの演奏者の側はたいてい、遠まわしに拒絶する、努力をしない、あるいは公然に批判するというようなリアクションをする。「予想できることだが、合図や認識が不十分であると（指揮者は）権威を失うだけでなく、自らが原因であとの指揮に支障をきたしてしまう。彼ら演奏者は指揮者を見下し、機嫌を悪くし、仕事には極力精を入れず、集中せず、嘲笑してくる。そして往々にして指揮者と距離を取ろうとするのだ(4)」

このように女性シンガーを「リーダー」として認知しようとしない姿勢が、たとえそのシンガーが「音楽的な面で正統性がある」場合でも、彼女たちの音楽的な交流を非常に難しくしている。

ある女性器楽奏者は、女性シンガーにスカウトされたが、それはこの女性と他の三人の男性器楽奏者の間でひっきりなしに起こる対立を音楽的に「調停」するためだったと語っている。この女性シンガーによると、彼ら三人の器楽奏者は曲をまとめるのが難しいときや楽曲の演奏形態に不満があるとき、次第に彼女に責任の矛先を向けることが多くなってきていたという。彼らによれば、彼女の歌は酷く、コード進行の歌い出しもうまくできず、面白くないメロディーを選んでいるそうだ。そこでシンガーは女性器楽奏者に、何か変だと感じた時は楽器だけを使って「仲裁」するよう依頼した（このシンガーと器楽奏者間の合意は「秘密裏」になされたものであるようであることが分かる）。女性器楽奏者は他の器楽奏者の演奏に自らの演奏を重ね、彼らの音程が外れていると指摘したりし、シンガーの音楽的技量を証明するのを手伝った。だが彼女にもこのコラボレーションを救うことはできず、結局長くは続かなかった。彼女は結果的に、その男性器楽奏者たちは良きミュージシャンではなかった、でなければこんなことは起きなかった、と考えるようにしたという。

一方、音楽的環境が創作を妨げてしまうことも事実である。とあるミュージシャンは、音楽スタイルがどうあれ女性シンガーのバック演奏は音楽的に面白くないと考えている。彼はよく、自分はシンガーを「サポートし、際立たせ」、シンガーは「前で」、器楽奏者は「後ろ」である、と話す。「シンガーの中には、私たちが彼女たちのためにいると思っている者もいる。ヴァリエテではそうだけど。音楽の決め手は歌い手だ。でもジャズではシンガーがそういうふうに考えてはダメだ。シンガーはベースやドラマーの意向を考慮しない傾向がある」（三五歳　男性器楽奏者）

レパートリーにも創造性はあまりない。スタンダードを多く演奏するため、アレンジも貧弱になり、言葉（歌詞）やシンガーの要求によって音楽のやりとりが制約されることになる。次の器楽奏者たちは女性シンガーとのコラボレーションに不満があるとし、次のように説明している。

「あんなのジャズコンサートじゃない。歌のコンサートだ。全部整いすぎてる。確かにアドリブもあるけど、全く自由なわけじゃない。彼女は自分の演奏で危ない橋は渡らない。なんか次元が違うんだ」（四〇歳　男性器楽奏者）

「歌ってのはちょっと違う。歌詞があるだろ。クラシックなのがほとんど。オリジナルよりも

スタンダードを歌うんだ」（三六歳　男性器楽奏者）

「シンガーのバック演奏をするってのは、ハーモニーもしっかり固定されてってはっきりとした構成じゃないといけない。女性シンガーもっと不安定で、メロディーや歌詞もある。で、器楽奏者に求めるものが大きくなる。うっかり馬鹿な真似ができない」（四一歳　男性器楽奏者）

女性シンガーのバックとよく言われるように、女性シンガーと演奏することが器楽奏者からほとんど評価されず、音楽的な意義があるからというよりも生計のためだと捉えられる理由はここにある。アメリカ人ウッドベース奏者のバール・フィリップスは六〇年代アメリカンジャズの大御所カーメン・マクレエのバック奏者をしていたが、彼によれば、女性シンガーのバック演奏が生計のためだというのは、器楽奏者にとって目新しいことではない。「カーメン・マクレエやディオンヌ・ワーウィックのバック演奏をしていたけど……要するに仕事をしていたんだよね。それ以外の場、ロフトや自宅で、いろいろと実験的な演奏をしてた。［…］仕事っていうのは生計を立てるため、家賃を払うためだ[5]」

女性シンガーとの共演の価値を下げようとするこのような蔑視は彼らの言葉の端々や持っているイメージのなかに常態化しているが、時にそれは対抗的実践の対象ともなる。即興音楽クラブで演奏されるあるシンガーとピアノの二重奏は、バック演奏という蔑視を払拭し、真の音楽創造を達成していた。「ピアノは元来歌の伴奏に最も適している楽器だ。しかしここではもはや伴奏やヒエラルキーは問題ではなく、二つの音が、ごく微細なものから全く大ぶりなものまで、さまざまなバリエーションをもって存在しているのである」（二〇〇一年秋、即興音楽クラブでのコンサート広告）

他方、出会った女性シンガーたちもまた、ミュージシャン（器楽奏者）は口数が多く、口ばかりで自己表現ができないことが多いと語っていた。演奏する音楽の質やオリジナリティは評価されるが、「サイドマン」たちはテキストやメロディーを歌いやすくすることを要求される。また、ミュージシャンはハーモニーやリズムに対する理解がなく、音が強すぎる、テキストやその意味への関心が薄い、といった不満もあるようだ。反対に、作曲や編曲をしたいと言う声や、音の雰囲気を提案し、音楽的なアイデアを提供するなど、メロディーの解釈という本質的な創作活動に専念できる器楽奏者との出会いを求める声も少なくない。それゆえ女性シンガーの多くが、「自分と一緒に演奏してくれる」、つまり選んだ音楽を共に演奏してくれる器楽奏者を見つけるのは難しいと不満を漏らしている。実際器楽奏者とシンガーの間でそのような協調性はほぼ見られない。トラッドジャズの歌い手として知られるある女性シンガーは、曰く大変な目に会い、その出来事自体に関してはあまり証言してはいないが、代わりに自分のバンドの現在のピアニストについて語ってくれた。「私のピアニストは、巷にはあまりいないような、共に演奏をしてくれる人。彼の存在を軽視したくないので伴奏という言葉を使うのも少し気が引ける。でも彼は話がわかる。どちらが前でもなく、後ろでもなく。そういうのは本当に稀」（四二歳　女性シンガー）

次の女性シンガーは即興音楽の分野で活躍し認められてきたが、公式のバンドの即興演奏で「見捨てられた」苦い経験を語り、ミュージシャンたちが友人たちとの和やかなパーティーで行う自由な「即興《インプロ》」と対比させている。「たまに、バック演奏をしている人たちに見捨てられたような気になる。

シンガーというレッテルは器楽奏者がシンガーのバック演奏をすることを意味する。なぜかと言うと、声は特別なものだから。でも友人と「即興《インプロ》」をするときもある。互いの音を聴いて、一つの音楽を生み出すんだ」（四五歳　女性シンガー）

シンガーと器楽奏者では、音楽的資質に関する捉え方にも大きな違いがある。重要とされているのはボーカル能力の進歩（正確さ、振幅、音色）や発声（発音、流れ、フレージング）といった、主に英語のテキストを表現する能力である。ハーモニーやリズムの規則の訓練はミュージシャンたちとコミュニケーションをとる手段であり彼らの敬意を勝ち取るものとされ、個人的な目標にはならない。

「シンガーとして求められているのは表現力で、本当は音楽的な語彙じゃない。ピアノを選んだのは個人的な理由で、ダメな女性シンガーという神話に対抗するためだった」。「より詳しくいうと？」。「ごちゃごちゃ言うシンガーは無知をさらけ出すようなもの。技術は理解してもらって敬意を持ってもらうのに役立つ。同じ次元で話さないといけない」（三六歳　女性シンガー）

## ボーカルジャズ、商業ジャズ、ジェンダー化されたジャズ

器楽奏者の世界に対する音楽的価値が高い一方で、女性シンガーは、ジャズが商業化された時から存在している商業的ジャズへの蔑視の先に位置づけられている。ハワード・ベッカーは、すでに一九五〇

年代のアメリカのジャズ界で、「本物の」ジャズ（つまり複雑で創造的でオリジナルな音楽）と商業ジャズ、ダンスミュージック（構成が単純で気軽に聴ける音楽）などの格付けがあることを示した(6)。前者は注意深く静かに、敬意を持って聴くものであり、それは喜びと感動をもたらす。これらのミュージシャンはコンサートホールや名の知れたクラブやフェスティバルで通《つう》の観客を対象に演奏する。一方、商業ジャズはプライベートパーティーやレストランでの食事、商業施設の催しなどで、あまり聴く気もない素人の観客相手にお決まりの音楽を披露する。その目的は何よりも（若手奏者にとっては）技術を磨き、生計を立てることにある。

メロディアスなジャズやクラシックな曲目や言葉に重きを置き、音楽を歌う芸術だと捉えること、そしてショーありきの居場所と捉えることといった要素は、音楽の劣化であり、すなわち正当なジャズの領域から離れてしまうというわけである。作曲の軽視が女性シンガーたちを「本物の」ジャズミュージシャンとしての仕事から遠ざけていく。

しかしジャズに関する記事から、フレンチジャズの女性シンガーが商業的で資質もないと評価されていると判断することは難しい。彼女たちは音楽評論からも忘れ去られているのだ。定期的にレビューが書かれているフランスのジャズシーンの女性シンガーたちは、まさにそのような評価の低い女性シンガーたちと比較されながらレビューされ、多大な賞賛と奨励を受けることが多い。次章で見られるように、この「真剣」で「資質ある」女性シンガーたちは非商業的であるとされ、シゼル・アンデルセンのように「ショーガールとは雲泥の差(7)」とか、サラ・ラザルスのように「ウッドベース奏者が丹念に練り上げたアレンジに、猫のような優雅さと、文句のつけようがないほど完璧で自然なスウィングのセンスを載せることができる(8)」と言ったように書かれるのである。

だが優秀なミュージシャンを総ざらいするレーベルやプロデューサー、販売業者が、フェスティバルや一流の会場で推すような海外のジャズシンガーについては、鋭い批判がなされることもしばしばだ。ジャズの評論家たちは商業ジャズ系のジャズボーカルを支持するのにかなり消極的だ。アメリカ人ジャズボーカリストのジェーン・モンハイトの二枚目のアルバムがいい例である。このアルバムはアレックス・デュティル、イヴァン・アマール（Yvan Amar）、パスカル・アンケティル（Pascal Anquetil）、アルノー・メルラン（Arnaud Merlin）といった『ジャズマン』のフランス人評論家たちから酷評されている。そして、このアルバムの極めて商業的な性質を暗に非難する「嘘のディベート」が催された。そこでは演奏の「ブロードウェイ感」や、（批評家に賞賛されることの多い）「ダイアナ・クラールさながら」の「レトロなファム・ファタール」として登場しようとする彼女の姿勢が強く批判されたのである。彼女は「過去の後ろめたい感情を呼び起こす」こともなく、芸術的論理性もない折衷の「レパートリー」で、「感情や音楽的な入れ込みが感じられず」……。当時二三歳だった彼女は、ここでは明らかに、自らの手に負えないマーケティングの論理の犠牲者として紹介されている。彼女の同僚で同じくアルバム批評を依頼されたアンヌ・デュクロも、同じように「キャスティングミスではないか」と疑問を持っている。とはいえ次は成功するだろうと語ってはいるのだが。「しかしジェーン・モンハイトはボーカルの素質もあるので、キャリアを積めば、自分をさらけ出すことに大きな喜びを感じるようになるのではないかと思う[9]」

実のところ、この音楽の価値観における差異化は、社会的に構築されたジェンダーの階層化を伴っているのが分かる[10]。彼女たちが重きを置く言葉やテキストや物語や感情は、人間関係、コミュニケーション、そして会話といった、女性的とされる社会的価値観に基づいている[11]。ミュージシャンたちが重視する技術や創作や技巧は概して男性的な領域とされている。[12] 女性シンガーと器楽奏者は、良い音楽、音楽的な仕事というものに対して異なる概念を規定し、音楽の領域を超えたジェンダー的な社会化を再生産しているに過ぎないのだ。では、フレンチジャズにおける現行のジェンダー的階層性は、本当に審美的な解釈のみに還元してしまえるのだろうか？

（1）Félix MARCIANO, « Pierre de Bethmann.Illium Quintet », quatre étoiles, *Jazzman*, 91, 2003, p. 36.
（2）L.FEATHER, 1982, *in* François BILLARD, *Les chanteuses de jazz*, Paris, 1994 (1990), p. 115.
（3）そのためシンガーやシンガーのいるバンドの名前を引用し、具体的な質問をして彼らの見解を引き出す必要があった。
（4）Robert R. FAULKNER, « Orchestra Interaction : Some Features of Communication and Authority in an Artistic Organization », *The Sociological Quaterly*, 14, 1973, p. 147-157, p. 151.
（5）Thierry LEPIN, (propos recueillis par), « Barre Phillips. Le journal d'une contrebasse », *Jazzman*, 66, 2001, p. 26-29, spéc., p. 29.
（6）Howard S. BECKER, *Outsiders*, *op. cit.* 哲学者のテオドール・アドルノもまた、「ジャズ・バラエティ」と「オリジナル・ジャズ」を区別し、創造的なジャズと商業製品としてのそれが不相応にも同等に扱われていることを非難し、この美的価値の構築に加担している。*Prismes : critique de la culture et de la société*, Paris, Payot, 1986 (1953).
（7）Renaud CZARNES, « Endresen Sidsel.*Exile* », *Jazzman*, 82, 2002, p.42.

（8）Pascal ANQUETIL, « Patrice Caratini Jazz Ensemble. Anything goes : les chansons de Cole Porter », *Jazzman*, 2002, 77, p. 41,

（9）ジェーン・モンハイトのアルバム『*Come dream with me*』についての議論 *Jazzman*, 2001, 73, p. 39.

（10）「今日、教育においても雇用においても、「技術」という基準が依然として男女の大きな分かれ目となっている」。Anne-Marie DAUNE-RICHARD, « Hommes et femmes devant le travail et l'emploi », *in* Thierry BLÖSS, (dir.), *La Dialectique des rapports hommes-femmes*, *op. cit.*, p. 127-150, spéc. p. 134. マリー・カテリーヌも同じ議論をしている。« Variations sur le sexe des métiers », *in* Catherine VIDAL (dir.), *Féminin-masculin.Mythes et idéologies*, Paris, Belin, 2006, p. 83-93.

（11）Margaret MARUANI, Chantal NICOLE, *Au labeur des dames. Métiers masculins, emplois féminins*, Paris, Syros Alternatives, 1989.

（12）Paola TABET, « Les mains, les outils, les armes », *L'Homme*, XIX (3-4), 1979, p. 5-61.

# 第三章　限りなく「男性的」な世界で、限りなく「女性的」であること

したがって女性シンガーは非常に過酷な不平等の関係のなかに生きている。器楽奏者から遠く、男たちにのけ者にされて(1)。

実のところ、この音楽に対する観点の差異は明確ではあるものの、フレンチジャズの女性シンガーが相対的に疎外されている状況の全てを説明しているとは言えず、より見え難い二つの社会過程を覆い隠してしまっている。それは女性シンガーと男性器楽奏者の間にあるジェンダー格差を部分的にしか考慮していない上に、何よりその逆の場合を説明できていないのである。器楽奏者から見て商業的ではなく「真剣」な女性シンガーもまた、職業的階層の最下層への滞留を余儀なくされている。

女性シンガーたちの価値を下げるジャズ界の階層性を説明するにあたり欠如している点を有意義なかたちで補完するには、ミュージシャンたちの仕事の関係を規定する音楽的・社会的・言語的な慣習の分析しかない。「男性的」な世界では、女性シンガーは彼らに認められ敬意を持ってもらうよう「男

性のように」振る舞わなければならないが、女性シンガーたちがその振る舞いを実践し、主張することは稀であり、彼らの間の格差は打開できないものとなっている。

## 「真剣な」女性シンガー――評価される現実

聞き取り調査や雑誌の記事において、女性シンガーのほとんどが、能力もなく、鬱陶《うっとう》しく、やりにくいと評価されている一方で、中には素質のある同胞であり敬意を示すに値すると評価され、名前がよく挙げられる女性シンガーたちもいる。（男女の）器楽奏者たちもまた、女性シンガーに対して同等の意見をはっきりと表明している。

「ジャズにおける女の問題っていうのは、女性シンガーだ。今言ったことは女性シンガー自身も言っている！　女性シンガーの八五％はミュージシャンとは言えないね。あいつらは綺麗なドレスを着てメイクしてクラブに行くただの女子。だが残りの一五％はミュージシャンだ。彼女ら一五％の女性シンガーに何ら問題はない、全てうまくいく。でもその八五％のドレスを着たりメイクしたりするばかりの女子たちがかなり厄介だ。ナンパされるし、僕らは馬鹿にしてるしね。当然だけどそいつらは蚊帳《かや》の外だよ。で、ジャズ史においてはそういうのがいつもある。第一に、偉大な女性シンガーはミュージシャンだ。で、第二に、彼女らはむちゃくちゃ綺麗で、セクシーだ。だからミュージシャンみんなと仲が良いし、何か言うやつはいない。何で

かって、彼女らがミュージシャンだからさ」（四二歳　男性器楽奏者）

一枚目のアルバム『パープル・ソング』発表以来、アンヌ・デュクロはそのアルバムもプロフィールも専門誌の賞賛の的だ。「アンヌ・デュクロは女性ジャズシンガーなんかよりももっと素晴らしい。むしろ自らの声の操り方を知っている、リスクを顧みない即興演者である」[2]

ちなみに彼女は、二〇〇四年に『ジャズマガジン』が選んだ「歴史に残る」女性ジャズシンガー五〇人の中に唯一のフランス人ジャズシンガーとして挙げられている。この中には、ベティ・カーター、エラ・フィッツジェラルド、ビリー・ホリデイといった往年の名シンガーから、現代の人気女性シンガーであるダイアナ・クラール、ノラ・ジョーンズ、ダイアン・リーヴス、カサンドラ・ウィルソンや、またスザンヌ・アビュール、ミシェル・ヘンドリックスといった、知名度はまだ中程度である女性シンガーもいる。

## 「真剣」で音楽的に能力が認められても疎外されてしまう女性シンガーたち

「現代のジャズに面白い女性シンガーはいないね」。「どうして?」という質問に、器楽奏者は答える。「カリスマ性のある奴がいない。音楽的資質のないのは問題外だけど、歌のできるやつもいない」（五五歳　男性器楽奏者）

これは知名度の高い「トラッド」のジャズミュージシャンの言葉だ。女性シンガーたちはスキルや音楽に対する考え方に、あるいはそれ「のみ」に悩んでいるのではない。彼には「歌のできるやつ」もまた、あまり受け入れられないようだ。

同様に、この説明だけでは、彼のようにたとえ女性シンガーが「音楽的」水準に見合っていたとしても演奏しないという言動は理解できない。「音楽がわかってる歌のできる女性シンガーなら、一緒に曲目も楽しめるし、あっちも動揺したりしないだろう。レベルが低くていつも同じようなやり方しかできなかったら、毎回何かを創作したり、何かを再現したりしてる場合じゃなくなる」（四一歳　男性器楽奏者）

この器楽奏者は、もはや女性シンガーと一緒に演奏することはないのだが、インタビューの中で、「良い女性シンガー」は「良い音楽」が共にできるようなシンガーだと定義している。彼は、インタビューを行った時点ではそれまで所属していた女性シンガーのバンドは全て辞め、ある女性シンガーと時折演奏するくらいであったが、その作曲やアレンジはバンドのミュージシャンの一人が「楽しむ」ためにやっているものだという。

この例に倣って、著者はすべてのジャズ関係者から「才能ある女性シンガー」と認知されている一〇人の著名な女性シンガーの音楽活動を整理してみた。ジャズ批評は常に（レコード発売時、コンサート後、インタビュー時など）、彼女たちに対し称賛に満ちた描写を行っている。器楽奏者とのインタビューや、非公式な場でも好意的な評価（彼女たちは偏見を覆す例として引き合いに出される）がなされている。ショーのプロ（ジャズクラブ、フェスティバル、コンサートホール）も彼女たちのバンドをブッキングする。

しかしながら彼女たちが器楽奏者から「サイドウーマン」として演奏を依頼されることはほとんどない（せいぜい年に一回程度）。長期的な視点で見れば、その他の評価が低く存在を無視されている女性シンガーたちと同じように、彼女たちもジャズで生計を立てることはできていないのである。彼女たちも同じように、音楽のスタイルに関係なく認知度や男性器楽奏者の仲間たちとの関係に不満を抱いているが、その何人もが幾度となく著者にそれを口外しないでくれと頼んでいた。

さらに、コンテンポラリーの曲を演奏し、男性器楽奏者と同等の音楽レベルを持つ女性シンガーも、他の女性シンガーたちと同じような困難に直面しているようだ。声を楽器として使い女性シンガーと同等の技術を持っていながら、彼女たちと自身を区別するために自らを「ボイスパフォーマー」と名乗る「アーティスト」たちも、人間関係や経済状態、音楽の面でトラッドジャズやモダンジャズの女性シンガーたちと同じような問題について言及している。

「トラッド」ジャズの器楽奏者もまた、メロディーの優先順位、レパートリーの選択、編曲、即興演奏のスタイル、演奏するリズムなども女性シンガーたちと大差なく、また演奏においても言説においても同じ音楽精神を共有しているのにもかかわらず、女性シンガーへの評価は低い。その上、前述の器楽奏者のように「真剣な」女性シンガーとさえ一緒に演奏するのは楽しくないという声もよく聞かれる。

また、美的感覚や技術的な違いの解釈では、次の彼のような、自らも自分の仕事を歌の芸術であるとするトラッドジャズのシンガーが、定期的にサイドマンとして声をかけられ、長年ジャズだけで生計を立てることができているような理由を理解することはできない。「スタンダードを歌ってる。コンセプチュアルな音楽じゃなくて、ほとんどがエ、ン、タ、ー、テ、イ、ン、メ、ン、ト、だよ。美しいハーモニーのメロディー。それが僕の好きな音だ。かなりクラシックだよ。僕が好きなのは叙情的なものだ。[…]美しい曲、美しいメロディーを演奏して歌うことが好きなんだ」（三八歳　男性シンガー）

そして不思議なことに、調査したプロの女性シンガーの多くが、技術のない女性シンガーに対する男性器楽奏者の批判と同様の意見を持っていたのだ……（「音楽的に能力がないとか、「自分が前に出たい」とか、自戒としての笑い話は沢山ある。私はそういうふうにやらない、どちらかというと前に出ることもできるボーカルパフォーマーだけど、でも、それでも、ね」［四〇歳　女性シンガー］）。また、真のジャズミュージシャンと認められるべく、音楽的資質を磨くように努力しているようにも見える（「コードやケーデンス、リズムの話をすれば、歌が下手でも一目置かれる。それは敬意を払う義務ってこと。対等になって言いたいことを言うために」［三六歳　女性シンガー］）。

## 衝突から生まれる創造性、安定のなかで暴かれるもの

「女性はほとんどいない。女性は歓迎されない世界だからね。Z（フランスの女性器楽奏者）も居場所を見つけるのに大変だった。彼女たちはものすごく能力がないといけない。でも本人に聞くのが一番かも。それは、何ていうか……僕たちは少人数で仕事をしてたけど、不愉快なのは、極めて男性的なナルシシズムがあること。女性が成功するためにはマッチョな態度を貫か

ないといけない」（四九歳　男性器楽奏者）

この言葉は、社会における男性的役割や、女性が居場所を確保するため社会的に男らしいとされる言動が必要となる状況を的確に表している。ジャズ界においては、ミュージシャンたちはさまざまな音楽の場で、素早く、濃厚な出会いを得ていく必要がある。そのような流動性には何よりもまず経済的な理由がある。有名であってもジャズバンドで生計を立てられるミュージシャンたちは稀なのだ。彼らは複数のバンドで活動しながら生計を立てていかなければならない。しかしもう一つ、ジャズのエスプリの本質をなす理由として、音楽的な側面がある。[3]ミュージシャンたちにとっては、ジャズバンドは一つの雇用形態という以上に、集団で創作活動ができる場であり、他のミュージシャンと関わることによって個人が成長する場でもある。同時に、音楽を体験することは常に、独創的な音楽を作り上げ（同じものを繰り返さないということに強迫観念があるのだ）、他のミュージシャンたちと出会い、「演奏を楽しんで、いろいろやってみる」ことを可能にする。「ジャムセッション」に参加したり、友人とのパーティーに行って演奏することになったり、友人の指導する研修を受けて授業の後に演奏したり、誰かの家でセッションしてどんなものか見てみたりすることは、音楽のネットワークを作り、それを広げる音楽の根幹をなす時間なのだ。即興バンドで演奏するのを引き受けたり、作ったバンドでの練習の数をあえて減らしたり、新しい曲をコンサートで演奏したりすることもまた器楽奏者がみな価値を見出していることである。

「ステージ上で、限りなく少ないもので何かを作るっていうのはとても美しい。全部作り出さないといけないし、その瞬間、ニュアンス、長さすべてを上手く扱わないといけない。練習ではできないことだ。常に驚きをっていう考えがある。僕が好きなのは、このサプライズだ」（四七歳　男性器楽奏者）

「僕が好きなのは、全く異なる経験、異なる人たち、異なる音楽ができるっていうこと」（六〇歳　男性器楽奏者）

音楽をめぐるアイデアや新たな情動は、予想外の出会いや音楽のせめぎ合いのなかで生まれる。したがって、男性はシンガーも器楽奏者も、仲間を先導するリーダーや言動もしっかりしたミュージシャン、刺激的でエネルギッシュな体験に価値を見出すのである。

一方で女性シンガーは、そのような状況では中に入れず自分の居場所がない煩わしさを嘆いている。彼女たちは、トラウマになるような、想像だにしなかった鬱憤の溜まる状況を拒絶するようになる。彼女たちは、ミュージシャンたちともっと頻繁に練習し、レパートリーを丹念に磨けないことを嘆く。男性器楽奏者の意見では「居場所をとられる」ような（リフを要求したり、意見を主張したり、より大きな声で歌う）状況は、彼女たちにとって居心地が悪く、もっといえば身動きが取れない状態である。女性シンガーたちは、理解されにくく口にし難いような控えめな思いも表現できる平和な環境がほしいと語っている。これは、自分を表現し、さらけ出し、自信を持って自分のことを語る空間と時間があるかという問題でもあるだろう。彼女たちは、自分を「阻む」器楽奏者たちの否定的で無関心な視線にとても敏感になっているという。男性器楽奏者たちの間で認められるためには常に闘い続けなければならないと感じることが多いそうだ。男性器楽奏者に聞こえるように、音楽的な要素とは関係なく大声で歌うこともある。ジャズのワークショップでプロやプロ志望の器楽奏者との厳しい練習の後、女性シンガーにアドバイスを求めると、「「あいつら」とは大声でやりあわなければならない」と言われたこともある。「迷ってる暇はないよ、やらないと」（三四歳　女性シンガー）

しかし彼女たちはまた、ミュージシャンは自分を否定しており、彼らとの接触には諍いを伴うとも感じている。音楽的にも闘わなければならず、その境遇を辛く耐え難いと感じているのだ。「器楽奏者は、特に女性にはちょっと懐疑的で、こっちの技量を試してくる。苦い経験があるみたいで、そういう仄めかしをしてくる。前みたいにならないかどうかを見定めてる感じ。信用していない。私たちに対して偏見がある」（四二歳　女性シンガー）

彼女たちにとって最も耐え難いのは、表情・口調・仕草など、すべてが言葉以外で表現されていることのようだ。彼らの敵意はどのように表現されるのかと尋ねると、あるシンガーはこう答えた。「生理的なもの。視線とか、話し方とか、ひどい時は体に対する目線。ガラスの箱だよ」（三一歳　女性シンガー）

さてここまでくれば、なぜ大多数の男性器楽奏者が女性シンガーたちを、気取っていて、自分の歌を主張しすぎており、刺激ある音楽のやりとりもできず、自分たちを控えめに演奏するよう強要すると批判する傾向にあるのかがより明確になってきただろう。女性シンガーがミュージシャンたちに批判されるのは、過剰に存在感があり器楽奏者に表現する余地をあまり残さないとされているためなのだ。彼女たちは、「美味しいとこ取り」で、存在感がありすぎ、即興の提案を受け入れないと非難されているのである。

「女性シンガーと演奏するのは好きだ。でもバンドの他のミュージシャンたちがやりたくないって言う。[…] まあ、女性シンガーはたいていうざいからね。奴らはいつも美味しいとこ取りで。自分がやりたい曲ばっかりしたがる」(五二歳　男性器楽奏者)

「歌？　やめてくれよ。女性シンガーはたまったもんじゃない。[…] 仕事なんてできたもんじゃない奴らだ。主張が強すぎる」(三六歳　男性器楽奏者)

## 唯一の通貨として形式化された言語

音楽におけるやりとりの規範もまた男性が規定しており、ほとんどの女性シンガーにとってやりやすいような方法とは真逆のものとなっている。ある一定の形式としての言語がミュージシャンたちの間の音楽的交流を支配しているのだ(4)。「リーダー」は練習の際に楽譜を持ち込み、技術的な指示(コードの並び、リズム構成など)を細かく行い、全体で即興演奏をするきっかけを作る。器楽奏者たちは、曲をさらにいいものにするため、あるいはどうやって曲を始め、終わらせ、またアレンジするかを提示するのに、ある一定の形式化されたハーモニーやリズムの規則を使う。器楽奏者たちはこの言語を時には独学で習得し、またそれを使うことを良しとしているが、女性シンガーにはそれがより困難なようだ。もちろん、技術的なトレーニングが積めていないことも一つの要素ではある(女性シンガーは経験のある者であっても、きちんとした音楽の教育を受けていないことがほとんどである)。しかし彼女たちは直感や耳、感性を大事にするということもあり、それは音楽を学ぶ上でも然りである。彼女たちが形式化された言葉を習得するのは、何よりもミュージシャンたちとコミュニケーションをとり彼らの敬意を獲得するためだ。自分の考えに合った音楽的視点を表現するのに形式的な表現を好まないということもある。訓練されたミュージシャンでさえ、次の女性シンガーのような感覚を共有しているようだ。彼女はプロのジャズピアニストではないがステージで伴奏をし、楽譜も書ける。「コミュニケーションはあまり得意じゃない。いい音のアイデアが頭に浮かんでも、うまく表現できない」(三三歳女性シンガー)

女性シンガーが器楽奏者に比喩を使用したり鼻歌でリズムやメロディーをとったりし、器楽奏者はその指示を形にしていかなくてはならないという状況は何度もあった。男性器楽奏者たちは、具体的な指示を求めているにもかかわらず曖昧で使えない要求にフラストレーションをつのらせると言う。女性シンガーはというと、形式化された音楽表現を使用してほしいという器楽奏者たちからの要求は感性に反し、表現の幅を狭めるので難しいと捉えている。この違いは技術的な側面もあるが、言語的なものでもあるのだ。

## ミュージシャンの配偶者、支援と依存

そこでミュージシャンの配偶者が、「それでも認めてやろう」という感覚を器楽奏者たちにもたらす緩衝材となる。配偶者はミュージシャンたちを集め、女性シンガーの要求を伝え、アレンジを楽譜にし、ボーカルの抱える困難を内輪の飲み会で他のミュージシャンたちに伝える。女性シンガーの配偶者はほとんどの場合ミュージシャンであり、バンドのメンバーであることが多いが、男性ミュージシャンの配偶者はミュージシャンでないことの方が一般的だ[5]。彼ら配偶者は女性シンガーが率いるバンドのメンバーとして、曲のアレンジを担当し、器楽奏者を集め、バンド内の影の仲介者となっている。女性シンガーが主に活動するバンドに彼らが積極的に参加していない場合は、彼女たちの友人のネットワーク構築を陰から支える。彼らは、パートナーである女性シンガーのバンドメンバーとの音楽・交友の関係を通し、彼女たちを陰で擁護できる立場にもある。まるでミュージシャンの配偶者が、女性シンガーがこの世界に参入するのに（客観的か主観的かは関係なく）不可欠な要素なように見える。

男性シンガーにはこれらの要素は必要ではないようだ。器楽奏者ではないシンガーを除き、楽器を演奏できるシンガー、歌える器楽奏者の見解や経歴は、女性シンガーたちより男性器楽奏者のそれに近い。彼らは技術的な訓練を受け、女性シンガーを配偶者には持たず、他のミュージシャンとの人間関係を煩わしいとも感じていない。しかも彼らは、歌うことは自らにとって新たな視点をもたらすとも捉えている。男性シンガーとしての認知度は器楽奏者としてのそれよりも高いことが多い。楽器と歌

を使いこなす彼らは、すでにあるバンドに声を掛けられることも多い。ボーカルグループやビッグバンドが有能なシンガーを見つけるのが難しいという状況も、ジャズの仕事市場においては彼らにとって有利に働いているようだ。

つまり男女のシンガーにおけるこのような真反対の慣習には、またも男女の社会化の差異が典型的に現れているようだ。「それは社会的な価値観の不一致であり、全く自然ではなく、歴史がその分け隔てをジェンダー化したのだ」(6)。男性と女性は価値観や言動を異にし、それゆえ共に作業をする上で困難に陥っている。次の二人のミュージシャンが言うように、女性シンガーと男性器楽奏者は、二つの相容れない社会において奔走している。

「女性シンガーってのはいつもいた。居場所はあるし、誰も反論しない。一方に男性ミュージシャン、もう一方には女性シンガー。それに関しては何も言わない。それが受け入れられてるわけだから、闘う必要もない」（二九歳　女性シンガー）

「難しいけど、二つの世界がうまく交わると……何ていうか、上手くいくと、最高だ。本当にいい感じだ」（三〇歳　男性器楽奏者）

ミュージシャンの配偶者が、女性シンガーの仲介をし、彼女たちの居場所を見つけ、その立場を擁護する役割を担い、上記のような出会いを可能にする一方で、同時にそれは彼女たちが経済的・社会的・情緒的な面においてより配偶者に依存してしまう原因にもなる。ジャズ界において男性同士の慣習が優位であることが男性にとっては有利に働き、男性たちは社会的・経済的・音楽的な面でより価値ある立場を得るためだ。しかしそれだけではない。女性がジャズ界に適応できないのは、「女性的な」ものを否定するような固定観念が彼女たちの音楽活動に常に付いてまわるためなのである。

（1）フランソワ・ビリヤードはここで一九三〇年代以降のアメリカにおける女性ジャズシンガーの状況について語っている（*Les Chanteuses de jazz*, Paris 1994 [1990], p. 66）。

（2）Pascal ANQUETIL, « Les chants pourpres d'Anne Ducros », *Jazzman*, no 69, 2001, p. 26-28.

（3）このジャズのエスプリは、（アメリカやイギリスなど）地理的にも時間的にも異なる状況においても広く記述されている。William Bruce CAMERON, « Sociological Notes on the Jam Session », art. cit. Richard A. STEBBINS, « A Theory of Jazz Community », *The Sociological Quaterly*, 9 (3), 1968, p.318-331. Avron L. WHITE (ed.) *Lost in Music. Culture, style and the Musical Event*, London, Routledge, 1987, et spécialement Henry CHRISTIAN, « Convention and Constraint among British Semi-Professional Jazz Musicians », p. 220-240.

（4）Max WEBER, *Sociologie de la musique. Les fondements rationnels et sociaux de la musique*, Paris, Métailié, 1998 (1920).

（5）「聞き取り調査」を行った七人の女性シンガーのうち、五人はミュージシャンの配偶者を持ち、一人は家族にミュージシャンのいる配偶者を持っていた。最後の一人は、私が彼女と出会った時から有名な器楽奏者と付き合っている。「聞き取り調査」はしていないが観察した女性シンガーたちも、観察時には同様の状況にあり、彼女たちもまた、男性器楽奏者と一緒にいても安定した職業が得られない場合や、男性器楽奏者の配偶者がいない場合には、プロになる道を自ら諦めるか、諦めざるを得ない状況に陥るという傾向があった。

（6）Christian BAUDELOT, « Rien n'est joué », *in* Margaret MARUANI (dir.), *Les Nouvelles Frontières de l'inégalité. Hommes et femmes sur le marché du travail*, Paris, La Découverte, 1998, p. 277-283, spéc. p. 282.

# 第四章　声は楽器ではない

「ジャズシンガーは本当に嫌いだ。女性シンガーは特に」。「どうして？」。器楽奏者はこう答える。「数が多すぎなんだ。もう死んじゃった三人、ビリー・ホリデイ、エラ・フィッツジェラルド、ベッシー・スミス以外はアメリカのB級ドラマ並みだよ。ほとんどが気取ってて。楽器で気取るのはいい。コールマン・ホーキンスの不協和音とかはいい。でも声だと滑稽だ！　イライラする。理屈なんかない。反射的にそう思うんだ！　女性ジャズシンガーで感動させてくれる人間は楽器の技術なんて磨いたこともない。ものすごく独特のスタイルだ。楽器を触ろうとしてもダメだ。しかも、歌もその八割は歌詞がダメだ。英語だから良いように聞こえるけど、だからって知的なものじゃないよ！」

著名な即興ジャズ奏者である彼は女性シンガーとの演奏を拒否しているのだが、その理由を何度も尋ねなければならなかった（彼は笑いながら「はい、次の質問！」とお茶を濁したりするのだ）。しかしながら、後に自分が「仲間」と作った「革新的な」バンドのレパートリーが話に出ると、彼はそのバンドで演奏している歌を二つ取り上げ、「歌がかなりできる器楽奏者とやってるんだ」と言っていた。

この言葉には、シンガーという職業が女性の本質であり女性らしさの自然な表現であるという偏見が表れており、その偏見は女性を神話の中に追いやり、彼女たちが器楽奏者や仕事仲間に適しているとはみなされなくしてしまっている。したがってここでは、女性シンガーの価値を否定するような階層化を支配する一つの本質的な側面を考察する。身体を通して表現される知が「自然化」されているがゆえに、彼女たちの職業的知識はなかなか認知されていないのだ。

マルセル・モースが「身体技法」論のなかで言及しているように、女性シンガーの身体には、ジャズ器楽奏者と女性ジャズシンガーの間における絶えまない差異化と階層化の暗黙の原則が滲み出ていることがわかる。[1]多くの場合それは個人の持つ自然な表現として認識されているが、ジェンダー的な差異を位置づけ正当化する社会過程を表現しているのである。ジョアン・カセルが分析した女性外科医にも見られるように、[2]女性シンガーの身体は（舞台での身なり・声による表現・他のミュージシャンとのやりとりにおける身のこなしといった）音楽実践の核に位置しているため、彼女たちが一連の「女性的」という固定観念に押し留められていることが、その知識をより一層認めさせにくい状況を構築している。その上、この固定観念を打破しようとする戦略などはほぼ見られず、存在しても非常に脆弱なのだ。

こうした女性の価値を否定する固定観念について、二段階、つまり二章にわたって紹介していきたい。そこで、本章では、声が女性シンガー個人の自然な表現として定義されることで、女性シンガーが固定観念のなかに押し留められ、仕事仲間として雇用されるにあたり不利な立場に追いやられていることを示したい(3)。第五章では、女性に物理的な魅力を与える一方で、仕事においては「尊敬に値しない」というレッテルを貼るエロスの幻想がどのように構築されるのかを探っていく。

## 声、長きにわたる訓練の成果

身体は、「声」を構築する作業においても、舞台上でのパフォーマンスにおいても、女性ジャズシンガーの音楽活動において核となるものである。しかしながら、彼女たちの音楽的知見の基盤となるこの物理的資源が、器楽奏者のみならず評論家や女性シンガー自身にとっても、仕事における存在感の希薄化を正当化することになってしまっている。女性シンガーたちが音楽知は長く辛い訓練の成果だと捉えているにもかかわらず、それは「自然化」され、個人的表現〔天性〕の結果、つまり単純なものとして解釈されているのである。

クラシック歌手にとっても歌うという作業は苦悩や高揚感を意味するが、女性ジャズシンガーも声を作り上げるために長きにわたる訓練を積むのだ。「さまざまな要素、つまり筋肉・神経・骨・膜・音色や呼吸……その一貫したハーモニーを作り上げる、それが声なのだ(4)」。したがって彼女らは、技術を用いて自分の声を作り上げるため、独学で、あるいは指導者に付き、長い時間をかけて取り組むという。彼女たちはその音楽表現に必要な、音色・音程・振幅・パワー・変調の能力を探究していくのである。声を鍛えるということは、耳・音程・リズム・和声のルールといった音楽的なスキルを身につけることも意味し、それは質の高いメロディーを奏でること、つまり「スタンダード」曲を自由に即興で歌うこと可能にする。そして自分の声を鍛えることは「それを探し出す」ことであり、感情を解放しステージ上で自らの想いを表現する個人的な作業を伴うといえる。対象者の女性シンガーの多くは、ヨガやリラクゼーションに取り組み、心理療法のカウンセリングに一度はかかっており、夜更かしやアルコールの摂り過ぎ、過度なパーティーを避けるよう身体のコンディションに注意している。

## 声は「天性のもの」である

だがこういった声をめぐる作業は器楽奏者にはほとんど認識されておらず、彼らは声を、楽器としては認められないもの、個人の技量を随意的に、簡単に、自然に表現するものとして捉えているのだ。

「このアルバムは、正確さ・音色・色彩・配置のセンスといったダイアナ・クラールが生まれ持った歌の才能を証明してくれる(5)」

「器楽奏者はさ、(声は)自然なもので訓練はいらないと思ってるし、訓練が何かもわかってない。で、シンガーたちがミュージシャンじゃないっていう固定観念を持ってる」(三一歳　女性シンガー)

音楽のトレーニングを受け、自ら作曲し、ピアノを演奏するあるシンガーはこのような評価をミュージシャンに対して持っている。彼女の歌の表現のなかにある彼女の技術は器楽奏者には見えない。「女性シンガーはね、器楽奏者だと思われたいのさ。でも声が楽器になることはない。人間の一部を担ういちばん繊細な表現だ」（六一歳　男性器楽奏者）

声は鍛えることができず、「天性の」ものだというわけだ。非凡だとされた声の技巧だけが賞賛を浴びるのだ。これは、男性シンガーにおいては器楽奏者だったケースに唯一見られたが、逆説的に女性シンガーは、歌の能力が低く、器楽奏者が変調してあげなければならないと常に批判される。一九二八年アメリカ生まれの偉大なる女性シンガーであるシーラ・ジョーダンが、二〇〇二年にパリのクラブにて冗談交じりに表現したように、「アビー・リンカーンの歌を歌うよ。素晴らしいの。女性が書いている歌だから、ひときわ喜ばしい。かなり稀だからね。しかも、変調なし（会場の笑いが起こる）。男が書く曲の調じゃ女性には歌えない。本当に。ね、そうでしょう?」（女性が多くを占める会場にさらに大きな笑いが起こる）

つまり前述のとおり、女性シンガーが曲を変調して新しい調を要求することは多く、その要求は彼女が変調の楽譜を書いたとしても、歌の能力の低さとして捉われてしまうのである。

さらに調査対象の即興演奏のミュージシャンで、声は逸脱の楽器だと捉えている者も、声はいつも楽器のような役割ができるわけではないと考えている。「ジャズの世界にはジャズシンガーがあまりいない。しかもその関係は微妙だ。楽器とは全く違う領域にいる。完全に「自由」な曲ってのはシンガーと一緒には絶対できない。叫び唸らないといけないのは不快感を生む。でも楽器だとできる。シンガーってのはメロディーありきなんだ」（四八歳　男性器楽奏者）

こうして、女性シンガーが関わりを持てるのはメロディーの表現と観客との関係という、ある種の伝統的な機能のみということになるのである。リズミカルなバックや効果音、自由な即興演奏といった役割はほとんど任せてもらえないため、即興音楽に馴染みある者たちがそういったかたちの雇用を望んでいても、その可能性が閉ざされてしまうのだ。

また、女性シンガーが「サイドウーマン」として起用されることも難しい。なぜなら彼女の立場はリーダーであり、その存在だけで、バンドにおいて微妙に保たれているバランスを崩してしまうからだ。次の器楽奏者は女性シンガーを決して自分のバンドに起用しないが、彼の説明はこうである。「シンガーをバンドに入れるかどうかはデリケートな問題なんだ。誰がリーダーかわからなくなるから。シンガーはいつも何かしら引っ張っていくし、前に出る」（六〇歳　男性器楽奏者）

声を自然化し、それ自体は楽器ではないとするやり方として最後に挙げられるのは、声をクリエイティブなミュージシャンにとっての二次的な楽器とみなす姿勢である。特に楽器演奏と歌の両方をこなす男性はこの見方が強い。彼らもまた、歌は「自然な」活動であり、特別な訓練は必要とせず、自分の扉を開いてくれる解放的な行為のように見せる傾向がある。即興演奏が専門のミュージシャンも、本格的なシンガーになるというわけではないが、メロディーのフレーズや即興演奏、さまざまな音を歌うことが多くなっている。彼ら男性ミュージシャンたちは、本業の楽器演奏で培った音楽性を歌に活かすことで、それが与えてくれる新たな可能性に満足しており、声のトレーニングの必要性はあまり感じていないという。誰でもステージで歌えるのなら歌は本当の仕事ではないと結論づける者もいるくらいだ。「声は特別な楽器だ。トレーニングはしない。気分が乗った時に歌うし、実践から学ぶ。特に考えることはないし、一度どこかで感じたことのある感覚を再び生み出せるようにしてくれるものを体が覚えてるんだ[6]」

このような歌に対する印象は、女性シンガーの雇用の機会にも直《じか》に影響を与える。自分の声を楽器と捉えている人間や、ボーカリストと自称する人間は、声の定義をミュージシャンとは別物として位置づけることが難しいどころか、不可能であると嘆いている。彼女たちが「サイドウーマン」と呼ばれることはわずかで、あってもその場限りである。器楽奏者との定期的なコラボレーションには繋がらず、他の器楽奏者にはよくあるように音楽仲間のネットワークにアクセスすることもほとんどできないのだ。いわゆる能力あるシンガーたちはいずれも一大音楽プロジェクトを経験したことがあるようだ。だがコラボレーションが再び実現することはなく、リーダーが満足しているように見えても、他の同じようなプロジェクトが後に続くことはない。調査対象者で、器楽奏者と同等の音楽技術レベルだった二人の女性シンガーはこのようなケースで成功した。しかし彼女たちは「シンガー」という役割に閉じ込められていると感じ、一人はしばらく、もう一人は完全に、ジャズを離れてしまった。

## ボーカリスト、逸脱を困難にする要素

ここで音楽スタイルに目を向けてみると、ボーカリストを自称する女性シンガーの中には、声の使い方を工夫することで「れっきとした器楽奏者」として認められようとしている者もいる。そのため非常に革新的な女性シンガーたちは、自分の声をメロディアスな役割のみに限定せず、声を使って鋭い叫びを発し、突飛な音を出し、その他の隠された方法で他の楽器のバック演奏を担う。

「キャロル・エマールは幼い子どものような音色から、安定したオペレッタの声まで、驚くほどの声域を持つ。共演するミュージシャンとともに演奏もする。ハーモニカで。時には声そのものが楽器となり、音符どおりトランペットや打楽器、そしてハーモニカに変身する。彼女の声とレパートリーにはまず興味をそそられる。そしてその好奇心は彼女の歌を聞く楽しみへと変わっていくのだ[7]」

彼女たちはたいてい（かなり）若く、現代音楽、モダンジャズ、ワールドミュージックの中間に位置するレパートリーを持つ「即興音楽」で活躍する。ピアニストのマーシャル・ソラールが、娘でボーカリストのクラウディアについて語った例もある。「全く違うスタイルで曲を書いた。新しい方式を取り入れたりリズムの取り方を変えたり……。金管楽器が囲むトリオのようなバンドね。トランペット

二本、トロンボーン二本、ホルン、チューバ、そして声。娘のクラウディアがこの難しい役割を担ってる。「シンガー」じゃなくて、「声」っていうね[8]」

その他の伝統的音楽が専門で、ジャズミュージシャンと一回限りの演奏をしたことのある女性シンガーが、このように逸脱した行為を行うこともある。次のベトナム伝統音楽の女性シンガーは、即興ジャズの有名なギタリスト、グエン・レと音楽製作を行った。「フン・タンは、太陽のようで、軽く、その儚いと言っていいほどの声をもって、空気感や伝統的なテーマだけでなくベトナムのポップミュージックにも影響を受けた曲を歌う[9]」

そして、自分のレパートリーを〔リズムやメロディー、ハーモニーにおける〕「ジャズのエスプリ」に即して、フレンチ・シャンソンやアメリカンソウルのヒット曲、オック語やブルトン語、ヒンディー語の民謡を適用しクリエイティブな形で進化させようとしている女性シンガーもいる。「非常に繊細で控えめな〔歌手〕スー・リン〔Su Lyn〕は、ブルース・フィンガーズ〔現代音楽を中心としたイギリスの音楽レーベル〕から発表したセカンド・アルバムにおいてその奇妙なボーカルの詩を進化させ発展させている。ある種の呪術的、予言的な詩と結びついたテキストがミステリアスだ。〔…〕私たちにとっても、待っていましたと言わんばかりの素晴らしい仕上がりとなった。申し分のない作品だ[10]」

しかしこうした声の新たな使い方は、たとえそれが声の新しい形を追求していくことになるとしても、ジャズの世界ではまだほとんど少数派であり、調査で出会った男性器楽奏者にはほとんど理解されていないのが現状である。彼らにシンガーの妻や娘や姉妹がいるというような例外には顕著だが、こういったアルバムの制作、斬新な試みや対抗的な論理の提起はわずかであり、それに追従する実践はほとんどないように思われる。確かに女性シンガーたちはミュージシャンたちとやや革新的な音楽的関係は構築できるが、それも配偶者や家族の「庇護」のもとであり、その関係は一過性のもので、儚く、そして極めて依存的なものである。自分のバンドを作ったり、「音楽的実験」に声をかけられたりしても、ジャズ界の「サイドウーマン」として起用されることはほとんどない。しかし音楽で生計を立てることができるのはまさにこの立場のみなのである。

女性シンガーは特定の楽器や音楽のプロとしては評価されない。むしろ声を使い天性の表現で人々を魅了する女として捉えられている。独創的な女性シンガーはこのような幻想に対して革新的な実践を通し逸脱を試みるが、そのような社会秩序を覆すにはまだ非常に脆く、持続はしない。だが彼女たちの逸脱の能力は無視されるべきものでも、過小評価されるべきものでもなく、長期的に見れば、より対抗的な者たちがこういった実践をさらに広めていくだろう。実際、「インフォーマント」の一人である女性シンガーもこのエスプリを発展させつつある。彼女は、著者の女性シンガーに関する論文とジャズミュージシャンの労働についての報告書を読み、このような反応を示してくれた。

「マリー、（もう一二月だけど）論文をありがとう。しっかりと読みました。返事が遅れてごめんなさい。

観察報告は、喜ばしいものではないけれど、現実に即していると思います。プロジェクトを日に日に進めるにつれて、何かしたいと思うようになりました。私のできる範囲で。
X、Y、Zとのアルバムを準備中なのだけれど、
また連絡しますね。
引き続き頑張って、そして、歌ってね！
ではまた。」

（1）身体の社会的運用に関しては主に以下の参考文献を理論的枠組みとして参照している。Jean-Michel BERTHELOT, « Corps et Société », *Cahiers internationaux de sociologie*, vol. LXXIV, 1983, p. 119-131. Pierre BOURDIEU, « Remarques provisoires sur la perception sociale du corps », *Actes de la recherche en sciences sociales*, 14, 1977, p. 51-54. David LE BRETON, « La symbolique corporelle », *Ethnologie française*, 15, 1, 1985, p. 73-78. Marcel MAUSS, « Les Techniques du corps », in *Sociologie et Anthropologie*, Paris, PUF, 1997 (rééd.), p. 365-383.

（2）Joan CASSEL, « Différence par corps : les chirurgiennes », *Cahiers du genre*, 29, 2001, p. 53-81.

（3）本章は、学際研究雑誌『Prétentaine』（ジャン＝マリー・ブローム編）の「音楽」特集号に掲載されたジャズの声に関する分析に部分的に依拠している。この特集号は著名なミュージシャンとのインタビューや思考に富んだ分析、音楽学的・社会学的な考察が盛り込まれている。« Les voix du jazz, entre séduction et expression de soi », *Prétentaine*, no18/19, 2005, p. 85-101.

（4）Annie PARADIS, « Lyriques apprentissages », art. cit.

（5）Critique du disque *Heartdrops* de Vince Benedetti, Diana Krall par Alex Duthil, *Jazzman*, 89, 2003, p. 37.

（6）Guillaume BERGERAS (propos recueillis par), « Magic Malik, la flute en chantier », *Jazzman*, 89, 2003, p. 20-22.

（7）Cécile CANUEL, « Du timbre dans la voix », *Jazz au coeur* (journal du festival de jazz de Marciac), 13 août 2000, p. 3.

（8）Renaud CZARNES (propos recueillis par), « Un Deca pour Martial Solal », *Jazzman*, 78, 2002, p. 10.

（9）Patrick LABESSE, « Jazz et tradition vietnamienne fusionnent », *Le Monde*, 3 février 2004, p. 28.

（10）Philippe RENAUD, « Su Lyn. Clay Angels », critique de disque, *Improjazz*, 121, 2006, p. 42-43.

## 「歌うジャズ、自然と文化の間で」

音楽は他の芸術表現と同じく、人間の心の神秘を呼び起こすものとして認められている。そして歌声はその音楽的魔力を以て楽器を凌駕する崇高な表現方法として表される。多くの歴史文化的システム[a]において見られるような、声が魂を呼び起こす力やその楽器に対する優位性[b]という伝統をどう解釈すればよいのだろうか。歌声はその分析が始まった頃から非常に両義的な実体とされているが、主観的表現と社会的現実・情動的創造と言語的手段・身体の活動と技術的生産・「心の奥にある」感覚と「外部に」放たれる投影との間において、生身の体と言語の「中間」(c)に位置している歌声は、血と肉でできた人間の生成物なのだろうか。それとも複雑な学習のプロセスによって拵《こしら》えられた技術的パフォーマンスなのだろうか。それは分析の可能性を許さないほど感情を超越したものなのか、それともある複数の社会システムに固定されており、それが意味と生成される様態を明らかにするということなのだろうか。

これらの両義性を払拭する決定的な答えというものはない。その答えとは、私たちの想像力の最も奥深くと繋がっており、何より私たちの身体と心の奥に触れる感覚に到達する。その答えとは社会の実態に根差しており、過去より続く社会化の結果であり、社会的環境に即した日常の相互作用によって形作られるものである。しかしこの問題を解決するのは不可能であっても、声がシンガーの身体の中で生成される瞬間や、それが聴者に引き起こす情動といった、その神秘とその社会的条件が一体となる様態を把握することは可能なはずだ。

まず、歌声の生物学的基盤とその技術的な形成の条件に関連する要素をいくらか振り返り、それから、歌声を形成しそれに意味を与える社会過程や歌声が人々を魅了する方途について検討したい。

## 歌声の生物学的基盤とその技術的形成

声は「足先から毛根まで全身を使う」「弦楽器と管楽器」である。(d)実に、声は「活性系（肺活動）、振動系（声帯）、喉頭・咽頭・口腔・鼻腔からなる共振系を動かすための生理的運動が必要」なのだ。(e)歌というのは、肺・横隔膜・肋間筋・腹筋・輪状甲状筋・骨盤・大腿骨・喉頭・声帯・

喉頭蓋・咽頭・副鼻腔・口蓋・舌など、身体の多くの部分を同時に連携させ組織的に動かすような「複雑な機械」のもたらす成果物なのである。歌声のさまざまな側面（音色は勿論のこと、音程・音量・パワー・アクセント・イントネーション・音の持続性やリズムなど）は、音を生み出す人間の生理的な特徴に依拠する部分がある。

声帯の大きさ、胸郭の容量、骨盤の構造、筋力などもまた発声の能力に影響を与える部分があるのだ。このように（喉頭の大きさや形状、声帯の長さや振動能力、肺活量などの）女性と男性の生理的な違いが、男性の発する音が「自然に」低いことを理屈づけている部分もあることが指摘されている[f]。しかしまた、女性と男性の生理的能力の技術的な使い方は、少なくとも生物学的能力と同じくらいには、使っている音域の違いに影響していることについても著者はすでに指摘してきた。

生理的能力から技術的生成へのこのような移行を説明するために、声を特徴付ける四つの基本要素の一つであり、ある人間と他の人間との区別を可能にする響き（または音色）を例にとってみよう[g]。歌声は低音域から高音域へと直線的に上っていくのではなく、いくつかの声域の連結を伴うものであり、その中でも「胸声」（低音域に適応）と「頭声」（高音域に適応）が二つの主要な声域である。つまり歌うという行為はある音域から別の音域へと移動することであり、そして当然ながらその音域はひとりの個人の中でも重なり合っている。だが、個人が二つのうちから「選んで」歌う音域によって、声色、音の力強さ、強弱は異なって聞こえる[h]。ある音域から他の音域へ移行する際の音によって、あるいは声域全体を調和させようとするかどうかによって（叙情歌はその典型である[i]）、声の響きは聴き手の耳に異なって聞こえるのである。ロック歌手[j]や中国人俳優[k]

が常に使用している「ファルセットボイス」（「頭声」）は、技術的「選択」（同じ音でも「胸音」で歌う場合よりも、つんざくような、ピンと張った空気感のある音が出る）であり、それによってパワー（中国人俳優の場合）や男らしさ（ロッカーの場合）を表現することが可能となる。したがって音域の選択とそれに伴う音色の生成作業は、それを発する人間の意識の有無に関わらず、生物学的能力との関係において行われるのであるが、それは部分的であるとも言える。しかしながら、訓練における技術的選択が、彼らの意識に関わらず声帯や生理的な機能を精巧にし、「自然」な様相を与えていくのである。

## 社会構造としての歌声

これらは声を「磨く」可能性に関する初歩的な概観であるが、すでに歌がさまざまな点で社会的に構築されていることを示している。まず何よりも、声は個人が成長する文化社会的な環境で形成されるからである。ゆえにサバ・バハールは「人間は人生の中で声を調節し、文化社会的な環境への適応を学んでいく。したがって声は、無意識の模倣の成果物であり、それは厳しい訓練の賜物であったりもする」[i]としている。ゆえに、民俗学者や音楽学者、言語学者は声の文化人類学（的研究）に従事し、伝統的社会・近代社会の事例を見せることで、声が動的な手段で到底近づき難いものではないこと、つまり言語的・文化社会的文脈に応じて厳然たる特色と価値体系がその特徴を形作っているものとして指摘している。[iii] この社会的な形成は人間の発話の仕方や歌い方の学習の方向づけに影響し、歌い手の声帯にその痕跡を残すまでに至る。その良き例がファド歌手の声帯に結節があることであり、それは抒情詩を歌う歌手にとっては逆に「声帯を鍛えた」証明ともなってしまうのだ！

また社会文化的なシステムも声が他者にどのように聞こえるかに影響する。「自分の身体の現象でありながら、声は口から出るやいなや他人と共有するべく所有物となる[n]」。歌のリズムやバリエーションや音色のもたらす感覚や、歌声を発する人間に対する美的・道徳的・情意的な判断基準は、歌声の発せられる社会によっても異なってくる。この二重の命題を要約するため、ダヴィッド・ル・ブルトンの身体についての言及を参照しよう。声、つまり「身体の経験する本質の最たるものは、その根幹に文化的象徴体系を持ち、声はそれにより直接生み出されるか、あるいはまた意味の記号体系に入り込むのである[o]」。したがって、伝統歌唱[p]や市場でとびかう叫喚[q]や叙情的な声[r]は、「監視された自由」な状態に置かれ、歌い手は聞き手に聞こえ評価されるため、意識的・無意識的に関わらず形成・適応・変形のプロセスを経ることになるのだ。

## 誘惑の（歌唱）方法——超自然的な蠱惑から人の心の境地に触れる表現へ

そして民俗学者や歴史研究者により、過去から現在にわたり社会の至るところで見受けられた声の魅力、その妖艶さ、強く惹きつける力といった神話的な性格が理解できるようになった。伝統的には、歌声は遠くからの声、精霊の声、あるいは超自然的な力が歌い手を支配するものであり、人間でありながら自らを凌駕した力を表現する者にする。仮面、グリオ（西アフリカの口頭伝承者）、シャーマン、吟遊詩人の声とその様相はさまざまだが、発話の声は自らのものではないことは、例えばセネガルのテンダのような小さなコミュニティによく見られ、そこでは「仮面の声が存在しうるのは、男性と交わる際に神や精霊の加護を求めるところにおいてのみである[s]」とされている。そこでは声は相手の魂、感情や情動に触れることのできる至上の能力を以て人々を誘惑するのだ。超自然の力が絶対である伝統的社会では、話し声や歌声は、ある状況下で、選ばれた「口」が発すると、それらの力との特別な繋がりを確立するのである。この人々を魅了する力は、『ユリシーズ』のセイレーンのように神の産んだものである場合もあるが、キケロがレトリックに関する論でラテン語の演説者を対象として述べていたように、あるいは聖アウグスティヌスが彼を魅了した歌について述べていたように(t)、それ自体が人々を魅了する場合もある。声は、それが危険の源であれ絶え間ない喜びの源であれ、不思議な力を内包していると言え、今日でも非常に情動的な現象を生み出しているように見える。例えばガブリエル・セグレは、「キャンドルライトの儀式」の際に、エルヴィス・プレスリーのファンが、エルヴィスと彼の声、そして彼の歌とおおよそ宗教的な関係にあるのだと語っている(u)。ミシェル・ベルナールの表現力に関する分析の言葉を用いると、「声」は実に、さまざまなリズムやメロディーや声の変調によって生み出される呪文を生む特別な器官である(v)。

しかし西洋社会では、カトリーヌ・デュテイル＝ペッサンが過去二世紀のフランスにおける歌の位置づけについて社会史的考察を加えているように(w)、歌は聞き手にとっても歌い手にとっても、歌い手の欲望、感情、その「人柄」の胸懐に触れる表現として感じられている。同じ考えはイヴァン・フォナギーの、観客が無名の女優の「人柄」を判断する材料に声が重要な役割を果たすという研究にもみられる。フォナギーは、観客に二人の女優の演劇のセリフの朗読を一回だけ聞いてもらい、彼女たちの特徴を、美しさ・身なり・人格に分けて挙げてもらうよう頼んだ。そこでは、観客が声の印象によって全く異なる特徴を二人の女優にあてがうことが認められたという。結論として彼は、声には、個人のイメージを生み出し、外見や言辞とは関係なくその人格を評価させるような固有の働きがあるとしている[x]。声は「その他の記号的意味の外にあり」、(少なくとも西洋社会においては)他の身体的要素のように、「「人」の「奥底」や「自然」をもっとも的確に表す《シニフィエ》ように社会的な位置を保っている」[y]。換言すれば、実は「個人の風格」は系統的であり、認可されたものであり、ある音楽ジャンル(や演劇のスタイル)を形作る明・暗示的な「規則」の尺度で表現されているのだが、それにもかかわらず歌声はその音を発する人間の人格を呼び起こす重要な要素と捉えられているのである。庶民的な生活の奥深さを描く一九二〇〜五〇年代[z]のシャンソン・レアリストは八〇年代シャンソン[aa]や抒情歌[ab](Chant lyrique)とは全く異なる美的原則に従っている。だがこれらの異なるケースにおいて、歌い手と聴衆は表現の中で作者の「赤裸々な」様相とその人柄の残り香に触れるのである。

(a) この点は、一九九一年の『カイエ・ドゥ・ミュジーク・トラディショネル』による声の特集に典型例がある。この伝統的ヒエラルキーが倒錯するものとして、現代音楽とジャズが例として挙げられる(Emmanuel PEDLER, *Entendre l'opéra. Une sociologie du théâtre lyrique*, Paris, L'Harmattan, 2003, p. 23)。しかしこの倒錯は、声(とその「魔」力)が、器楽奏者が楽器を「歌わせ」、自分自身の声を作り上げる「工学」を説明づける至高の基準となっている場合であり、それは相対的なものである。

(b) Lothaire MABRU, « Vers une culture musicale du corps », *Cahiers de musiques traditionnelles*, 14, 2001, p. 95-110.

(c) Michel BERNARD, *L'Expressivité du corps. Recherche sur les fondements de la théâtralité*, Paris, Jean-Pierre Delarge, collection « Corps et culture », 1976, p. 414.

(d) Claire GILLIE-GILBERT, « “Et la voix s’est faite chair...” Naissance, essence, sens du geste vocal », *Cahiers de musiques traditionnelles*, 14, 2001, p. 3-38, spéc. p. 9.
(e) *Ibid.*, p. 6.
(f) Edith SLEMBEK, « La voix entre données biologiques et modèles socioculturels », *in* Saba BAHAR, Agnese FIDECARO, Yasmina FOEHR-JANSSENS (dir.), « Le genre de la voix », *Equinox*, 23, automne 2002, p. 27-36, spéc. p. 29.
(g) « En termes techniques, le timbre d’un son est l’un des quatre paramètres qui le définissent (avec la hauteur, l’intensité et la durée) », Catherine RUDENT, « La voix de fausset dans *Speed King* de Deep Purple : une virilité paradoxale », *in* Cécile PRÉVOST-THOMAS, Hyacinthe RAVET, Catherine RUDENT, *Le féminin, le masculin et la musique populaire d’aujourd’hui*, Actes de la journée du 4 mars 2003, Université de Paris IV – Sorbonne, Observatoire musical français, Série Jazz, chansons, musiques populaires actuelles, 1, 2005, p. 99-108, p. 99.
(h) *Ibid* et Claire GILLIE-GILBERT, « “Et la voix s’est faite chair...” », art. cit.
(i) Annie PARADIS, « Lyriques apprentissages. Les métamorphoses de l’émotion », *Terrain*, 37, 2001, p. 29-44.
(j) Catherine RUDENT, « La voix de fausset dans *Speed King* de Deep Purple », art. cit.
(k) Claire GILLIE-GILBERT, « “Et la voix s’est faite chair...” », art. cit.
(l) Saba BAHAR, « Introduction. Repenser la voix à la lumière des études genre », *in* Saba BAHAR, Agnese FIDECARO, Yasmina FOEHR-JANSSENS (dir.), « Le genre de la voix », *Equinox*, 23, automne 2002, p. 11-25, spéc. p. 18.
(m) Nicole REVEL, Diana REY-HULMAN (ed.), *Pour une anthropologie des voix*, Paris, L’Harmattan, 1993, p. 13.
(n) Junzo KAWADA, *La Voix. Étude d’ethno-linguistique comparative*, Paris, EHESS, 1998 (1988), p. 11.
(o) David LE BRETON, « La symbolique corporelle », art. cit., p. 73.
(p) Junzo KAWADA, *La Voix*, *op. cit*.
(q) Frédéric MAGUET, « À “corps” et à cris. Une phénoménologie des cris de marché », *Ethnologie française*,

29 (1), 1999, p. 57-65.

(r) Esther GONZALES-MARTINEZ, « Postures lyriques. L'ajustement voixrôle dans le travail interprétatif du chanteur soliste », *Revue française de sociologie*, 41 (2), 2000, p. 277-305.

(s) Marie-Paule FERRY, « Voix des masques, voix des esprits », *in* N. REVEL, D. REY-HULMAN (ed.), *Pour une anthropologie des voix*, *op. cit.*, p. 329-340, spéc. p. 329.

(t) Claire GILLIE-GILBERT, « "Et la voix s'est faite chair..." », art. cit., p. 4. Saba BAHAR, « Repenser la voix à la lumière des études genre », art. cit.

(u) Gabriel SEGRÉ, « Le rite de la *candlelight* », *Ethnologie française*, 32 (1), 2002, p. 149-158.

(v) Michel BERNARD, *L'Expressivité du corps, op. cit.*, p. 325.

(w) Catherine DUTHEIL-PESSIN, « La chanson populaire, source vive », *in* Jean-Olivier MAJASTRE, Alain PESSIN (dir.), *Pour une sociologie des oeuvres*, Paris, L'Harmattan, 2001, p. 375-391.

(x) Ivan FONAGY, « Les chances d'une caractérologie vocale », *in* N. REVEL, D. REY-HULMAN, *Pour une anthropologie des voix*, *op. cit.*, p. 47-82.

(y) Pierre BOURDIEU, « Remarques provisoires sur la perception sociale du corps », art. cit.

(z) Joëlle DENIOT, « L'intime dans la voix », *Ethnologie française*, 32 (4), 2002, p. 709-718.

(aa) Catherine RUDENT, « La voix de fausset dans *Speed King* de Deep Purple », art. cit.

(ab) Esther GONZALES-MARTINEZ, « Postures lyriques », art. cit.

## 「ルネ・フレミングのもう一つの声」

ジャズ評論家が手放しで賞賛したオペラ歌手ルネ・フレミングの名盤『魅せられし心（Haunted Hearts）』[a]には、声に対する「自然主義」的な概念がよく現れている。この事例は、声に対する観念を覆す要素が揃っており、より興味深いものとなっている。「ル・モンド」紙においてルノー・マシャールが「ルネ・フレミングのもう一つの声」という記事の中で指摘しているように、彼女のいつもの音域に慣れたリスナーは彼女の声だとわからなかっただろう。[b]フレミングはこの「もう一つの声」を出すため、音色・抑揚・音楽性・演出・正確さなどに磨きをかけている。彼女の努力はジャズやアメリカンポップの音域に適した新しい声を「確立」した。

しかし、新たな分析の条件を提示するこの記事では、ルネ・フレミング自身もある二つの側面の間に位置づけられている。ボーカルの面からすると、確かに「もう一つの声」で歌っても疲れず、クラシックの音域とジャズの音域を同時に行き来できている。そしてもう一つの側面は、この分野で最初から成功した経験から彼女がジャズを選んだという「運命」である。自分自身でこのアルバムを制作し、磨きあげながら、若かりし頃、有名サックス奏者の涙が出るほどの演奏を通してジャズに触れ、そして他ならぬその彼からジャズを仕事にするチャンスを与えられた「自身」の探求がしたかったという。

以下に紹介する『ジャズマン』と『ジャズマガジン』の二つの彼女のアルバム批評は、主に後者のストーリーを採用し、彼女がもう一つの声を作り上げるために壮絶な訓練に自らを捧げたことを覆い隠してしまっていることがわかる。クラシック界の偉大な彼女がジャズの世界に進出したことを賞賛し、彼女が原点（「まだ学生のルネ・フレミング、イリノイ・ジャケーと出演」、『ジャズマン』のアレックス・デュティル）と「内なる声」へ回帰した表現であると解釈するのが、『ジャズマガジン』のフィリップ・カルルの見解である。クラシックの技法には言及されるものの、もう一つの声を作り上げるという作業については全く語られていない。マーケティング戦略としても、人物に焦点を当てたこの「一つ」の声のイメージだけが全面に出されている。つまり「ルネ・フレミングの崇高な歌声を聴く」という点のみが。

「スウィングでもスキャットでもなく、即興演奏もほとんどないようで、むしろ歌曲のようなテンポで……無用な議論はやめよう。明らかにこれはジャズではないし、「ポップ」でも「ヴァリエテ」でもない。じゃあなんだ？　ハイドンでもモーツァルト（ルネ・フレミングの専門でもある）でもない。ライオネル・ハンプトンとジョニー・マーサーの『ミッドナイト・サン』の前には、アルバン・ベルクの『ヴォツェック（Wozzeck）』が引用され、彼女がフランス語で『シュプレヒゲザング（sprechgesang）』を取り入れコルネイユの悲喜劇『プシシェ』の一部をささやくと（モンタルバン的傾向のある）ジャズファンは混乱するかもしれない。だが、なんという甘美さ！　ルネ・フレミングがヴェールをはいだこの内なる声は、非常に「クラシック」な技巧でありながら、著名な歌手たちの抑揚や振動、憂愁も呼び起こさずにはいない。サラ・ヴォーンの音域の飛躍、ヘレン・メリルの声を半分に落とした《メッツァヴォーチェ》表現、そしてもちろん「スローよりもゆっくりな」スザンヌ・アビュールも思い浮かぶだろう。そもそも（忘れられてはいるが）最も印象的なボーカルデュエット（「海賊盤」）は、エラ・フィッツジェラルドとジョーン・サザーランドのライブではないだろうか？　そしてまた「歌姫」アイリーン・ファーレルが製作したスタンダードは決して馬鹿にできないものだった。さらに感動するものがある。ギタリスト、特にピアニストの音は、ボーカルの効果によって生じる同心円のように伸びたり消えたりして、声の鏡となるのだ。要はどんなレッテルを貼ろうが、この甘辛味とほろ苦さの間の美味しさを味わえないのは何とも残念だろう[c]」

「「クロスオーバー」？　この言葉から「間」を連想してしまうと何もなくなってしまう。オペラでおなじみのソプラノがスタンダードナンバーに挑戦すると、文字通り、時代を越えた歌と情感豊かなハーモニーが出来上がる。そしてフレッド・ハーシュやビル・フリゼールを伴奏に抜擢したこと（歌曲における二番手のピアニストなどではなく最もジャズ的な意味で）が、その点を補強しているのである。私たちはジャズの感性の核心にいるのだ。確かにスキャットはなく、即興もないが、二人の器楽奏者の演奏は稀に見る繊細さだ。ピアノと声のデュオが六曲にギターと声のデュオが五曲。そしてトリオが三曲。冒頭から最後まで時間が止まる。彼女はベルク、ヴィラ＝ロボス、マーラー、パラディールと、四回もジャズメンたちを自分の畑に呼び込んだ。何も特別なことはない。いつもの場所で、互いに耳を傾け、共感し、声とその対話者の間の間隙にある音楽性を味わえるのは純粋な幸せなのだ。まだ学生だったルネ・フレミングが、イリノイ・ジャケーと演奏したのを覚えているだろうか。ジャズの経験が彼女のリリカルなフレージング、アタックと色彩の自由さに決定的な影響を与えたことを、彼女はあちこちで思い起こさせてくれる。ルネ・

フレミングのジャズ的なアプローチは、彼女の声（透き通るように繊細な音色）よりも、彼女の耳（文字通り、彼女のフレーズは対話者の声と踊っているのだ）であり、そしてより驚くべきことはその構図だ。好奇心を超えた純粋な音楽のひとときである[d]」

（a）*Haunted Heart*, 1 CD Decca, distribué par Universal, 2006. Musicien-nes : Renée Fleming (voc.), Fred Hersch (piano), Bill Frisell (guitare).
（b）Renaud MACHART, « L'autre voix de Renée Fleming », *Le Monde*, 25 février 2006, p. 27.
（c）Philippe CARLES, *Jazz magazine*, 2006, 567, p. 41.
（d）Alex DUTHIL, *Jazzman*, 2006, 121, p. 61.

# 第五章　抗い難い「女の」誘惑

前章の「声の振る舞い」の例ですでに示したように、女性シンガーという職業は、女性性にある本質的なもの、女性らしさの自然な表現として見られる傾向がある。そのため女性は神話のなかに閉じ込められ、正当な器楽奏者や同僚として見なされずにいる。このような神話は音楽における、あるいはステージでの彼女たちの身体の役割にも関係している[1]。なぜなら女性シンガーの身体は、何よりもステージ上では観客や評論家からだけでなく、音楽を共に作る仕事仲間からもまなざされるものであるからだ。その身体はステージのために作り上げられ「生まれつき」魅惑的なものとして、女性に対する固定観念に囲い込まれ、女性シンガーの音楽的位置づけの評価を下げることに繋がる。

## 明らかな誘惑

エレーヌ・マルキエの分析するダンサーたちのように、彼女たちの身体を女性のものとして特徴づけているのは、彼女らをまなざす人々の幻想と、人々が彼女らに求めるものが大きい。「身体は中立的でも、客観的でもない。女性の身体は特に性によって区別されて捉えられる。ジェンダー化され、性的《セクシュアル》に。そしてそれは男性寄りの身体よりも際立って。それは常にエロティシズムの領域と繋げられていると言える。これは男性身体には当てはまらない(2)」。そのため女性シンガーの活動の中心には、魅惑的なものがあるように見える。

音楽行為そのものに重きを置いている器楽奏者たちとは異なり、女性ジャズシンガーは観客やイベントのオーガナイザーや評論家を、身体でもって魅了しなければならないと考えている。ステージ上での身体の見られ方や、仲間たちとの関係において、(女性シンガー／器楽奏者というような)パートの選択は非常にジェンダー化されているだけではなく、身体の使い方も女性シンガーと器楽奏者を大きく隔てている。男性器楽奏者は簡素でリラックスした服装が多い。地味なパンツとジャケットに、Tシャツや、それに合うシャツなどである。髪型もシンプル、というよりむしろ「粗雑」で、メイクも全くせず、歩き方も気が抜けている。彼らのシルエットは楽器と「一体」になるようにできている。上半身を傾け、目は閉じて、演奏のリズムに合わせてエネルギッシュな動きや控えめな動きをする。反対に、観察対象となった女性シンガーたちは、自らのシルエットや服装、動き、表情も「女性性」の規則に即して工夫されている。メイクと髪は抜かりなく、凝った服装で、その表情は感情の溢れんばかりに笑みを浮かべ、ピンと真っ直ぐ向いた体……女性シンガーは「女らしい」のだ。とはいえ地味なスーツに若干猫背で笑顔の少ない表情といった、女性シンガーがより「男らしい」格好をしているケースも確認された。しかしこれら「男性らしさ」の形跡（ヘアスタイル、メイク、身のこなし、振る舞い、特に声の使い方）などは、他の女性らしさの記号に比べればごくわずかであり、女性シンガーの容姿がジェンダー化され、それが大衆を魅了する力であることは明らかである。

彼女たちは聞きとり調査において、ステージでの魅力を習得することがいかに困難かについて語っている。衣装やメッセージ、観客を喜ばせ好意を持ってもらうよう振る舞いに気を配らなければならない。女性シンガー、特に自らをボーカリストと自称する者にとってはこの現実が比較的制約あるものだと捉える傾向があるとはいえ、イベントに起用してもらい、レコード製作者の興味を引くためには、このゲームに身を委ねることが不可欠になる。ステージでの振る舞いを重視する次の女性シンガーはこう説明する。「女性シンガーは楽器を持たない分、声だけでなく身体でも人々を魅了しなきゃいけない。イメージが重要だ。どう見られるかを意識しないといけない。［…］我慢ならないのは、いい声で肝も据わってる女性シンガーが苦労しているとき」（四五歳　女性シンガー）

逆に、常に大衆を喜ばせなければならず、自分のステージでの印象に十分な注意を払わなかったために起用されなくなったことを嘆く者も多い。「ミュージシャンそのものというより、メディアや音楽の関係者、イベントプランナーに問題がある。『Télérama』誌ではクリエイティブなシンガーについて語る記事があった。Zのように胸の谷間を強調しないシンガーが世に認められるのは難しいという話だった。こういうイメージを尊重しないと、不安定な状況に追いやられてしまう」（四〇歳　女性シンガー）

## 女性への偏見に追従する生きづらさ

ベッシー・スミスやダイナ・ワシントンといった激しく力強く表現豊かな歌声を持つブルースの偉大な女性シンガーたちと並んで、エラ・フィッツジェラルドやサラ・ヴォーンのように、鍛錬され生き生きとしたリズムとしなやかな歌声を持つシンガーが育ってきた。女性ジャズシンガーを代表するこれらの「歌姫」もまた、その歌声の特質にまつわる部分もあるが、魅了するという役割については共通している。ニーナ・シモンは、確かに黒人の直面する困難や個人の恋愛の苦しみを表現しているが、一方で「あのあたたかな声、あの男の、少女の、あの野郎の、裏切りに苛む若い女性の、最後まで女であることを貫いた女のあの声とあのリズムを、あのテンポや完璧なまでの使い方を、女の、どこまでも女である彼女の体、おおらかで老いた、晩年の美しい体[3]」をも生き生きと表現する。

だが今日の女性ジャズシンガーの精彩は、ある一定の声と身体を抗し難いほど魅力的なものに見せる美的・社会的規範から分析することができ、この二つの要素は互いに密接に関係している。コンサートの環境、アルバムのジャケット、あるいは多様な人々（ジャーナリスト、器楽奏者、観客、シンガー）

の、ステージやボーカルのパフォーマンスに対するコメントなどをさらに深く観察した結果、ジャズシンガーを「女－女」[4]とする、「女性的な」[5]魅力の二つの主要な姿が浮かび上がってきた。

## 「気取らない女－女」

声は低音〜かなりの低音で、どちらかというと滑らかでビロードのように温かく、メロディアスで調和のとれた音で、強い表現力がある。ステージでのパフォーマンスはあまり派手ではなく、衣装はあっさりしているが上品で、あまり観客に向けた振る舞いもなく、コンサート中ピアノをずっと弾いている者もいる。現在のジャズ界の大物では、ダイアナ・クラール、カサンドラ・ウィルソン、スザンヌ・アビュール、シャーリー・ホーンなどが、この「気取らない女－女」を、魅惑的な女性の身体を以て、エロティックだがそのエネルギーは内包したまま具現化しているように見える。

フレンチジャズシーンにおいてはスザンヌ・アビュールが詩的なレパートリーと共にこのような上品な美しさを表現している[6]。スイス生まれでオランダに住居を持つ彼女は、フランスの批評家たちから非常に高い評価を得ており、フレンチジャズシーンのライブに呼ばれることもしばしばだ。二〇〇四年には『ジャズマガジン』の「過去から現在における偉大な女性ジャズシンガー五〇人」に選出された。「ラブソングやスタンダードとは一線を画し、行間にあるもの、語られないものを探求している[7]」。興味深い点であるが、彼女の場合は即興音楽で活動してきたため、ダイアナ・クラールやダイアン・リーヴス、カサンドラ・ウィルソンのようにマーケティング戦略やエロティックな女性化の対象にはなっていない。にもかかわらず、彼女は非常に「女性的」な様相の写真で紹介されており、際立ってはいるが慎み深く穏やかで優雅な女性らしさを体現している。これは一般にはあまり知られていないアメリカのジャズシンガー、ジャンヌ・リーを、本人いわく師匠・模範、あるいは先生としている。

## 「エネルギッシュな女―女」

第二の女性像は、サラ・ヴォーンやエラ・フィッツジェラルドのような、しなやかで流れるようで、穏やかで温かみのあるメロディアスな声を以て新たな形の魅惑を醸し出す、「エネルギッシュな女―女」であろう。声は低音で深みがあるが、高音の域も朗らかに、そして「甲高く」ならずに「浮遊」するのである。エネルギッシュな振る舞いで、ステージ衣装は華があり、歌は客席に向けられ、器楽奏者と頻繁に掛け合いをする。フレンチジャズシーンでは、アンヌ・デュクロ、ライカ・ファティアン、サラ・ラザルス、ソニア・キャット＝ベロ(8)、ミナ・アゴシ(9)などが、このエネルギッシュで表情豊かで生き生きとした魅惑の代表だ。

女性シンガー、ライカ・ファティアンのファーストアルバム発売時に撮影された写真は、このミュージシャンを披露するにあたり、彼女の「女性らしさ」を非常にうまく全面に出している(10)。それは、音楽的資質や表現の醍醐味への評価と密に繋がりながら演出されている。アルバム『Look at Me Now !』は『ジャズマン』や『ジャズマガジン』の音楽評論で絶大な称賛を得た。

「麗しいサプライズだ。彼女は幼い頃からクロード・ボリングのビッグバンドのシンガーとして注目を集めていた。以来、彼女はポップスターのバックコーラスで辛抱強く腕を磨き、真のレパートリーと妙々たるクインテットを熟成させてきた。テナーサックス奏者のデヴィッド・エル・マレク、ピアノのピエール・デ・ベトマン、ギターのアルバン・ソトゥール、ウッドベースはユレス・ピココ、ドラムスにドレ・パルメルツが陣を組んでいる。ボーカリストと同じように巧みに、しっとりとしたバック演奏を繰り広げている。一体どうやってボリングからこのファミリーに？　味わい深い才能はもちろんのことだが、夫であるドラマーのダニエル・ガルシア＝ブルーノの友人たちとも繋がりができたからでもある。ミュージシャンたちは終始一緒に演奏しているわけではない。アルバムには驚きが満載だ。オープニングの『Love』はボーカルとドラムのデュオ、ベトマンがライカと一対一で演奏するためアレンジした『Eleanor Rigby』。他にも、アビー・リンカーンの二曲、ニコラス・ペイトン、ウェイン・ショーター、ジョー・ヘンダーソンの作曲に彼女が詞をつけた楽曲、そしてスタンダード曲を抜け出した楽曲（『Inchworm』、『I Hear Music』等）もある。本物の味わいを、本物のチョイスで。歌も音域にぴったりだ。付随的でも、表面的でもない。曲の配置（『Zigaboogaloo』）においても、その情感の強さ（『Throw it Away』の崇高なバージョン、おそらくオリジナルを超える）においても、ライカは稀有な音楽性を以て歌う。熟すのに時間を費やした女性シンガー。全くその通りだ[11]」

ブロッサム・ディアリーやリサ・エクダールのような外国人シンガーたちにみられる例外はあるものの、フランスのポップやヴァリエテ番組にあれほどいるような、つんざくような高い声、軽いイントネーションでパワーも控えめ、かつ声色の調節も制約された「子ども女」という第三の女性像はほとんど存在していないだろう。最後に、まだ成長過程で認知度の低い即興の女性シンガーを除いては、声を楽器として使い叫んだり絶叫したりする女性シンガーがほとんどいないことに目を向けて、これらの女性への固定観念に関する概括を締め括りたい。彼女たちは同業者や評論家にはまだ確固たる認知度もなく、少数派である。

彼女たちのパフォーマンスの魅力は、女性が古典的な形で男性を魅了する機能と繋げることができる。つまり女性シンガーは「天性の」誘惑のセンスを発揮し、自分の歌唱力をアピールしていくというわけである。女性ジャズシンガーは、男の欲望に生きる「唯一の女」、『第二の性』で見事に記述されている高級娼婦に近い(12)。その美しさ、魅力、官能性、優れたエロティシズムは、その他の女性たちとは一線を画し、人々の悦楽に自らを捧げる。女性シンガーは、その自然な女性の魅力に手を入れたり作り込んだりしない。彼女は不朽の女性らしさを醸し出し、ステージにおいて、伝統的かつ両義的でもある誘惑の機能のなかから、他者（大衆）の欲望の受け皿となるそれを以て、彼らに喜びを与える。アルバムのジャケットもステージ衣装もそういった想像力を養うものなのだろう。「彼女は「求めることができ」、「開放的で」、「魅惑的」に感じられ、大衆に選ばれ、守られなければならない。それは何かを獲得するには堕落しすぎており、力や権利によってそれを勝ち取るのではなく、誘惑をしてそれに辿り着く必要があるのだ(13)」

## 「上質」の誘惑

ただしジャズはヴァリエテとは異なり、その魅惑をエロティックな魅力に「矮小化」してはならず、さもなければ魅力が半減してしまうということも指摘しておく。対象者の女性ジャズシンガーの大半は、「真剣な」女性シンガーや同僚、評論家がとりわけ拒絶する女性らしさのイメージから遠ざかるのに必死だった。それは男性に大胆に身を差し出す「娼婦」のイメージであり、谷間やスカートの長さ、仕草や表情の「示唆的」な特徴といったものが明白な記号である。彼女たちは「上質の女」、「女-女」といった、抑制的で控えめで仄めかすような女らしさと「ジャズ的な」音楽性による魅力を持つような存在に留まっている。この点に関する、エドガール・モランによる「モデル」と「スター」の区別は興味深い。両者はともに魅惑的で求められる存在だが、モラル・美学・職業におけるまた別の種類の喜びを聴衆や評論家たちに与えることができるという点で、長期的に好感を持たれ続けるのは後者である[14]。もし人々を魅了する声の力が女性シンガーに対する評価の基盤となっていても、それだけでは不十分だ。正確な音色、その流れ、リズム感やメロディーの表現といった音楽における最低限の素質がなければ、女性シンガーのエロティシズムは、扇情的すぎるとして否定される。

「ローレンス・アリソン、キャロル・エスコフィエ（Carol Escoffier）、アンヌ・デュクロ。彼女たちはジャズクラブ、ジャズフェスティバルやボーカルワークショップにおいては評価されているが、知名度は低い。おそらく露骨な女性らしさを出さず、ジャズに対する姿勢が厳格なのだろう[15]」

「そもそもこの音楽制作全体が、よく練られてはいるがあまりに雑多なセンスのせいで、その良さが消えてしまっているのだ。何か、もう少しヒヤヒヤさせない何かが足りないせいで。だが敵を間違えてはいけない！　少なくともこの女性がマーケティングの顔を持つ女性シンガーの群に名を連ねることはない……。ケースに飾られた多くの写真からするとその権利はあったのだろうが[16]」

女性ジャズシンガーは、ステージでの活動や雇用において認められない〔状態を強要（要請）する〕社会的幻想に身を委ねなければいけないようだ。彼女たちを待つ状況としては、それに応えず声もかけられないか、あるいはそれに応え「女らしさ」の偏見とともに実力を否定されるかのどちらかだ。

## ジャズの神話と歌姫

「女性シンガーたちが開花する時、ビリー、エラ、サラの「三神」を基準にして評価しないように気をつけなければならない。ほとんどは思い上がりが強く軽率か、当然野心を持っていて、彼女たちの栄光による加護があるかのように考えている」[17]

歌を天性の魅力に矮小化することは、多くの器楽奏者が女性シンガーの素質を、ビリー・ホリデイ、エラ・フィッツジェラルド、サラ・ヴォーンといった過去の神話的な歌姫と比較するやり方とも連関している。ギル・エヴァンス、マイルス・デイヴィス、ジョン・コルトレーンといった伝説的なジャズミュージシャンへの止めどない賞賛が今日のミュージシャンに求められることはない。あるトラッドジャズの器楽奏者はこう言う。「極端な話、いい演奏をする器楽奏者は偉大なアーティストと言える。女性シンガーには何かもう一つ必要なんだ」。だが現実には、女性シンガーたちはジャズ史の神話との不毛な比較に翻弄されているように見える。もうお分かりだろう。歌姫の神話は今日の女性ジャズシンガーを、味気ない、アメリカンジャズの二番煎じにしてしまっているのである。「今日、ジャズでキャリアを積んでいく女性シンガーはいない。正統性も、魅惑も、振る舞いや人柄の魅力もないからね。男性シンガーだって難しいのに、女性シンガーには無理だ。いま唯一期待できるのはフレンチ・

シャンソンかな。自分たちの文化だしね」（五五歳　男性器楽奏者）

別のモダンジャズの器楽奏者は、前代未聞の本物の声、真の誘惑の力を持った女性シンガーだけが持ち札を変えられ、そしてそれを見つけ出すのはまさにボーカルジャズの「ピグマリオン」である器楽奏者にかかっていると言う。

「映画に出てくるプロの俳優が嫌いなのと同じで、あまりにプロっぽい声は好きじゃない」。著者の「何か今後してみたいと思うことは？」という質問に対しては、「まあね。夢は自分のジェーン・バーキンを見つけ出すことさ。歌はてんでだめ、リズム感もない、みたいなね」（六〇歳　男性器楽奏者）

「エディット・ピアフが表現できるような情動がまだ聞こえてくる前の声を発掘しないといけない」(18)

## ステージ上の振る舞い、身体への隠れた知識

最後に挙げたい点は、歌は物語を語るような、特別なパフォーマンス技術を必要とするということだ。女性シンガーはステージ上において立ち位置を確立し、リラックスしながらも確かな存在感を見せなければならない。つまり、マイクをうまく持つことや、ステー上で上品に見える振る舞い、表情

やセンスの良い衣装、曲と曲の間にうまく観客に話しかけることである（ジャズコンサートでお決まりの次に歌う曲の紹介は、女性シンガーのそれではあまり見られない）。演劇のような表現の訓練、仲間との会話、メイクの訓練、鏡の前で何度も練習することなどはすべて、女性シンガーがステージ上で「くつろいでいる」ように考えられた戦略だ。中には何年もかけて磨いた演劇の技術（彼女たちがそれを訓練や能力の一つとして紹介することはないが）がステージのセンスに繋がる。「音楽や歌をしたいなんてことは考えてなかった。私の役はピエロだったんだけど演劇や演技は本当に好きだった。でも、自分には向いてなかったって分かった。けど、今ステージに対して持っている熱と似たようなものがあった[19]」

器楽奏者も女性シンガーもステージ上でのパフォーマンスを一つの仕事として定義していない。それはむしろ、女性シンガーの人格や「天性の」武器、とくに身体的なそれを表現する場と捉えられている。ステージ上での身振りというこの「自然な」特徴という考え方は、次のビリー・ホリデイの才能についてのコメントのように、よくあるものだ。

「ジャズ・オーケストラを率いたアーティ・ショウが言っていたように、「彼女の過去からは説明できない。演劇の経験も全くないのに、天性の演劇センスがある。彼女が発声法のレッスンを受けたとは思えないが、彼女が「ビター」と言うと、イギリスの女優の誰よりも威厳あるものになる。彼女はずっとこういう才能を持っていたんだ[20]」」

ステージ上での表現はそれ自体には価値がない。価値があるのは音楽のみなのだ。物語を語ることや観客とやりとりすること、観客を喜ばせることは、身体や振る舞いや人物像を確立するといった仕事の結果とは見なされない。メロディーを解釈し、思いを表現するための音楽的訓練が女性シンガーにとっては核だと考えられているのにもかかわらず、身振りやステージは特別な仕事としては考慮されていない。ジャン＝マルク・レベラットの分析したアマチュア俳優のように、ステージ上での仕事ぶりは俳優のそれに近いと捉えられるはずだが、女性シンガーの正当な人物像の表れとして受け取られているのだ。[21] シンガーたちはみな、ステージ上で誠実かつ自由になれるよう、怖がらずに「さらけ出せる」ように自ら試行錯誤すると話す。観客と〈ステージのひとときを〉楽しむことのできる者は、経験を積んで自分に自信が持てるようになり、そのおかげで自然にそれができるという。「身体は自分を見つけ出す場として見られる。その発見は一方でまた個人の規範との連関であったとしても」[22]

女性シンガーは声と身体で自らを自然に表現する魅惑の女性として捉えられる。彼女たちには女性に対する伝統的なイメージが伴い、純粋なミュージシャンとしては捉えられない。ミュージシャンや評論家、観客を魅了し、「自分の魅力を発揮して」観客に好意を持ってもらい、ミュージシャンやイベントプランナーに気に入ってもらえたとしても、彼女たちが真剣で信頼できる仕事仲間と見なされ続けていくことはほとんどないのである。

（1）この分析は女性ジャズシンガーとオーケストラミュージシャンの職業上の状況に関する、イヤサント・ラヴェとの共同比較研究に基づき、より詳しいものになっている。このような刺激的な共同研究ができたことに対して彼女に心から感謝の意を表明したい。

（2）Hélène MARQUIÉ, « Asymétrie des genres et apories de la création : peut-on sortir d'un imaginaire androcentré ? », *Labrys - Études féministes*, 3, janvier/juin 2003, 〈www.unb.br/ih/his.gefem/labrys3/web/fran/helene2.htm〉, p. 5-6.

（3）Francis MARMANDE, « Déglinguée, arrogante, en colère à toutes les heures », *Le Monde*, 23 avril 2003, p. 25.

（4）女性への偏見は数多く、それはその偏見が認識される背景に依拠する部分もある。アーヴィング・ゴフマンは広告言説における支配的な女性像の分析において「女－遊戯としての存在」・「女－女」・「従順な女」・「子ども女」に言及している。後述するように、この分析においては女性の魅力を思わせる、ジャズで言えば「女－女」に近い慣例的な女性像しか挙げられていない。« La Ritualisation de la féminité », *Actes de la recherche en sciences sociales*, 14, 1977, p. 34-50.

（5）対象は異なるが、私の手法は「二〇〇一年、サルソマッジョーレ（イタリア）で、美の選別と評価の仕組みの一例となるミスイタリアを観察した」アンヌ・モンジャレとフレデリカ・タマロッジのそれと同様のアプローチをとっている。« Pas de demi-mesure pour les Miss : la beauté en ses critères », *Ethnologie française*, 35, 3, 2005, p. 425-443. もちろん私は女性シンガーの選定よりも、その評価に注視している。

（6）Nicolas NETTER (propos recueillis), « Susanne Abbuehl : les mots sont... », *Jazz magazine*, 524, 2002, p. 26-27. 本書の巻末に掲載している写真を参考のこと。

（7）COLLECTIF, « Susanne Abbuehl », *in* « Ainsi soient-elles. 50 chanteuses d'hier et d'aujourd'hui », *Jazz magazine*, 550, 2004, p. 34-56, spéc. p. 37.

（8）近年のアルバムジャケットの写真は本書の巻末に掲載。

（9）ミナ・アゴシとサックス奏者のソフィー・アルールの写真も本書の巻末に掲載。

（10）フィリップ・カルルの記事を参照。シンガーの写真は本書の巻末に掲載。Philippe CARLES, « Laïka sans pose », *Jazz magazine*, 550, 2004, p. 32-33. 財政上の理由から彼女の身体的女性性がより「顕著」になっている完全に商業的な写真は掲載できなかった。

（11）Alex DUTHIL, *Look at Me Now !*, *Jazzman*, 102, 2004, p. 48.
（12）Simone DE BEAUVOIR, *Le Deuxième Sexe*, Paris, Gallimard, Folio, 1976 (1949).
（13）DARDIGNA, 1978 citée *in* Métoudi Michèle « La Femme Publicitaire. Sport et chinchilla », *Esprit*, 2, 1982, p. 34-50, p. 37.
（14）Edgar MORIN, *Les Stars*, Paris, Seuil, 1972 (1957).
（15）Michel CONTAT, « Laurence Allison Sextet », *Télérama*, 2678, 2001, p. 116.
（16）Joël PAGIER, « Critique du disque *Eternal Sequence* de Marjolaine Reymond », *ImproJazz*, 121, 2006, p. 44.
（17）Jacques ABOUCAYA, « Singing ladies », *Jazz magazine*, 550, 2004, p. 76.
（18）Sylvain SICLIER, « Romane, héritier créatif de Django Reinhart », *Le Monde*, 27-28 mai 2001, p. 23.
（19）Emilie QUENTIN, (interview) « L'une chante, l'autre souffle », *Jazz magazine*, 564, p. 17-18, p. 17. 全文は本書の巻末に掲載。
（20）David MARGOLICK, *Strange Fruit*, Paris, 10/18, 2001 (2000), p. 49.
（21）Jean-Marc LEVERATTO *et al.*, *Le Théâtre d'amateurs en Lorraine*, Metz, Université de Metz / DRAC de Lorraine, 2002.
（22）Pascal DURET, Peggy ROUSSEL, *Le Corps et ses Sociologies*, Paris, Nathan, 2003, p. 112.

# 第六章　アマチュアボーカルジャムセッション――虚しき性の逸脱？

　これまでジャズの世界について少々閉鎖的なイメージを与えてきた。観察の結果、声や音楽の対抗的な実践は、女性シンガーの周辺的な立場を抜本的に変えるような運動というよりはむしろ、内輪の枠組みに守られた一時的なもののように見えた。しかしながら、最後のボーカルジャムセッションにおける参与観察の場によって、この分析を検証し、応用することができた。さて、実践者がほとんどアマチュアで、プロやセミプロの器楽奏者が数人程度のような周縁的なジャズの場でも同じようなジェンダー化が見受けられるのだろうか。それとも、プロのジャズ界で見られる「男性的」な慣行や表現をむしろ逸脱すると見受けられる何かがあるのだろうか。ここでは、パリの二つのジャズクラブで開催されたジャズのリベラルな場であるボーカルジャムセッションに著者がアマチュア歌手として参加した際の一連の観察に基づいて議論する。これは本章の核となるものである(1)。

## 逸脱の場、「男性らしさ」の慣習

これらのボーカルジャムセッションは一九九〇年代末にパリのジャズクラブに登場し、公の場で自らの歌を披露したいと考えていたアマチュア女性シンガーたちにシーンを開放した。彼女ら女性シンガーたちは、入場料やドリンク代を免除され、代わりに出演者として歌い、その不安や感動を身をもって体験する。友人や野次馬客、観光客といった観客が、その歌で魅了してくれた彼女たちを大きな拍手で激励する。プロたちがこの「セッション」で演奏し、運営に携わり、サポートする。男女混合であり、パーティーのような楽しい雰囲気が絶えない。分別あるアマチュアと、プロになって間もないミュージシャンたちがステージやバーで交流するのだ。

実のところボーカルジャムセッションは当初、女性シンガーと器楽奏者、女性と何人かの男性たちが考案した場であった。それは、極めて「男性的」なジャズの慣習から女性シンガーを守るためのものだったのだ。

### ジャズの伝統的慣習を進んで女性化する

ボーカルジャムセッションの組織体系を見ると、伝統的なジャムに影響を受けてはいるものの、そこには明らかに異なるものがあり、それはミュージシャン同士の出会いを規定する社会的・音楽的慣習が「女性化」されていることのように感じられる。

従来「ジャム」や「ボフ」と呼ばれるものは、ミュージシャンが曲や演奏者、演奏時間を前もって決めずに、即興で演奏できる特別なひとときである。そこでは伝統的に、第三章で述べたジャズの「エスプリ」に特有の極めて「男性的」な論理が機能している。器楽奏者のジャムセッションでの参与観察では、同じような枠組みでも、器楽奏者同士は互いに対抗し合うことを強く意識していることが分かった。器楽奏者はステージ上で「忘れられない」ように、時には自らを主張しなければならず、鋭く即興演奏をする。彼らは自らの出番が来ると、即興演奏をしたいという気持ち、どうせなら前の即興演奏者よりも「うまくやりたい」と思う気持ちを、身体と音楽を通して示すのである。シンガーであれ器楽奏者であれ、ミュージシャンは皆、刺激的でエネルギッシュな体験を重んじ、前述のような「男性的」な能力を表現するのにジャムは特に適した瞬間であると考えている。

しかしボーカルジャムセッションの様相はこのような「男性的」なルールにはあまり該当しない。まず、ドラム、ウッドベース、ピアニストというプロミュージシャン三人がリズムセクションを構成し、アマチュアシンガーのバック演奏を終始行う。ジャムの運営担当の選んだシンガーが「コンサート」の司会となる。彼らが数曲歌い、セッションの二つのセットそれぞれを紹介して、ステージ上のシンガーの順番を決める。ステージに上がりたい女性シンガーは主催者側に申請登録する。司会にマイクで呼ばれるとステージに上がり、楽譜をミュージシャンに渡し、曲の演奏方法（テンポ、導入部、エンディング、即興部分）を指示する。このように司会がシンガーの演奏順を（登録順に）「公平」に編成するため、「本物」のジャムの特徴である影響力への争いやライバル関係はほとんど目にすることはないのである。

彼女たちはステージで「他人を押しのける」必要はなく、他のミュージシャンに受け入れられ自らを表現できる権利を持っているのだ。女性シンガーはステージのソリストであり、メロディーの表現においても、たまにある即興演奏（皆が皆即興演奏をするわけではない）においても他の器楽奏者に対立することはない。

それと同じで、彼女たちは音楽レベルや音楽のルールに関する知識の度合い、あるいはその世界に溶け込んでいるかどうかにかかわらず、司会に申し込むだけでステージに上がることができる。声も音楽的にもリズムにおいてもリラックスしきった女性シンガーを聴くこともできれば、マイクを前にして緊張してしまい、時に音を外し、コード進行もわからなくなって、歌っているうちに歌詞を忘れ、リズムが取れない初心者を聴くこともある。「まったくの」初心者は人前で失敗することを恐れてほとんどステージで歌う勇気はないが、まだ経験が浅くてマイクを握る女性シンガーも少なくない。曲の終わりにはおのずと温かな拍手が送られ、そのほとんどが女性シンガーのパフォーマンスの質を評価するものではない。歌は喜びと発見、自己表現のひとときとされ、自分の側にいる観客と何かを共有することを意味する。観客は「良い」パフォーマンスを評価することはあるが、プロフェッショナルな演奏を聴くために来ているのではない。観客から向けられるまなざしや拍手、笑い、囃《はや》す口笛は優しく、実際のパフォーマンスの質とはあまり関係ない。むしろ、ステージの試練に立ち向かう者たちを励ましに寄ってきて、コード進行で迷い音を外さないよう、緊張しないようにする。アマチュアの画家さながら、誰もがアマチュアボーカルの世界に造られた、表立っては見えない評価のはしごを段々と登っていくとはいえ、[2] これは（例えばどのように褒められたか、どんな感想を演奏後に受けたか、あるいはその場にいたプロのミュージシャンが興味を示したりすることによって）極めて示唆的に、目立たない形で間接的にしか展開されない。

そして、バック演奏を担う器楽奏者もミュージシャンとして安定しており、ギャラは非公式に受け取る（これは彼らのみである。入場料は分配し、会場によっては帽子を渡して見物料を集めたり、出演料を受け取ったりもする）。女性シンガーたちを音楽面でしっかり支え、困難に直面するといつも助けてくれる。そして彼女たちが参考にするべきことをしっかり教えてくれる。最初の音を弾いてくれたり、アドリブの後に歌を再開するタイミングを示してくれたり、メロディーを忘れたときにはピアノで教えてくれたり、テンポやハモリを間違ってもそれに合わせてくれたりするのだ。器楽奏者たちはまた、女性シンガーたちに対しとても快く振る舞う。シンガーが顔見知りなら冗談で茶々を入れたり、初見のシンガーでも演奏後には歓迎し、彼女たちがコード進行で迷ってしまうと歌のタイミングを教えてあげたりする。このような振る舞いが、ミュージシャンの自主性と磨かれた技術が評価されるプロの環境や伝統的なジャムで見られることは少ない。

プロの女性シンガーたちが、より温厚で抱擁感のある音楽環境の方を好むと言っていたように、観察対象となったアマチュアの女性ジャズシンガーたちもまたそのような異なる体系を重んじ、ジャムセッションを対立や主張の場ではなく、一人一人が自信を持って、優しく自分を表現できる「聴き合い」の温かい場と捉えており、聞き取り対象者の女性たちに広く支持されていた。出演した伝統的なジャムセッションがトラウマになる、疲れる、イライラする、かたまってしまうといった批判はベテランからも多い。それは自らを表現し、さらけ出し、自信を持って自分語りをする空間と時間を所有する世界なのだ。このように男女間で慣習が異なっているという点には、前章を通して論じてきた男女の社会化の様相の差異を見出すことができる。

## 「女性的な」音楽観を評価すること

そして、これらのボーカルジャムの体系は、プロとアマチュアの女性ジャズシンガーに共通する「女性的」な音楽観を認めるのが原則であるようだ。男性器楽奏者が、新たな音楽表現を生み出し、グリッドを中心として即興演奏をし、テンポの速い卓越した技術をもって表現し、独自のリズム演奏をしたりすることに重きを置く傾向があるのに対し、女性シンガーは旋律の奏で方や物語の語り、考えをあらわにすること、つまり「旋律を奏でる」ことに重きを置く。こうした音楽に対する考え方の違いはプロ・アマの世界を問わず、常にシンガーと器楽奏者の間で、諍いや中傷、誤解などを生むことになる。

そこでここでもまた、このジャムの運営ルールが、女性シンガーの考え方が見えないところで器楽奏者と対決し諍うことになるのを防ぎ、尊重されるのを支えている。楽譜は女性シンガーが選ぶため、器楽奏者との交渉の対象にはならない。ベテラン奏者の証言によれば、女性シンガーは（ブルースのテンポが速く、スタンダードを自分が不得意なキーやテンポで歌わなければならないことなどで）馬が合わないことの多い器楽奏者と話し合うのを避けられるのだ。実のところ、伝統的なジャムの原則がここでも覆されており、女性シンガーが自らの言葉で表現をできるようになっている。

まず、セットリストを選べるのは女性シンガーだけであり、これはかなり特殊である。スタンダードの曲はたいてい歌詞が英語であり、彼女ら女性シンガーの演奏の考え方の中心をなす、物語を語るということを可能にする。リズムもスローかミディアムが選ばれていることが多い。『Lover Man』、『My Funny Valentine』、『You don’t know what Love is』、『Black Coffee』などのバラード曲や、『Night and Day』、『But Not for Me』、『Bye Bye BlackBird』、『All of Me』、『All the Things You Are』、『Softly』

のようなミディアム・スウィングのシャンソンもとても人気がある。器楽奏者のみのジャムで人気の、非常に速いテンポで演奏するブルースやスタンダード（『Oleo』、『Doxy』、『Solar』、『Straight No Chaser』、『Adam's Apple』など）はほとんどない。

女性シンガーと器楽奏者の関係をかき乱す二つ目の問題は、ジャズの世界で最も普及している、いわゆるオリジナル譜から異なるキーへの移調だ。女性シンガーは移調したがることが多いが、器楽奏者はそれを批判するどころか拒絶することもある。（変調することで自分の出せない音を避けることができるため）ボーカルの力量がない、あるいは（他人に合わせられないという）女性的なエゴだと捉えられ、ジャムという開放された状況で皆が楽しめなければならない中では、それは認められず、受け入れられない。この点はプロの演奏においては諍いの元となっているが、アマチュアの世界では、単に対処のしようがないのだ。アマチュアの器楽奏者は、「いつもの」キー（つまりスタンダードの選曲集や普段の楽譜で使用されているキー）がお決まりになっている曲が異なるキーに変調した時に演奏することができない（し、ましてや即興をして楽しむことなど不可能な）のである。この「問題」も、（ボーカルジャムの）一般ルールがたちまち解決してしまう。プロの器楽奏者たちは、伴奏をするシンガーたちが持ってきた楽譜を演奏するのだ。

つまりこのボーカルジャムの運営上の原則においても、伝統的なジャムに対する二重の逸脱があり、女性シンガーたちは自分たちの音楽観を尊重してもらえ、音楽的表現においても大いに楽しむことができる。ボーカルジャムはこの運営の原則を通じて、社会的・音楽的な「女性らしい」慣習をそっと、しかし明確な形で主張しながら、従来の男性的規範を覆すことができるのだ。

## 性差別の「隠れた」再生産

しかしここで分析は次の段階に移る。この男性的な慣習からの逸脱のなかでさえも、音楽的価値観や、ショーとの関係や、女性シンガーたちが度々選ぶことになるキャリアパスにおいて、性差別が暗黙裏にそして確実に再生産されていることを見逃してはならない。

### 音楽的演出の「女性的な」捉え方

女たちは男たちが楽器を演奏するなか歌うが、特記したいのは、本章の最初の節で述べたように、スタンダードを演奏しショーを盛り上げることに重きを置く者もいれば、即興や技術の高さで自らを表現する者もいる点だ。そこにはプロのジャズ界において極めて特徴的な性差がある。これは通常の女性シンガーと、ボーカルジャムに参加するような女性シンガーとのプロフィールの違いにより顕著に差が出る。

女性シンガーはその多くが社会的に高い地位にある職に就いている若い女性だ。例外もあるが、大体二〇歳から四〇歳くらいである。彼女ら若い女性たちの仕事の多くは人との繋がりに基盤を置くもの（芸術系、教育、コミュニケーション、ジャーナリズム、医療社会的なもの）だ。彼女らにとってアマチュアとしての音楽的実践は、感性が強く要求される活動において自己を表現し、解放し、実現するという確固たる意思の一つの現れといえる。彼女たちは物語を伝えるためスタンダードを入念に選曲する。誰もが知っているような曲を自分なりに歌うことは、自分の個人的な感情、つまり「その人らしさ」の深い部分を表現すると捉えられている。トマ・モリニエール（Thomas Morinière）の『キャスティング』でヴァリエテを歌う若い女性シンガーのように、舞台に上がり、歌をうたい、「適した」声を見つけ出すことはアマチュアの音楽活動における大原則であり、そして「正統な」[3]型の境地にたどり着かないといけない。

しかしながら著者の出会った器楽奏者や男性のシンガー兼器楽奏者たちは、演奏技術や即興技術により強い関心を持っており、スタンダードの演奏の仕方などは二の次だった。女性シンガーのバックで演奏するプロの器楽奏者にとって、ジャムは音楽をするというよりも、少し稼げて、あわよくば同僚（セミプロの女性シンガーや他の器楽奏者）に会い、これから先の「見通し」を見出す場、くらいの位置づけなのである。音楽的側面が排除されていないとすれば、それは女性シンガーのバックを担うことで「瞬発力」を鍛えるか、さまざまな状況における即興の能力を上げるという点だ。スタンダード曲を歌うことはいまだに女性シンガーの主な活動形態だが、器楽奏者は即興を選び、自らの音楽的資質を見せる。曲と曲、あるいはセッションの合間の彼らの会話では、器楽奏者は自分たちの即興の話ばかりしている。女性シンガーは器楽奏者たちとシンガーの仲介的な存在となる。彼ら器楽奏者はメロディー演奏に一定の注意を払うことはあれども、即興の時間や音楽を生み出す瞬間も非常に重んじるのである。

繰り返すが、女性シンガーの言葉やテキスト、語られる物語や感情が強調されるということは、それが女性らしさの価値観として社会的に構築されているということである。それは人間関係、コミュニケーション力、歌詞といった形をとり、器楽奏者の見せる技術や創造、技巧といったものは男性的なものなのだ。

## 極めて「女性的」な魅力

女性シンガーや聴衆にとって、歌うということそのものが、身体的な魅力を相対的に重要視していることを反映している。だが出会った男性器楽奏者たちにとってそれは全く重要な要素でないように見え、男性シンガーにおいてもあまり感じられない。

女性たちが特別な装いで歌いにくるということはほとんどなかったが、舞台において自らがどのように見えるかにそれなりに重きを置いていた。「普段通り」にしているとはいえ、舞台に上がる前に髪型を整え、メイクをし、アクセサリーをつけることなども「演技」に含まれている。女性シンガーたちには、わざわざこの日ためにあつらえたわけではなくとも独自のファッションスタイルがあり、きちんと自らを整え、セッションで目立つようにするのだ。観客にはそれがショーやコンサート用に用意した服であるようにはほとんど感じられない。大抵の場合、「流行」を追ったものやその場にあったスタイルや洗練されたスタイルであっても、力みすぎないくらいでないといけない。（リップの色を変えたりアクセサリーを足したほうがいいとひとこと言ったり、その日のヘアスタイルにコメントするといった）容姿に関するアドバイスが交わされたりもするが、あまりあからさまにはなされない。魅力的な身体を作ろうと邁進し、（シンガーとしての）本物への志向が汚されてはならないのだ。

服装は観客との関係を作り上げるための重要な演出の仕事に関わるものだ。（目を見開いて観客を見るなどの）まなざしの使い方、（歌を紹介し、謝辞を述べ、小話を入れるのに）体の動きは力を抜きつつも隈なく注意が行き届いてなければならない、などである。観客たちのコメントや、女性シンガーたちに対する音楽的評価とは関係のないような意見を聞いていると、彼らもまた、その舞台上における外見にある程度比重を置いているように見える（中には、かなり控えめであるとはいえ「かわいい娘《こ》」を見つけ、出会いの機会すら求めている者もいる）。

反対に男性器楽奏者や男性シンガーは質素で力まない格好が多く、髪型は至ってシンプルで振る舞いも無造作である。男性シンガーは器楽奏者よりも観客に気を遣い、より観客とやりとりをし、演奏の時にも注意を払うような傾向があるが（とはいえ女性シンガーほどではないが）、抜かりなく外見を装おうとすることはあまりない。

つまり、ボーカルジャムにおいて観察された女性ジャズシンガーたちの演奏にとって、魅力的であることは極めて重要なのだ。舞台のために作り上げられ、観客や友人や音楽家たちにまなざされる女性シンガーたちの身体は、「こども女」と「女‐女」の間を揺れ動くさまざまな既成概念の帰結として常に人々を魅了するわけだが、その過程には「女‐遊戯としての存在（jouet）」という構造が存在するのである。女性の魅力における二つの主たる要素――「エネルギッシュな女‐女」と「気取らない女‐女」――はプロの女性ジャズシンガーに向けられるまなざしの一要素となる（第五章を参照）が、観察で見られたアマチュアの女性シンガーにおいてはその魅了の仕方はよりさまざまであり、プロほど際立っていない。とはいえ、この、声とエロティシズム、歌と魅惑、舞台表現と欲望の表現をことさら繋げて捉えがちである伝統的な女性の役割は、女性シンガーが自分たちの歌の活動をやりくりする手法や、彼女たちが歌う姿をどう他人に見られるかという点に強く現れている。

## よりリスクの高いキャリアパスにいる女性たち

男女のアマチュアは、いよいよそのキャリアパスを大きく分けていくことになる。プロへの上昇志向が少しもなく、気晴らしの趣味として活動している「まったくの」アマチュアの女性シンガーがほとんどであるなかで、プロを目指す取り組みをしているシンガーも存在する。一般的に三〇代以下で子どもを持たず、アマチュアの活動が成功し、音楽活動に専念していきたいシンガーたちは常々プロへの道を目指す。

第一章で述べたように、観察したケースにおいては、閉鎖的で競争も激しく飽和しているようなこのプロの世界において、長い年月を要して自らの「居場所」を確保する例が全てだった。音楽に専念すること、（社会保障の手当やアルバイト、もぐりの仕事、家族からの援助など）低く不安定な給料であることは、「最終的には」さまざまな現実をもたらす。単純に音楽活動を全く辞め、他の分野に転職をする。または報酬のあったプロの活動に取って代わるような確証のあるアマチュアの活動に戻る。あるいは、ジャズの世界へと晴れて参入するが、主に「ジャズでない」音楽の活動をすることのほうが多くなる、というわけである。

さて、このような取り組みを観察期間の三年が経っても行っていた女性シンガーたちは、三人のみである。彼女たちはジャズのセッションを開催し、他の仕事の機会に出会ったミュージシャンとバンドを作り、（うち二人は）ジャズの音楽学校の教員になり、（一人は）副業をしていた。反対に、セッション内において男性シンガーは少数（一回のセッションで男性は一五人中三〜四人）であったものの、その多く（聞き取りをした男性シンガーの過半数ほど）がプロを目指していた。器楽奏者は大抵「手立て」があり、よりプロの道で成功できているように感じる。彼らのなかには観察中年月が経ってもジャズの仕事の市場に姿を現している者も多く、僅くはあれどもプロの活動を広げていく取り組みをしている。そのうちの一人はジャズ界で著名な器楽奏者兼シンガーとなってもいる。彼らは定期的にセッションを開催し、コンサートの宣伝をし、自分たちの拠点であるクラブ以外のボーカルジャムで伴奏をしているミュージシャンたちと共演したりもしている。

したがって男性シンガーはジャズの仕事市場においてより居場所を見つけやすいようにも見える。クルーナー歌手であれ器楽奏者兼シンガーであれ、彼らは音楽のパフォーマンスの見方において独自の考え方を持っているようだ。彼らは一方では、即興や音楽性におけるやり方において、音楽的な議論をある程度共有できる器楽奏者と近しい位置にある。他方では、あまり重視していないようではあるが、メロディーの奏で方や舞台上での振る舞いにもある程度注意を払っている。服装は女性シンガーよりも気張らず無造作ではあるが、彼女たちと同様に振る舞いや語り方でもって観客に近づいていく。そもそも彼らが器楽奏者との距離も近く、バーやその他の社会的な環境で頻繁に話ができることがこの閉鎖的な仕事の市場において有利に働いているという点自体が、彼らが「二重に」社会化されていることを示唆しているのではないだろうか。

ボーカルジャムにフレンチジャズ界において機能している「男性性」の慣習を逸脱する姿勢が見られるとはいえ、男性の職業的地位がア・プ・リ・オ・リで優遇されている社会的・音楽的なヒエラルキーの原理に疑問を投げかけているようにはあまり見えない。

ボーカルジャムは、その組織運営の原理として、歌を演奏し、対立から逃れて表現をし、舞台のパフォーマンスで人々を魅了するといったような、音楽活動における「女性的」な考え方を優遇する。大半の女性シンガーにとって、ボーカルジャムは楽しく時間を過ごすことができ、自己表現と解放が評価される手段であり、女性に対してすぐさま閉鎖的になる世界において、音楽的かつ人間的な安らぎの場となっているようだ。

しかしながら、このような場で活躍する女性シンガーがプロのジャズ界において確固たる位置を確保できないという課題は、極めて「男性的な」機能をしている音楽界ではボーカルジャムがさほど社会化という機能を持ち得ていないことも表している。若い女性シンガーは、音楽活動のまさに根幹をなす人間、つまり男性器楽奏者と会話をしたり、彼らに認められたり、交流するような作法をなかなか身につけることができない。彼女たちは（伝統的なジャムセッションやジャズバンド、楽器の研修や親睦会などの）男性器楽奏者と音楽をするような前述のジャズボーカルの場以外のアマチュアジャズの様子を否定的にすら捉えつつある。そのようなボーカルジャムの保身的要素が、女性シンガーを排他的な音楽の論理に幽閉してしまう傾向があるのだ。

だがジャズ界における男女間の力学をより深く知るためには、男性的な役割や表現形態を取り入れた女性たち、つまりフランスのプロのジャズ界ではまだ非常にわずかである女性器楽奏者の経験を観察し、分析していく必要がある。

（1）この章はそのほとんどが『カイエ・ドゥ・ミュジーク・トラディショネル』の特集号「Entre femmes」に掲載された記事に基づいている。18, 2005 : « La *jam* chante, le genre nous hante », p. 239-251.

（2）Hubert CUCKROWICZ, « Le prix du beau », *Genèses*, 36, 1999, p. 35-53.

（3）ThomasMORINIÈRE, « Le “don” vocal et sa dette », *Journée d’études « Genre et construction de l’objet »*, École normale supérieure, Paris, 3 juin 2004, 6 pages.

# 第二部　「凄い女《やつ》ら」という呪縛

女性が小説を書こうと思うなら、
お金と自分ひとりの部屋を持たねばならない。(1)

シンガーには女性が多いが、器楽奏者の割合は一般的に男性が多くを占める。だがフレンチジャズ界において女性器楽奏者は、稀有とはいえど皆無というわけではない。ピアノ奏者、ハープ奏者、バイオリン奏者が多いが、ウッドベースやドラム、ギター奏者もいる。そのため、第一部で紹介した、女性シンガーが「女性的な」職業であるとしてあまり評価されず脇に追いやられているという状況は、従来「男性的」とされている職業を担う女性器楽奏者にはあまり影響がないと考えられるかもしれない。だが、アイレール・ベッソン、ソフィー・アルール、カリーヌ・ボヌフォア、ジュリー・ソーリといった著名な若手女性奏者がいるにもかかわらず、状況は私たちの想像とは全く反対なのだ。(2)

フレンチジャズの歴史に目を向けると、少なくとも一九八〇年代まで著名な女性器楽奏者は存在していなかった。(3) 名前を挙げられるのは女性ジャズシンガーやヴァリエテの女性シンガー、アメリカの女性器楽奏者（例えばカーラ・ブレイやメアリー・ルー・ウィリアムスといった有名な器楽奏者たち）ばかりだった。もちろんその理由として——モニック・ド・サンマルタンの一九世紀の女性作家について

めない。(4)

の指摘と同様で——女性奏者の存在がたとえ有名であってもないがしろにされていたという事実は否めない。(4)

だが出会った器楽奏者たちは皆、有名無名に関わらず女性器楽奏者は一九六〇年代から一九八〇年代の間、確かに稀有な存在だったと証言している。ジャズは、女性を排除しながらフランスに普及していったのだ。(5) その界隈では著名なベテランで最年長世代のミュージシャンたちは、フレンチジャズ史の初期において、女性のジャズシンガーは大勢いたにもかかわらず女性の器楽奏者は非常に希少だったと思い返している。そして彼女らは、極めて稀な存在だった自らの「可視性」をステージ上やその外で可能にした逸話を話してくれた。「ただ覚えてるのは、当時（一九七〇年代）はいなかったからね。女性の器楽奏者なんていなかったから、単純な話で、すぐに人々に覚えてもらえたことだよね！」（五五歳　女性器楽奏者）

二一世紀にもなっていまだ彼女たちが存在していないかのように扱われていることが、彼女たちインフォーマントに窮屈さを感じさせ、その心を乱し憤慨させているのだ。「業界でいまだ女性器楽奏者がほとんどいないことについてどう思う?」という質問に対して、ある男性器楽奏者は「何とも。ものすごく大きなハテナが浮かんでる」と答えている。「残念だけど世代的な理由があるんだと思う。[…]驚くほど平凡なことだけど」（四三歳　男性器楽奏者）

七〇〜八〇年代に台頭したパイオニアであり、今日（二〇〇〇年代）では五〇代となったギタリストのマリー＝アンジュ・マルタン、ウッドベーシストのジョエル・レアンドル(6)やソフィア・ドマンシッチの活躍も、次の世代の育成にはあまり貢献していない。若い世代の女性たちは散り散りになってしまったようだ。コンサートの宣伝、ジャズコンクール(7)やレコードにおける女性の進出は非常に遅れている。ジャズの専門学校は「あきれるほど」男性世界のままだ(8)。有望な女性ジャズ奏者の名前は片手の指で数えられる程にとどまっている。『ジャズマン』の二〇〇五年一一月号では、「ジャズ界の明日(そして今日)を担う一二五人」という欄に、ジャズウーマンという枠組みで若い女性を紹介しようと試みている。

「一九九七年に続くこの調査の目的は無名の一二五人のジャズマン・ジャズウーマンを紹介することではない。ファーストアルバムを出したばかりのアーティストや、契約前のアーティストも多いが、近年目覚ましい活躍をしている者もいる。年齢は関係ない。彼らはやがてすぐに全ジャズ界で活躍するようになるだろうというだけの話だ」

だがこの調査の数字は、優秀な女性器楽奏者がその実、見過ごされていることを物語っている。女性が少数(一六人)であるだけでなく、その半分しか器楽奏者でなく、うち二人はフランス人でもない(ちなみに、紹介された女性シンガー八人のうち、フランス人は三人のみである(9))。

同じような状況を物語る例は他にもある。『ジャズマン』二〇〇五年九月号では、「チーフ・インスペクターの冒険」と題したページがあった。ここでは即興ジャズの一種である、いわゆるジャズ・エクスペリメンタルのレーベル(チーフ・インスペクター)が紹介されており、このレーベルは「若手」、つまり四〇歳以下の器楽奏者を輩出している。オープンで革新的な若い世代だ。だがここでも女性はかなり少ない。この写真だけを見ても、男性が一七人に対し、女性は四人しかいない。うち二人は一番前でしゃがみ込み、赤ん坊を抱えている。あとの二人は端っこで長い髪にワンピースといった具合だ。(10)

さらに驚くべきことには、そしてあまり表に出てはいないが、（演奏楽器の種類や名声、習得歴や国籍に関わらず）三〇歳以上の女性のキャリアはフレンチジャズ界において周縁に追いやられているのだ。調査の中で明らかになってきた二つ目の事象は、フレンチジャズ界において女性器楽奏者が、ベテランで評価が高い者ですら脇に追いやられているという点である。三五歳以上の女性のジャズ器楽奏者は、なかなかの好評価をもらったことがあり、あるいは現時点でいい反応を受けていたり、はたまた（インタビュー・参与観察の時点で）同業者から偉大な女性ミュージシャンという評価を得ていても、ジャズを生業《なりわい》として生きてはいないのである。少なくとも、フランスでは。彼女たちは、ワールドミュージックや現代音楽、ヴァリエテや児童音楽など、他の音楽業界で活躍しているか、あるいは、他のアート界（演劇やダンスなど）でミュージシャンとして活躍している。でなければ、器楽奏者としてキャリアを積むことは諦め、音楽の芸術学校で講師や作曲家、音楽活動の運営を担いそれを仕事としている。このうち五人にとって世界的な知名度を得た（二人は現在もなお知名度を得ている。あとの三人は過去に知名度が高かった）ことは、ジャズ界で活動を続け生き残る術を与えたが、それによってフレンチジャズ界での安定した職が保証されたかというとそうではなく、他の国に行かざるを得なかったことが窺える。

とはいえ彼女たちは皆このようなキャリアパスに比較的満足しているように見える。最も名声ある者たちの中には差別に対し激しい怒りを表している者もいれば、男性ジャズ奏者とより頻繁に演奏したいと願う中間的世代の者たちもおり、ほとんどはフレンチジャズ界の周縁でひっそりとキャリアを積んでいくことに満足しているという。

ジョエル・レアンドルはその典型例だろう。フレンチジャズ界において「唯一無二」の女性器楽奏者といえる。一九五一年生まれの彼女はさまざまな分野におけるパイオニアだ。有名雑誌の数々において賞賛を受け、その道のトップクラスにたどり着いた。彼女の演奏する楽器はまさに男性的なウッドベースそのものだ。世界的なキャリアを積み、現代音楽との境界に位置する即興ジャズという刷新的な世界で活躍する。そして何より、女性器楽奏者の代表として幾度となく取り上げられてきた。だが、その彼女が二〇〇二年のインタビューではっきりとこう言っている。「八重奏にはフランス人はいない。フランスではあんまり演奏しないから。[…]いままで八〇枚くらいレコードを作ってきて、今年も四～五枚は出す。国際的なキャリアがここではあまり認知されていない[11]」

しかしながら彼女たちの経歴を見てみると[12]、同業者に「サイドウーマン」として声をかけられることもなく、フェスティバルや有名なステージに上がれる機会もないフランスで、ジャズで生きていくのは不可能だという状況に対して、方向転換を「選択」したというよりはむしろ、その状況に順応しているように見える。実のところ、著者が出会った四〇代を過ぎた女性たちは、自分たちの音楽スタイルを前に出してくれる「特別優秀な」フランス人のミュージシャンとコラボレーションしていたり、それを現在も継続していたりする。彼女たちはまた、フランスにおいてジャズの音楽プロジェクトを立ち上げ、大きなステージに立ち、アルバムを何枚も出し、好評価を得て、海外の有名なツアーに招請されたりしている。だがこういったプロジェクトも、フランスにおいてジャズで生計を立てるのには十分ではなかった。コンサートのメンバーとしては選ばれず、サイドウーマンとしても声もかけられず、新たな音楽プロジェクトにも入れてもらえなかったからだ。従って別のコラボレーションや職業的地位（もちろんその評価は高いことが多い）が音楽で生計を立てるために必要となったのである。

　このような状況は、男性で著名なジャズミュージシャンにおいては稀にしか起こり得ない。彼らは、友人や同業者との縁が切れたり、方向転換を余儀なくさせられたり、仕事において問題を抱えたりはしているが、一度キャリアパスにおいて名声を得るとフレンチジャズ界から消え去ってしまうことは少なく、あっても一時的（何年か）なものなのだ。とはいえ、このような男性ミュージシャンたちも、そのキャリアパスの中で自分に自信がなくなったり鬱になってしまう時期や、仕事をやりすぎたり、反対に何もできなくなったりする時期に常に苛まれていることも忘れてはいけないのだが[13]。

　一方で、女性たちの抱えている、ジャズ界にうまく溶け込めず、あるいはジャズで生計を立てられても疎外されるという問題は、ジャズ界にいる人間たち（多くは男性）の意図しているところではないことが多いようだ。前述のように、女性の器楽奏者はマイノリティであり、それで生きていくことが難しいとはいえ、ジャズの評論家たちによって何度も紹介され、賞賛され、激励の言葉を受けている。

かつては評価を下げるようなコメントもあった。一九九九年、あるテレビ番組の時評コーナーでフィリップ・アドラーによる著名な指揮者マリア・シュナイダーへの酷評がいい例である。

「「マリア・シュナイダー・ジャズ・オーケストラ一九九九年三月二二日」きた！　男たちを指揮しようとするチャラチャラした小娘が。マリア・シュナイダーは、イェイェ（一九六〇年代前半にフランスで流行した歌のスタイル）のシンガーみたいな身なりのボブ・ブルックマイヤーの弟子、ギル・エヴァンスの助手だ。履歴はいいので音楽的には面白いし、魅力的かもしれない。ただ、イブニングドレスに身を包んだなんとも細いかわいらしいのが、ステージの真ん中で仲間の即興に何をしていいかわからない様子を見ていると少し戸惑ってしまうのも否めない[14]」

だがこういった否定的な内容のコメントは、少なくともメディアにおいては、そして女性たち（器楽奏者、評論家、社会学者など）が会話に参加するようになると、徐々に消えていった[15]。

男性の器楽奏者たちの多くが、過度に男性的な世界では人間関係の質が下がっていると嘆いている。著者も何度かの参与観察を通し、彼らが真剣にそう思っていることを理解した。とはいえ彼らの態度がそういった状況をいとも「自然に」作り上げてしまってはいるのだが。そして、特に年長世代の女性器楽奏者は「マッチョな」男性たちを辛辣に批判したりはするが、この世界が男女関わらず全ての人間にとって厳しい世界であるという結論に行き着くことが多い。「女性のピアニスト、ドラム奏者やウッドベーシストも、経営者や会社員といった「他の界隈」と同じような性差別を受けていると思う?」という質問に対して、ピアニストのペリーヌ・マンスゥイは首を振った。「そういった差別は感じたことがない。でも、マッチョだなと思ったミュージシャンからは距離を置くようにしているというのもある[16]」

そこで、なぜフレンチジャズの女性器楽奏者が、奨励されているにもかかわらずこの業界に参入しにくいのかという疑問に対する一見可視化されていない「要因」を分析していく[17]。その要因は、女性シンガーがなぜ脇に追いやられることがあるのかという疑問へのそれと類似する部分もある。音楽界のネットワークの男性的な機能の仕方や、自らと同じくジャズ奏者の男性配偶者がそこで占める位置などに関しては特にそうだと言える。だが、この音楽業界への参入の仕方や、なかなか参入できない状況をどう受け止めるかについて目を向けると、その力学はかなり異なっている。

今回は、「個人の状況に特化した」側面と同時に社会・職業的側面から、二つの時間軸をもとに分析を行う。実のところ、聞き取りに応じた女性器楽奏者には三つの「世代[18]」があるが、それに加え職業的社会化の二つの瞬間、つまり社会生活における二つの年齢をめぐる期間に、フレンチジャズにおいて女性の進出が不毛である事実が際立って見えてくるのだ。まだ若いうち(三〇〜三五歳くらいまで)は、器楽奏者はどの世代も、この世界の「男性的な」点に魅力を感じ、そこに足を踏み込んだときは「過剰社会化」する(第七章)。しかし三〇代を過ぎると、彼女ら器楽奏者は自らの立場が弱くなっていき、たとえ過去や現在評価を得ていてもジャズ界における位置の確保の難しさを目の当たりにする。私生活における現実、ミュージシャンとしての現実が積み重なり、フレンチジャズ界への参入に多くの問題を抱えることとなる(第八章、第九章)。女性シンガーが「女性的な」職業というレッテルのなかに幽閉され、八方塞《ふさ》がりになる一方で、女性器楽奏者は「男性的な」職業において自らの位置を大成しなければならないという事実があるのだ。本書の最後の章では、自らの専門性を確立するなかで、この不可思議なパラドックスに陥ってしまった女性たちを紹介する。「女性らしく」表現することを試み、そのせいで評価を落としてしまい、あるいは「男性のように」振る舞うことで「女性らしさ」がないとして評価を落としてしまった女性たちである。

（1）Virginia WOOLF, *Une chambre à soi*, Paris, Denoël, 1986 (1929).

（2）ちなみにフランスのジャズミュージシャンに占める女性の器楽奏者の割合は四%未満であるのに対し、シンガーは六五%が女性である。

（3）Martin DENIS-CONSTANT, Olivier ROUEFF, *La France du Jazz. Musique, modernité et identité dans la première moitié du XXe siècle*, Marseille, Éditions Parenthèses, 2002. Ludovic TOURNÈS, *New Orleans sur Seine. Histoire du jazz en France*, Paris, Fayard, 1999.

（4）モニック・ド・サンマルタンは、本格的な一九世紀文学史において女性作家がかなりの割合を占めているにもかかわらず、存在していないものとされている点を指摘している。Monique DE SAINT-MARTIN, « Les femmes “écrivains” et le champ littéraire », art. cit., p. 52-56.

（5）これは、オリビエ・ルエフによる二つの世界大戦間の研究によって確認された点である。« Esthétisation et masculinisation du jazz en France dans l'entre-deux-guerres : l'éclairage du genre sur l'invention d'une pratique culturelle », Journée d'études « Genre et construction de l'objet », Paris, École normale supérieure, 3 juin 2004, 7 pages.

（6）本書の巻末にこの二人の写真を掲載している。

（7）例えば二〇〇二年のソラール大会についてマーシャル・ソラールは次のように説明している。「今年の特別なエディションはぜひ見ていただきたい。予備選考では最初の一〇〇人のうち六六人が選出されたが、候補者のレベルは非常に高くかなり厳しい選考となった。フランス、ドイツ、アメリカ、ロシアを筆頭に、約三〇カ国から集まった一五歳から三五歳の若者たち。だが女性は七～八％のみだ。バークリーの学生も多い」Jonathan DUCLOS-ARKILOVITCH, « Les primeurs du Concours Solal », *Jazzman*, 2002, 84, p. 7.

（8）この件に関して連絡を取った二校のジャズ専門学校について、より客観的な数字を得ることはできなかったのだが、講師やジャズ講義の責任者の話がすべてこの観察を裏付けていた。また、ワークショップ、ジャムセッション、研修、コンサート、夜のパーティーなど、さまざまなジャズの場やトレーニングスクールで観察を行い、ジャズ雑誌を購読することで確認できた。

（9）COLLECTIF, « 125 talents pour demain (et aujourd'hui) », *Jazzman*, 2005, 118, p. 16-25. *Jazz magazine* a pour sa part réalisé un exercice proche en 2003 et repéré 23 musicien-nes français-es de la « nouvelle vague » parmi lesquel on compte une chanteuse – Mina Agossi – et une saxophonist – Sophie Alour. COLLECTIF, « Été 2003. Nouvelle vague ! », *Jazz magazine*, 539, 2003, p. 29 et suivantes.

（10）写真は本書の巻末に掲載。

（11）Thierry LEPIN, (propos recueillis) « Joëlle Léandre : "ce qui me fait tenir, c'est la colère" », *Jazzman*, 2002, 77, p. 34-35. 本書の巻末にミュージシャンの写真を掲載している。

（12）著者自身も、インフォーマントの言説の「食い物」にならないように、インターネットサイトやジャズ雑誌、エスノグラフィーの調査中に集めた情報と、器楽奏者から提供された情報を常に照合している（「方法論についての付録」を参照）。

（13）このように絶え間なくジャズミュージシャンの人生を脆弱化させる「心理的影響」と、彼らが日常生活の中でそれから身を守ろうしている手段については第一章で考察している。

（14）Philippe ADLER, « Le rendez-vous de Philippe Adler », *Jazzman*, 1999, 45, p. 50. Philippe Adler chronique ici un programme de Jazz 6.

（15）この分析については第一〇章で詳しく触れることにする。

（16）Jeff BUTELES, « Lady Sings the Blues. La place de la femme dans le jazz », 20 janvier 2003 (<www.citizenjazz.com/article3456357.html>. Consulté le 3 mars 2006).

（17）この分析の一部は、二〇〇五年末にレビュー『Travail, genre et sociétés』に投稿されたものである。査読委員会、特にその主査の Marlène Cacouault-Bitaud 氏によるご指摘とご批判は実り多いものであった。ここに感謝の意を表明したい。Marie Buscatto, « Tenter, rentrer, rester, les trois défis des femmes instrumentistes de jazz », *Travail, Genre et Sociétés*, 19, 2008, p. 87-108.

（18）ここでいう「世代」とは、彼女たちが共有する歴史的な時間軸ではなく、社会的な年齢のことを意味する。実際、女性アーティストには、職業の面でも、個人的な面においても、三つの「世代」が定義されているようだ。三〇歳以下の女性が「キャリア」をスタートさせる。彼女たちはすでに音楽で生計を立てており、ジャズのプロフェッショナルとして前に出ていくため、より安定したネットワークに身を置こうとする。安定したパートナーがいればその状況は一生続くのだ。三〇～三五歳から四〇～四五歳の女性は、自分をプロのミュージシャンだと捉える。ジャズが主な収入源になることはほとんどない。彼女たちはこの仕事の世界での自らの位置づけや、子どもを持つといった個人的な計画について考える時間が多くなる。四〇～四五歳よりも上の女性は、フレンチジャズという世界の外でも自分の居場所を確立し、特に母であること、パートナーとの関係、男性的な振る舞いといった事柄に、よりきっぱりとした個人の選択をしているようだ。しかし、ここ三〇年でプロのジャズ界や社会における女性の立場は大きく変わったが、彼女たちのキャリアそのものは大きな影響を受けていないように思われる。つまり、年配の女性たちの「若かりし頃」は、現在の女性たちの経験と非常に類似しているのだ。この点は各章が進むにつれて明らかになっていくだろう。

# 第七章　非常に「恵まれた」若い女たち

若い女性の器楽奏者は、人類史上最初の技師(1)や中等教育の教員(2)、画家(3)などと同様、社会的地位、学歴や出自などの点において男性の同業者に比べて恵まれた立場にある。かなり特殊な例を除き、彼女たちがジャズの世界に入り、その道を切り開いていく際には、家や学校、あるいは職場におけるバックグラウンドを駆使している。彼女たちはまた、「男性的な」世界にも物怖じせず、この男たちの世界で希少であるが故に抱えうる困難を逆手にとって強みに変えてしまう。高等専門学校の女子学生たち(4)やアメリカの女性外科医たち(5)と同じく、彼女ら若い女性たちは、少なくともこの世界に参入した初期の時期においては、「凄い女ら《やつ》(6)」として、この男性中心の世界をうまくやり遂げられるような好みや戦略を練り上げているように見える。

# 過剰社会化――家族、学歴、職業

調査で出会ったジャズの女性器楽奏者は、同じ状況にある男性よりも自らの（社会的）資源を広げている。とはいえその全てを一挙に利用することは稀であり、また、特に年長世代の女性器楽奏者には例外もある。

## 家族・教師による「支援」

出会った女性器楽奏者には、プロの（クラシックやジャズの）ミュージシャンを親に持つ者が多く見られた。父親も音楽好きのアマチュアであったり、熱心な音楽愛好家であったり、音楽イベントの運営をしていたりする。兄弟姉妹にプロの音楽家がいるというような者もいた。両親が音楽界にキャリアを持つケースも複数あった。プロや時にはアマチュアの芸術の世界（詩、絵画、演劇など）で活動している親を持つ者もいた。これらの家族構成においては、芸術は日常の中心にあり芸術のキャリアという機会に恵まれはしている。しかしそれが困難の要因となることもある。ときにそれは家族間の諍いやストレスの種にもなり、そして幼少期からその道を追求していくことが求められるのだ。勉学は厳しいことが多く、芸術活動は「するのが当たり前」のように受け止められている。

親や兄弟姉妹が芸術界で目立った活動をしていない場合、母親（ときに父親も）が子どもの音楽教育に介入し、支援している場合が多い。彼らは子どもの練習、送り迎え、コンクールの特訓、音楽界でのキャリア向上のための情報収集などを行っている[7]。

したがって調査で出会った女性器楽奏者たちは、男性と比べ、自らのキャリアを支援してくれる芸術一家・音楽一家を持っている傾向が強いのだ。

「一九七八年生まれのアイレール・ベッソンは四歳のときから切望していた楽器を七歳で始めることになる。トランペットだ。父親はどの勉学よりもまず音楽を教えて彼女を鼓舞し、パリ高等音楽院に入るまでに至る。また同時に一一歳からクリュニーの研修会にも参加し、ロジェ・ゲラン、フランソワ・テベルジュやフランソワ・ヴィリャヌエヴァなど数々の器楽奏者と出会う[8]」

## 音楽学校からの長い道のり

ジャズ界でよく出会う独学というのは、女性器楽奏者の間では例外だ。絵画の世界と同様[9]、男性には独学が多いが、それは限定的神話というものである[10]。調査で出会った男性たちは、話をする中で技術を習ったことを話す。個人指導を受けていたことや特に音楽学校に何年か行っていたことなどだ。音楽学院やジャズスクールで優秀な道のりを歩んできた者もいる。だが、その学歴はというと、女性とはかなり違う。女性は音楽界に入るため、たいていは幼少期から学校で学ぶことが多いのに対し、男性はプロの新人としての活動のかたわら（あるいはその後に）学校に入ることが多く、時には勉学を貫徹しないこともある。

教育機関（音楽学院とジャズスクール）は、技術的に必要なレベルを得るという意味でも、業界のネットワークを最初に作り上げる主要な場という意味でも、女性が技術を習得する場として現れている。若い男性はたいてい思春期にジャズや類似の音楽を「友人」と始めるのに対し、女性は学校に入り、そこで集団で演奏したり、グループを初めて作ったりする機会を得るのである。

この傾向はクラシック音楽出身の年配女性器楽奏者の多くに見られるが、とはいえ、この教育機関を経るという経歴は一九八〇年代、音楽学院におけるジャズの講義の増加や、パリや地方の大都市におけるジャズの学校の増加に伴い一般的となったと言える(11)。だが、ジャズ界において女性が少数であることはいまだあまり問題にはされていない。

音楽学院の賞を獲得する者もいれば、個人レッスンを受けたのち、家族の多大なる支援のもと有名なジャズスクールで一躍有名になる者もいる。例外となるケースもあった。五〇代以上の女性三人で、うち二人は兄弟姉妹がプロのミュージシャンであり、若い時にミュージシャンの男性と結婚している。三人目は若いうちにその業界の男性たちと出会い、社会的な背景が非常に「開けている」経歴の持ち主だ。かなり若いうちから不法占拠《スクオット》を重ねるなど、ラディカルな政治運動に参加していた彼女の経歴は、三〇代までは同世代の男性たちのそれとかなり類似している。もちろん、異性関係が、彼女と男性ミュージシャンとの関係を持続させていたという点では異なるが。

しかしながら、教育機関を経てジャズの世界に参入するということは、これらの女性がジャズの伝統的なスタイルやモダンなスタイルよりも即興演奏により関心を持つということに影響を与えているように見える。この音楽スタイルは現代音楽と親和性があり、このカテゴリの専門教育機関で教えている講師に牽引されているため、実のところ音楽学院で技術を身につけた者たちが興味を持つ傾向にあるのだ。反対に、音楽学院ではなく、モダンジャズが即興ジャズよりも盛んであるジャズスクールに入り、海外でジャズを学び、あるいはジャズ一家に育ったような女性は、モダンジャズに傾倒していく。彼女らの音楽スタイルの傾向は、技術を学んだ教育機関や家族といった場所に強く影響を受けているのである。

## 業界への参入は非常に早く、安定

女性たちは、音楽スタイルや名声や活動拠点に関わらず、ジャズの仕事の世界に早くから安定して参入する。稀に見る例外を除き、女性たちは男性がやるように、じわじわと時間をかけ、そしてたいていは不安定なかたちでジャズ界に参入するというようなことはしない[12]。なぜかというと彼女たちは、劇団のミュージシャンや、活躍中のバンドや、力ある社会的な繋がりに「思いもよらず」声をかけられたりするのだ。ちなみに、この劇団やバンドは女性ばかりであるため、女性であるということがここでは彼女たちに都合よく機能しているということもある。しかしながらプロになるにつれ、例えばバレエの振付師との「幸運な」出会いを遂げ、内輪の仕事のネットワークへ繋がったり、プライベートコンサートや有名なオーケストラへと繋がったりもする。これは兼業としてもできる教員のポストへの国家試験の可能性にも繋がる。

男性にとっては「たまたま」ありえるくらいのこういった機会は、調査で出会った女性たちにはほぼ例外なく起こっている。まるで、プロとしてのキャリアの初期段階で、継続的で安定した仕事があれば、彼女たちが自分の「才能」に確信を持てるかのようだ。次に紹介する女性器楽奏者の例は稀であるが、彼女はこの点に関して人間関係においてトラウマになるような経験をしている。しかしその経験が、彼女が「それでも」キャリアを諦めない確固たる理由となった。

ある有名なバンドでプロとして最初のキャリアを積むこととなったある女性器楽奏者はこう話す。「彼らとの仕事は本当に大変だった。彼らにズタズタにされないようにするのが［…］」。「どうやって耐えたのですか？　なぜ耐えようと思ったのですか？」という質問に対しては、こう答えている。「地獄だった。あの生活は……。今はもう少し状況も良くなって、違う角度からものが見られる。でもそれまでは……今あの時直面した困難を考えると、もう一度あの辛さを経験しろと言われると……しないと思う。［…］でも音楽は続けないといけなかった。そのために生まれてきたし。どうしようもなかった」（三五歳　女性器楽奏者）

## 男性性が蔓延する世界への適応能力

彼女ら若い女性器楽奏者は音楽的な側面・社会性・経済的な面においてとても恵まれてはいるが、非常に男性的なものの見方が蔓延する世界を渡っていく力も身につけている。しかも、それに対して心地よささえ覚えているのである。

### 「男同士の内輪ノリ」という強い意識

調査で出会った女性たち(13)の大半が男性の支配的な状況でも「気楽だ」と話している。自分のことを男っぽいという女性たちは学生時代からこう感じ、男子と遊ぶ方が好きだったという。子どもの時も男女構わず友人ができる者もこの感覚を持っている。いずれにせよ、彼女らは男ばかりの環境で仕事をすることも苦にせず、その理由を、男兄弟や従兄弟、近所の友人との親しい関係に見出している。[14]「男たちに囲まれて育ってたのはあるかな……でも、そんなに言うほどでもないんだけど。でもやっぱり女性よりも男性とのほうが気が合う」（三三歳　女性器楽奏者）

したがって彼女たちは、女性社会よりも直接的でものごとが簡単に運ぶ「男社会」にいることを好んでいる。

女性のみのバンドでの経験をこの女性は次のように語る。「何ていうか……たまに他のメンバーは考えすぎじゃないかと思う時もある。分からないけど……。なんとも言えない、私自身がその輪に入ってないから。何ていうか、男との方が……もっと単純。あんまり気にしないから、ほら、すぐに演奏して、それで解決、みたいな。女子は、たまにだけど、喋りすぎるというか」（二七歳　女性器楽奏者）

女性たちはまた、卑猥な冗談や「性差別的な」ユーモア、きわどい一言などを受けると、必要であれば言い返して窘めることもできると言う。だがムカつく女に見られないように許容することもできるとも言っている。そして、仲間のことをよく知っているためそのようなユーモアにも、確かにモヤモヤとはするがもう慣れてしまい気にはならなくなった、と言う。中には、彼ら男性にとっても居心地の良い存在だと捉えられていると前向きに感じた者もいる。[15]「たいてい男たちも快く受け入れてくれる。グループには女がいた方がいいってね。稀だから。彼らは普通はいつも男とばっかりキャリアを

積んでいくし、そう考えると私はほとんど男性としか仕事しないね」（三六歳　女性器楽奏者）

調査で出会った男性たちの多くもまた、彼女たち器楽奏者の立場に言及し、ジャズ界が前向きに進化している結果と見ている。

「男性ばかりのバンドではいつも運動部みたいな雰囲気があるのが嫌だった。男ばっかりのバンドは繊細さに欠けているし、ジャズとかその他のミュージシャンってそう言う感じ。だから女性が一人いるとそれが少し高尚になるっていうか。他の問題も出てくるし、関係性とかもしっかりするし……男ばっかりのグループに一人でいるのは大変だと思うよ！　楽しくないし神経使うし、ジャズの楽団って本当にセクシストだし！」（五一歳　男性器楽奏者）

## うまく演《や》る

彼女たちがうまく演ると、つまり楽器をうまく演奏し、時間を守り、レパートリーの曲を練習し、対応も感じがいいと、年上の男性（大抵は同じく教員）も快く手助けしてあげているように見える。彼らが助けてくれるのはおそらく、女性の参入がまだまだ難しいジャズの世界に対する罪悪感のようなものがあるのだろう。次に紹介する五〇代の器楽奏者兼教員の彼の証言がその良き例である。

著者「ジャズ界にもっと女性がいてほしいとおっしゃいましたね。それはなぜでしょうか？」

彼「クラシックのオケを見てくださいよ……どうしてこれがジャズでできないのでしょう

か？」

著者「ではどのようにすればいいと思われますか？」

彼「まあ、できるときは努力しています。たぶん誰もいないから、やってこなかったから、誰かがやり始めないと……」

著者「例えば？」

彼「同僚がプロジェクトを立ち上げたら、そこに女性も入れろと言いますね。女性が入りやすいように、彼女たちの音楽的な欠陥には目をつぶれ、と言う」

だが、女性たちにもたらされる利益は限られているようだ。右に引用した男性以外は積極的差別の是正に好意的ではなかった。そして女性側もまた、自らが女性であるがために良く見られているとは捉えていない。才能をめぐるイデオロギーは非常に強く、女性は男性よりも音楽のレベルが低いと考えられている状態が、彼女たちが「優遇される」のを難しくしている。そして女性側もまた、白羽の矢が当たる、つまり女性として特別視されることを恐れている。[16]

「女性であるということがどのように機能していると思いますか？」という質問に対し、次の女性器楽奏者はこう答えた。「思うに……自分自身に対する自分の要求に関すること以外で言うと……もうだいぶ前の話、デビュー当初の話だけど、私が声をかけられたのは演奏が上手いからか、私が女だからか、わからなくなったことはある。そう言うのは後々もうなくなったけど……」（五五歳　女性器楽奏者）

そして、女性は稀有であり、男性ミュージシャンと関係を持つといった、男社会で人々を魅了できていることを考えると、彼女たちはむしろ優遇されていると考えている男性が調査の中で少なからず存在した点も指摘したい。彼らは音楽的にも人間的にも好《す》かない「あんまり上手くない」女性器楽奏者を引き合いに出して、女性が性別だけで優れた成功を収めているのだとしている。つまり積極的差別によって、数として女性は対等になったとしても、実際彼女らに有利となる姿勢は正当化されないのだ。こういった見方は、ジャズ界に居場所がなく、成功を収められず好きな仕事ができない者に多く見られた。

「ミュージシャンっていうのは私にとって……女性シンガーたちに向けられる揶揄は置いといて、というかそれももうほとんどなくなってきているしね、良いことだけど。いずれにせよ私は聴く時も話す時も区別はしないよ。［…］ただ、変だけどミュージシャンは、ある意味女性にとってはいい意味での性差別的なものも持ってる。男性には向けられない寛容さが女性には向けられてるからね。そういう立場は有利に働いてると思うよ。（でも）例えば、自分からすると腹が立つのは、いい音楽をやる女もいるけどそんなに言うほどじゃない、みたいな意見。ありえないよね。女じゃなかったらそんな意見は言えなかったはずなんだ」。著者の「具体的にいうと？」という質問に彼はこう答えた。「Xはいいミュージシャンだけど、まあそんなに言うほどじゃない。他の男性ミュージシャンの方が断然伸び代もあるし、みたいな意見。こういうところに性差別があると思うんだ。それを利用してはどうかって言う意見に対しては、自分は

女じゃないからわからないけど……とにかく、議論の余地はあるのは間違いないけど」（五〇歳男性器楽奏者）

## ミュージシャンの恋人たち

プロになる過程の当初から、彼女ら若い女性ミュージシャンたちはジャズミュージシャンと恋仲になる傾向がある。そして自分の彼氏のバンドで活動したり、自分のバンドに彼氏を入れたりすることもかなり多い。この、音楽的、社会的な面においてルールを学び、発見し、人との繋がりを作っていく過程においては、恋愛関係が彼女ら若い女性たちとそのパートナーがプロとしてキャリアを積むのに役立っているように思われる。

ある二〇代の器楽奏者は、この半年から一年の間、どのようにしてミュージシャンの彼氏と仕事をし、レコード制作を実現できたかを語ってくれた。海外ツアーの最中に恋人となり（曰く、予想してはいなかったらしいが）もう何年も経つが、作曲をし、演奏をしながら彼女はこのプロジェクトに積極的に取り組んでいる。「このプロジェクトの名前自体はX（彼氏のバンドの名前）なんだけど、私もずっと関わってる。このプロジェクトでの私の位置は大きいし、二人で頑張ってるんだ」

恋愛関係が長く続く者もいれば、音楽界で何人もの人間と付き合ったり別れたりを繰り返す者、他にも稀ではあるが男性ミュージシャンとは付き合わない者もいる。だが往々にして音楽界ではこういった関係は前向きでかつ真剣なものだと思われていることが多い。そこにおける困難や矛盾、失望などは後になってやってくるのだ。

## 仲間へは性的魅力を封じる

女性器楽奏者が、観客はもちろん音楽仲間にとっても非常に魅力的であることは議論の余地がない。若い女性器楽奏者たちはその事実を即座に理解するが、この性的魅力をうまく使えるかどうかが、その恩恵を周りに非難されることなく享受できるかを左右する。プロとしての経験を積み始めたばかりの、典型的な「女の」性的魅力を出すやり方には関心がなかった彼女たち器楽奏者は、この事実に狼狽するようだ。普段着る服は無造作で、着やすいストリートウェア。メイクはしない。髪は短め、長くてもきちんとまとめてはいない。足取りはしっかりしており、活き活きとして大ぶりではっきりとした仕草。演奏中はむしろ楽器に注意がいくので、自分のことを綺麗だと思わない器楽奏者も多い。彼女たちはそういった「顔」をする。目を閉じて、顔をしかめて楽器に命の息吹をかける。ドラムを勢いよく叩き、ハープの弦を引っ張り、足を開いて体を楽器に傾けるのだ。舞台の上においても彼女たちは「ユニセックス」な格好を好む[17]。自分の演奏そのものを聴いてほしくてその様相を「男っぽい」と言う者もいれば、演奏の姿にも魅了されてほしいと願う者もいるが、彼女たちの普段着は中性的で着やすいものがほとんどである。ワンピースよりもパンツ、艶っぽい服よりも暗いジーンズといったように。とはいえ、皆が皆そうというわけでもない。参与観察や聞き取り調査では、より「女性的」な格好でメイクをし、髪を整え、しなやかに振る舞う若い器楽奏者のインフォーマントもいた。これは特に、ピアノやフルート、バイオリンといった「女性的」な楽器の奏者に多く見られた。

しかし格好が「女性的」か「男性的」かどうかで、彼女たちの男性ミュージシャンたちとの関係が変わることはない。性的な魅力は常に溢れ出し、相手のミュージシャンは絶えずそれに魅了され、時にはそれが危険になることもある。そこで、女性たちがどんな魅力的な振る舞いをし、「女らしい」身体をうまく利用しても、時間が経つにつれ習得する基本的な技術がある。それは性的魅力を封じることである。この表現は、男たちを自分に不利な形で魅了してしまわないようにするための能力として女性器楽奏者たちがよく使っているものだ(18)。この能力を「自然と」身につけている者もいる。

「自分に正直なら……自分が……そう、自分に正直なら。自分はそうだっていえる。もし大事な人がいたら、そんなこと……色仕掛けとかそういう次元じゃないし……みんなも知ってるし……はっきりとしてる。私の周りの人はみんな私のことも彼とのことも知ってるし、尊重してくれてるし……放っといてくれる。私もちゃんと説明するし。問題とか勘違いとかはないね」
（二六歳　女性器楽奏者）

その他の女性たちは時間が経つにつれてそれを学ぶ。ステージ上では（メイクや格好、表現などで）ある程度人々を魅了しないといけないが、仕事仲間と健全な関係を続けたいと願う特に若い層の女性たちにはこれが絶え間ない危険へと繋がるのである。折に触れて言われているように、悪気のないミスが高くつくこともある。コラボレーションが突然頓挫してしまったり、女性ミュージシャンに振られた男性ミュージシャンが相手を非難したり、ひどい悪評が広まって仕事の関係が悪化してしまったり、といった具合である。同僚とのやりとりにおいて有効なのははっきりとした態度以上に、皆が知っている安定したパートナーの存在だとして、女性器楽奏者たちはそれを戦略的に活用する。だが、ツアーや内容の濃い音楽プロジェクト、教育機関における研修などのかなり共同作業の多いコラボレーションにおいては、これも十分ではない。男性のジャズミュージシャンとすでに何年もの関係にある若い女性器楽奏者が、他の男性と何ヶ月にも渡る音楽プロジェクトに関わっていたが、彼の気持ちが彼女に向いてしまい、彼女がそれを拒否するとプロジェクトは中断してしまった。彼女は、この音楽プロジェクトを彼女と続けることが不可能になっただけでなく、彼と行っていた、自らの将来にとっても大事であった他のプロジェクトも頓挫してしまったのだ。

こういった問題を避けるべく、ジャズの世界で遊ぶことはない、という女性も多い。

「なんて言うか……。最初についた先生からの教訓があって。本気じゃなかったら、本当の恋愛関係じゃなかったら、この世界で遊びで寝ちゃいけないよ。特に女子ならなおさらこの世界では体の関係を持っちゃダメ。っていうのは［…］女子がこの世界で遊びすぎると娼婦みたいに扱われるのに、男は格好良く見られるらしいよ（笑）。だからいつも気をつけてる。［…］いい助言だよね！」（三三歳　女性器楽奏者）

音楽の面、家族関係や仕事の面における若い女性たちの「過剰社会化」は、非常に男性的な世界に適応する能力と表裏一体であり、そうすることによりジャズの世界に参入し、音楽活動ができるようになる。社会化のこの過程においては、彼女たちは男性器楽奏者たちに対し批判意識が低く、彼らをとても「優しく」、感じのいい人々だと感じている。「男性的な」環境を扱いにくいとは感じつつも、我をよく忘れがちな男たちの中で自らは「尊重」されるように振る舞えると感じている。彼女たちは、欲と魅惑が蔓延する世界において「性的魅力を封じる」ことは自明の理だとしている。（自分に対しても、相手に対しても）「はっきりする」ことが必要不可欠であり、「自然」に学ぶ教えなのだ。

しかしながら一方で、「権利を要求するような」戦略に特に言及する者はいなかった。後に紹介する女性バンドでの演奏は、彼女たちが求めた選択や楽しみというよりも、音楽で生計を立てるために掴《つか》む仕事の機会なのである。ジャズの世界に女性がいないという状況はむしろ「歴史」や「文化」、「社会」に根ざしたものが主要で、女性たちがこの職業世界で感じていることと照らし合わせると、彼女たちには理解しあぐねているように見える。しかし三〇代を過ぎるとこの傾向は、政治的と言うよりむしろ個々のレベルで、落胆させるような出来事、ブランク、他の音楽界やアート界への「転向」のなかで少しずつ衰えていく。彼女たちは、分析をするという意識はあまりないかもしれないが、とはいえその言動において、母性や女性性といった私的領域、また仕事の人間関係、社会におけるそれや、プロジェクト、配偶者との関係など、仕事の世界における女性の立場をめぐる現実を振り返り始めているようだ。

誰もがブランクや転職、人間関係における問題を経験するが、実のところ、男性のキャリアはその期間を経てむしろ安定していくのに対し、女性器楽奏者は衰退し、そしてここで特記したいのは、ジャズで生計を立てていく能力にはあまり繋がらなくなっていくという点である。

（1）Catherine MARRY, *Les Femmes ingénieurs, op. cit.*
（2）Marlène CACOUAULT-BITAUD « Professeur du secondaire : une profession féminine ? Éléments pour une approche socio-historique », *Genèses*, 36, 1999, p. 92-115.
（3）Maria-Antonietta TRASFORINI, « "Elles deviendront des peintres" », art. cit.
（4）Nicole MOSCONI, Rosine DAHL-LANOTTE, « C'est technique, est-ce pour elle ? Les filles dans les filières techniques industrielles des lycées », *Travail, Genre et Sociétés*, 9, 2003, p. 71-90.
（5）Joan CASSEL, « Différence par corps : les chirurgiennes », art. cit., p. 53-81.
（6）ここでは今回の調査で見受けられたなかで最も印象的な表現を使用している。
（7）このような情報は入手し、再構築するのが難しい。というのも、調査で出会ったジャズミュージシャンたちは非常に個人的な見方で、時には家族の自分に対する見方に反して自らを定義する傾向があるからだ。
（8）Franck BERGEROT, « Airelle Besson et Sylvain Rifflet », *Jazzman*, 2004, 102, p. 6. Sa photographie se trouve dans le cahier central de l'ouvrage.
（9）Gladys E. LANG, Kurt LANG, *Etched in Memory, op. cit.*
（10）Philippe COULANGEON, *Les Musiciens de jazz en France, op. cit.*
（11）*Ibid* et Ludovic TOURNÉS, *New Orleans sur Seine. Histoire du jazz en France, op. cit.*
（12）この点については第一章で議論している。
（13）ここでは、インタビューや参与観察をした時点で、プロになる過程でこのような経験をしている対象者に焦点を当てた。だがもっと年長世代の女性器楽奏者でもまた、自分たちが音楽を始めた時点では男の世界でやっていくのは容易であったとする者も多い。現在はもっと複雑でネガティブな現実が他にあるとしても、である。この点については次の二つの章で紹介したい。
（14）これはクリスティーヌ・メヌソンの、山岳ガイドという職業や拳闘家といったハイレベルなスポーツなどの「男の世界」においてキャリアを積む女性たちについて述べた研究と親和性がある。ここでは「男っぽい」少女も、幼少期から男女混合の環境に慣れている若い女性も見受けられる。どちらの場合においても、彼女たちはこうした男性の世界に居心地の良さを感じている。Christine MENNESSON, « Être

une femme dans un sport "masculin" : modes de socialization et construction des dispositions sexuées », *Sociétés contemporaines*, 55, 2004, p. 69-90 ; « Les femmes guides de haute montagne : modes d'engagement et rapports au métier », *Travail, Genre et Sociétés*, 13, 2005, p. 117-138.

（15）技術分野の世界でも類似の証言がある。Nicole MOSCONI, Rosine DAHL-LANOTTE, « C'est technique, est-ce pour elle ? », art. cit.

（16）これはよく作られる、安定した女性バンドや、あるいは何かの機会に一時的に作られる女性バンドで起こる問題とは別である。この点に関しては次章の最後に議論したい。

（17）ここでは基本的に舞台衣装ではなく普段着を取り上げている。彼女たちの舞台衣装が女性的になるのはどうやら三〇歳を過ぎてからのようだ。この「大衆を魅了する」かどうかの問題については最終章で触れることにしよう。

（18）この技術は、「自分にはもう何も起こらない」と思っているような年長世代の女性も必要としている。離婚を経験し、どちらかというと「女らしく」見えるある五〇歳過ぎの女性は、一緒に仕事をするミュージシャンたちが「言い寄ってくる」のにいまだ「対処」しないといけないことに驚いているという。その誘いを断ってもまだ仕事を続けたいと言うミュージシャンたちに対しては、彼女は何も言わないだろうと言う。パトリック・ハムリンとアンヌ＝マリー・ロドリゲスによる女性ローリードライバーの研究にも、同様の困難と対処の過程が見られる。彼女たちドライバーもまた、移動中に出会った同僚から「不適切な」行動を誘発しないよう、自制し、慎重になり、思慮深くなるという。この論文を紹介してくれたCatherine Marryに感謝したい。Patrick HAMELIN, Anne-Catherine RODRIGUES, « Conducteurs et conductrices de poids lourds », *Recherche Transports sécurité*, 87, 2005, p. 47-173. Nous remercions Catherine Marry de nous avoir fait découvrir ce texte.

# 第八章　辿り着けない安定した仕事のネットワーク

レコードやコンサートが称賛され、「定評のある」プロジェクトに参加し、実力ある同業者から賛美を受け、その業界で力のある雑誌でのインタビューを受けたりしている（あるいは過去にそのような功績のある）実力派ですら、音楽学院の講師やスタジオミュージシャン、舞台演劇のバックミュージシャンや、児童音楽やラテン、ワールドミュージックなど他ジャンルのミュージシャンになったり、あるいはフランスの外で活躍したりする。

彼女たちは自分たちのキャリアにある程度満足はしているようだが、キャリアの転向を「選んだ」というよりかはむしろ、フランスではジャズだけで生きていくことができないという状況に順応してきた結果であるように感じられる。彼女たちは（歳を重ねるとなお）不満を漏らすこともある。だが、なぜ自分たちが疎外されているのかについては話題に上げにくい様子が窺える。

ハープ奏者のイザベル・オリヴィエがアルバム『Océan』を出した際の彼女のプロフィール記述(1)が、いかに音楽的に優れた女性たちがジャズの世界で爪弾《つまはじ》きにされているか、そしてそれが彼女たちにとっていかに解《げ》せないことかを簡潔に物語っている。イザベル・オリヴィエは、「室内楽や演劇、コンテンポラリーダンスと同じように、自分を表現する一つの世界に過ぎない」ジャズの世界ではアウトローとしてしかキャリアを積めなかったという。彼女がジャズ界で認知されるのは難しいようだ。曰く、「『Océan』では、ジャズの女性ハープ奏者として、作曲家として自分の腕に自信を持つのには一〇年かかった。平等なんてものからは程遠いよ！」。オリヴィエは「コーディネーターの夫」であるフレンチジャズ界では有名なシルヴァン・ブフ（Sylvain Beuf）と共に生活をし、演奏やレコーディングをする。この業界で女性が認知されるのは困難であり、当面は期待できる状況が生まれないと見ているようだ（曰く、「一〇年後くらいかな！」）。コンサートのイベントプランナーは「リスクを被るのを嫌がる」し、「ディスクがあまり売れない」販路に問題があると言う。

ところが、調査対象の器楽奏者たちからこのような分析がされることもあるものの、これらの見方とは対照的にこの状況は二つの視点から説明することができる。一つには、女性たちが独立した効率的な仕事の人間関係を構築できず、往々にして自分のパートナーのジャズミュージシャン（あるいはプロデューサー、エージェント、イベントプランナー）に頼って業界に入っていくか、少なくともその機会を得ている点（第八章）である。もう一つには、女性器楽奏者たちが歳を重ねるにつれ、アーティストとしての自分たちをとりまく社会環境と「女性としての」役割との間の矛盾に絶えずさらされ、それによりジャズ界という仕事の世界に参入する可能性が減っていくという点である（第九章）。

そこで本章ではまず、ジャズ界において雇用を確保するために必要な社会のネットワークをどのようにして構築するかを説明しよう。その上で、女性器楽奏者たちがその実、自らのパートナーを頼ってそのようなネットワークに参入している状況を明らかにしたい。しかし彼女たちにとって有利であるはずのこの状況がまさに、彼女たちの音楽的キャリアの弊害となっているのである。

## 極めて「個人的な」ネットワーク

社会的ネットワークが、流動的であり開放的なアートの世界において居場所を確保し、ある程度の認知を得るために非常に重要な位置を占めているという点は、数々の先行研究によって明らかにされている。(2) またこれらの研究により、社会的ネットワークに参入し、留まるための基盤となる「紹介」というものが、技術的な評価と個人の「人格」に対する評価を交差させたものだという点も明らかになっている。この「紹介」は、両親やカップル、友人のグループ、同僚といったような身近な者や、評論家、プロデューサー、そのほかの外部的支援といった比較的遠い繋がりによってももたらされ、それが仕事や評価、キャリアに繋がっていく。それではジャズの世界はどうだろうか？

### インフォーマルなネットワークと音楽スタイルの分化

第一章ですでに述べたように、この社会的ネットワークは比較的相容れない音楽スタイルの区分によって構築されている。すなわち、トラッドジャズ、モダンジャズ、即興ジャズである。この大きな三つの分野において、ミュージシャンたちはインフォーマルな集団となって定期的に活動している。これらの集まりは、ジャズスクールや音楽院の元生徒や教師といった学校単位であったり、町の仲間や友人と少しずつ作られるネットワークであったりする。これらのグループ構成もまた、音楽的な好み、技術の水準、個人的関係の変化に伴い変動する。

したがってこれらのインフォーマルな形の集団や繋がりは音楽的な動機、個人的な動機、経済的な背景によってその動き方が変化し、個々人が徐々に、あるいは突如として「排除」されることもある。複数のミュージシャンたちが、公式のコンサートやインフォーマルなコンサートでの演奏をいくつも行うような活発な時期があり、そののちに仕事の全くない時期を経験しており、新たな音楽プロジェクトを計画し、積極的に連絡をとり、新たに他の音楽を専門とし、あるいは講師業に戻るなどして対処しなければならなかったと語っている。このような状況から起死回生の策を講じる能力があるか、そしてその努力の結果再び知名度を取り戻すか、あるいは逆に努力が実らずジャズの世界から遠のくかどうかは、個々人がジャズという職業に留まれるかどうかという指標になる。

## 個々人の色が強く反映されたものとしての社会的ネットワーク

これまで見てきたように、このようなインフォーマルな集団は自由であり、個人を軸として構成されている。もちろん、偶発的な出会いや機会もある。だがミュージシャンたちはある意味で自分の仕事の活動軸の基盤を少なくとも数年間の時期に依拠している。こうした日常的な人間関係は、コンサートや練習、出張といった仕事の場だけでなく、家族や友人との集まり、嗜好の場などを通じて展開される。このように仕事上の人間関係を「個性化」する背景には、いい演奏は友人や近親者、仕事やそれ以外の活動を共にできる人々とでなければ作り上げられないという考えがある。

「トリオの活動ではそれぞれがしっかり投資して時間を費やしていく。共に探求して、未知の世界に足を踏み入れる。信頼の問題だよ。信頼がないと」。「その信頼はどこから来るんでしょう？」という質問に、器楽奏者の彼はこう答えた。「人間的なものだよ。一緒に時間を過ごす。スポーツして、これからの世界について語らう。大事な時間だ」（四〇歳　男性器楽奏者）

友人と過ごす時間や長期休暇にも、お互いに会いに行ったり、同僚のミュージシャンのコンサートを聴きに行ったりする。「クラブにほかのバンドを見にいく。知ってる奴らだからね。普通のことだ。彼らの音楽は知ってるし、話をしに行くんだ。ミュージシャンと関わるっていうのが好きなんだ。だからフランスのミュージシャンしか聴かないけどね」（四八歳　男性器楽奏者）

時間をかけて作り上げ、「自分で選んだ」形態においては少なくとも、友人になりうるような人間と演奏をする。有名なアメリカの即興ジャズサックス奏者スティーヴ・レイシーのこの言葉がそれをよく表している。「友情というのはとても重要だ。大抵の場合、友情がうまく行っていたら、音楽もうまく行くことが多い。この人はいいなと感じると、その人の音楽も良いと感じることが多いんだ。何日か前にある女性シンガーと出会った。彼女の歌はまだ聴いていないけど、きっと気に入ると思う(3)」

## ジャズミュージシャンであるパートナーの仕事のネットワーク

女性シンガーたちと同様、女性器楽奏者もまた男性器楽奏者（あるいはイベントプランナー、エージェントやプロデューサー）のパートナーを持つか、長い間持っていたことがある。この同業者同士の強い繋がりが、彼女たちが音楽界に留まっていることや、パートナーを失うとそれが危うくなり、ひいては不可能になることを本質的に物語っている。

ジャズの女性器楽奏者がキャリアを積むインフォーマルな繋がり（正確に言えば集団）というのは、同じくジャズにおいて仕事をしている彼女たちのパートナーの繋がりでもある。これはパートナーの持つ繋がりであり、二人の共通のそれではない。その実、これまで何度も見てきたように、二人の関係が終わると女性器楽奏者はネットワークが「消えて」しまい、プライベートにおいても仕事においても人間関係を再度構築しなければならなくなる。反対に二人の関係が始まり親密になっていくと、ジャズ界に携わっている男性の側の繋がりから、コラボレーションが次々に実現していく。女性器楽奏者が男性器楽奏者より若く、その彼の社会的ネットワークが、女性自身が「自然に」アクセスできるそれよりも「より良い」と直感的に判断されたとき、男性側のネットワークが絶対的な力を持つのだ。

したがって、彼女たち女性器楽奏者はパートナーの仕事の繋がりの恩恵を受けるが、この状況は（少なくともその関係が続いている間は）「自然」で心地よいものとして捉えられている。パートナーと音楽創作を共に行い、彼の友人の集まりに二人で招かれたり、バンドを作ったりすることは、カップルにおいて自然な展開として、むしろ求められているものとして語られている。共に生活をすることで湧いてくる創作意欲を、それぞれの仕事のプロジェクトにおいて実現する。住んでいる場所から離れた出張やコンサートが多く、共に時間を過ごすことができない生活形態でも、これなら頻繁に顔を合わせることになる。観察したコンサートや夜のパーティーで見られた傾向として、他のジャズミュージシャンたちとの友情は、二人ともそれを享受できるという条件において共通のものとして捉えられている。ある女性器楽奏者は、こういった状況においてはパートナーと演奏する方が危険にさらされず守られているように感じるとまで言っていた。

この「自然」な特徴は、仕事のネットワークを共有するということ（それが表に出されることはほとんどないにせよ）が意識的に行われている点を考えると、絶対視するべきではないだろう。この特徴は表立っては表れないが、聞き取り調査のなかでコラボレーションについての質問があるたびにパートナーとその近しい同僚たちの名前が出てくることで明らかになってきたのである。だがそれは隠されたようなものではなく、誰の目にも明らかになると、右に書いたようなメリットが引き合いに出されるのである。なぜなら、女性器楽奏者もまた（時としてそのパートナーも）そのようなコラボレーションにおいて自分への誹謗中傷を危惧しているように見えるのだ。誰々の連れ合い、というレッテルが女性器楽奏者の価値を低くしてしまう可能性があるのである。

「彼は優秀なミュージシャンで、逸材で、私よりもずっと名も知れていた。だから、立場とか、ライバル意識とかの問題で、私にとっては負け戦だった。むしろこの点が難しかった。すぐに、ミュージシャンとしてというよりも「あのミュージシャンのオンナ」として見られるようになった。人間関係で特に難しかったのはそこだった」（四五歳　女性器楽奏者）

また、プロのミュージシャンの父親（あるいはプロデューサーだったりイベントプランナーだったり）がこのパートナーの社会的な役割を補完したり、時にはパートナーに取って代わったりすることもある。とはいえ、女性がジャズ界に入る駆け出しの時に父親を介して繋がりを作ることは際立って見られてはいるが、女性自身のスタイルが父親から離れていく場合はこの傾向も少なくなる。女性側がもっと自由にやりたいと望む結果、父親との関係が難しくなり、歳を重ねるにつれ父親はジャズミュージシャンのパートナーに取って代わられるのだ。

また少数ではあるが、仕事でジャズに携わっているパートナーのいない女性器楽奏者たちもいる。彼女たちは、新たなプロジェクトをひっきりなしに立ち上げ、ミュージシャンに声をかけ、報酬のきちんと出るコンサートを見つけ、海外でも活躍するというような状況でもない限り、ジャズ界に留まることはおろか、長期的なコラボレーションを行うことにも苦労しているようだ。女性シンガーたちが、他のミュージシャンに声をかけはするが、かけられることはほとんどないという状況にあるのと同様、彼女たち女性器楽奏者も、自分の立ち上げたプロジェクト以外で声をかけられることはほとんどなく、ジャズコンサートに呼ばれることも難しい。また、同僚たちを誘惑してしまわないようにも気をつけないといけない[4]。ジャズ界の男性と一緒にいないということが誘惑の対象になりやすく、それによって仕事の関係が作りにくくなってしまうようだ。それまでずっと安定した異性関係に「守られて」きて、自分の性的魅力を封じるのが困難であることが後年になって分かった女性たちにとっては、この現実は衝撃的だったり不可解であったりする。

したがって、息苦しさから解放され、自分の能力を開花させるためにジャズミュージシャンと一緒になる選択をしなかったこの女性たちにとっての「自然な」キャリアの積み方は、フレンチジャズ以外の世界と繋がりを作ること、ひいてはフレンチジャズ界から退くことを意味している。彼女たちには、安定した仕事（そして音楽で生計が立てられること）もあまり保証されないプロジェクトを立ち上げるのに十分な時間やお金、エネルギーもなく、次第にジャズの世界に投資することをやめ、ワールドミュージックやスタジオ、舞台演劇や児童音楽、講師業、あるいは海外など、他の場所で生計を立て、音楽をするようになる。彼女たちのなかでも特に知名度の高い者たちは、レコード批評や有名雑誌のレポート、名高いイベントに参加するなどしてフレンチジャズ界にたびたび顔を見せるが、それがあたかも彼女たちがフレンチジャズ界に存在しているかのような幻想を抱かせるのだ。

## 男性性に溢れた社会的ネットワーク

なぜ女性シンガーへの声かけが少ないのか。この点を探るには、なぜ男性器楽奏者が彼女たちとのコラボレーションをすることを評価せず、生計を立てるためだけのものとして捉えていたのかを明確にする必要があった[5]。女性器楽奏者はそのような不当な評価は受けていない。ジャズの男性器楽奏者は常に、たとえあまり知っていなくとも、技術さえしっかりしていれば仕事仲間に、しかもいい意味でのそれになりうるとする女性器楽奏者の名前を出す。
むしろ女性器楽奏者は、プロジェクトの立ち上げの時点で自分たちの存在や仕事ぶりを推してもらえるようなしっかりしたインフォーマルな繋がりには依拠していないように見える。男性の対象者に過去のプロジェクトでどのようにミュージシャンたちを起用したか尋ねると、過去のプロジェクトを経て仕事の関係になった者や、すでに知名度の高いミュージシャンから推薦された者だと彼らはきっぱりと言う。例外を除き、女性たちはそこにはあまり見られない。

ジャズ界への女性の参入には非常に前向きな次の男性器楽奏者に、彼が話していたプロジェクトに女性器楽奏者がいるのかと質問したところ、彼は次のように答えた。「ないね。偶然が重なったたって言ってもいいし。もう一五年くらい一緒にやってる人たちが三、四人いて、そいつらが……しかも新しい奴ら、さっき言った新たな出会いがあって、そいつらとも他のプロジェクトで定期的に一緒に仕事してて、まあ、こういう感じで繋がっていく……」（四三歳　男性器楽奏者）

女性器楽奏者たちが、自分のパートナーでない男性たちとこういった仕事上の長く続く関係を作るということはあまりないように見える。もしあっても、それは男性側の主導によるものだ。これとは逆に、複数の女性器楽奏者たちが口にしていたのは、他の音楽シーンでのコラボレーションや、出産・育児や海外渡航・音楽活動の休止などの私的な事情などで、ジャズシーンから半年ほど席を外しただけで、身近な同僚だと思っていた者たちの「声かけ」リストから「消されて」しまうということだ。次に紹介する女性器楽奏者は出産の直後まで演奏をしていた。「（産後の）当初は全く動けなかった。声はかけてほしかったけど……そう言うわけにはいかなかった。忘れられたわけではなかったけど、そんな感じ。で、（同じ仲間グループにいる同じ楽器の）他の男性器楽奏者がどんどん演奏するようになった。嫉妬に駆られたし、気が気じゃなかったね」（四〇歳　女性器楽奏者）

彼女たちが同僚に改めて連絡を取ると、彼女たちが働きすぎか、あるいはもう音楽をやめたと確信を持っていた同僚たちは驚く。プロジェクトがなくて声かけができないことを謝罪する。ときには彼女たちのグループ内の仕事関係について、再構築を助けてあげる者もいる。

彼女たちの証言と参与観察を照らし合わせてみると、過去にパートナーの友人たちと過ごした期間を除くと彼女たち女性器楽奏者がジャズミュージシャンの男性たちと安定した友人関係を作り上げることがあまりないことが分かる。

ある四七歳の男性ミュージシャンに、知っている女性器楽奏者の名前を挙げてもらったとき、もう何年も会っていなかったが、最近自宅に夕食に招いたという女性器楽奏者の話をしてくれた。彼女は新しいパートナーといて、彼はプロのミュージシャンだった。同じ女性に聞き取り調査をし、観察をさせてもらったところ、彼女は舞台演劇での長い活動期間を経て、ジャズの世界で積極的に活動しそこで他の男性と一緒になったのち、今はパートナーのいるバンドや身近な人間のいるバンドで活動しているという。

女性器楽奏者たちが男性ジャズミュージシャンたちと仕事をし、ツアーをともにし、ライブや練習のあと一杯飲んだりしても、それ以上の普段の友人関係に至ることはあまりない。友達になることはないのだ。それゆえ「サイドウーマン」として声をかけられることもない。

「声がかかることは本当に稀。女性に声をかけようと思ってない。女性はリーダーじゃないといけない。私は自分のやってるバンドのリーダーじゃない女性って見たことない。リーダーじゃないといけないんだ。まあ、建前だけど……。サイドウーマンとしてやることはあるけど、かなり稀。女は自分のキャリアをちゃんと管理しないといけない。声がかからないから……男性のミュージシャンからはね」（四九歳　女性器楽奏者）

これらの要因は単純でも単一でもなく、指摘するのは難しい。感覚の違う男女間で共通の趣味を持つことが難しいという者もいれば、特に年長世代の女性器楽奏者のなかには自分が口喧《くちやかま》しいのでジャズミュージシャンには気に入られないと言う者もいる。ジャズミュージシャン自身のパートナーの嫉妬を危惧して慎重にならないといけないと言う者もいる。そしてやはり、自分が独り身であり、誘惑の対象となってしまうため男性と友人関係を保つのが難しいと言う者もいる。聞き取り対象の男性はといえば、説明ができない。曰く、そのような疑問が生じたことはないらしい。彼らによれば、才能ある女性は男性と同じく、声をかけたいと思う人がいれば仕事が見つかるらしい。

実のところ、彼女たち器楽奏者はインフォーマルなネットワークに入りきれないせいで、男性より演奏の場に声をかけられることが少なく、ジャズの世界に参入する情報もあまり得られず、フェスティバルやジャズクラブの演奏者として選ばれることも少ないのである。このような現象は、一九世紀の女性水彩画家[6]や同時期の印象派の女性画家[7]、ロックの器楽奏者たち[8]にも見られている。

## ジャズミュージシャンのパートナー――「縛りのある」助け

だが、パートナーのネットワークを利用するためにそこに「属さなければならない」ということが、男性器楽奏者と一度はカップルになったことのある調査対象の女性たちのキャリアの妨げにもなっている。まず、前述のように恋愛関係になった時点では彼女たちにとってその関係は前向きなものとされているが、次第にこれが問題の種となってくる。パートナーの傍では自分の才能を開花させ、成長し前に進むことが難しいと感じたことのある女性は多い。相手との関係を傷つけるほどのライバル心を持つこともあり、その感情が相手との関係を悪化させ、最終的に別れたり、その他の問題を抱えたりすると話す者もいる。

相手との関係が崩れ、ジャズにおける自らのキャリアに真剣に疑問を持つ者もいる。次の女性器楽奏者は現在ジャズ界で活動することはほとんどなくなったと言う。

「ちょっと前から、ジャズには全く関係ないけど他の音楽のYを専門としているXと一緒になって、いわば息を吹き返したと言ってもいいかも。実際それで色々とやることになったし……そこのミュージシャンたちとも関わるようになって、まったく違う分野になったよね」（四〇代女性器楽奏者）

意識的に自分のキャリアに制限をかけ、パートナーに寄り添うことを決めた者もいる。調査対象で最年長世代であった女性の中には、子どもは持たず、有望であった自分のキャリアも諦め、名声もあるプロのミュージシャンである夫のアーティストとしてのキャリアと、夫婦の生活を優先させたという者もいた。

この社会的な体系に沿って考えるなら、「理想的」な状況はカーラ・ブレイのような生き方だろう。ミュージシャンであり、作曲家であり、アメリカの即興ジャズの指揮者でもある彼女は、一九九八年『ジャズマン』の「カップルの話。カーラ・ブレイ、他にはいない女」と題した記事において、ジャズ界の名高いミュージシャンたちとの恋愛関係が絶えることはないとされていた(9)。

## 「女だけの」バンド——誹謗中傷のリスクか、「役に立つ」経験か

そして女性だけのバンドも着実に増えており、中にはルンバナナ（Rumbananas）のように数年前からかなり成功を収めているものもあるが、フェスティバルやライブハウス、プライベートコンサートの必要に応じて作られただけの商業的なバンドとして結成されたと捉えられているものもある。実のところこのようなバンドが生まれる背景には、何よりもフェスティバルやコンサートで女性をステージに立たせたいというイベントプランナーやプロデューサーの要望がある。女性が舞台に立つ姿をあまり見たことのない聴衆が、曰く「役割を反転」させることに魅了され、楽しむことができるという

わけである。これらの女性バンドはルンバナナの広告からも明確にわかるように、演奏者たちが「女性らしい」服装やメイクやヘアメイクをすることを強く意識している。

女性奏者だけのフェスティバルのように、女性にある一定の表現の場を与え、女性が舞台上で活躍するのを奨励したいと考えるバンドもある。だがこのような主張はフレンチジャズの世界では非常に脆弱であり、調査対象となったプロの女性器楽奏者たちにはあまり当てはまらなかった。[10]

では彼女たち女性器楽奏者にとって、このようなバンドは何を意味し、彼女たちのキャリアパスにおいてどのような位置にあるのだろうか？[11] 前章において、若手の女性器楽奏者たちの多くが、劇団や講師業、名のある楽団で何年か安定して働くことで、早くからジャズの世界に携わることができることを確認した。出会った女性器楽奏者のなかには、女性だけのジャズ（あるいは類似の音楽ジャンル）バンドがこれに役立っていると言う者もいた。

プロのミュージシャンになっても、このようなバンドへの雇用を（批判の対象になったとしても）断る者は少ない。報酬は良く、聴衆も多く、イベントプランナーや他の女性ミュージシャンたちとも出会えるからだ。とはいえジャズで生きていくということは多かれ少なかれいかなる雇用形態も受け入れるということだが、女性バンドは音楽的にあまり好まれない雇用形態のうちに入る。「女性バンドだからっていって組むのは好きじゃないし、腹が立つし、今は違和感がある。でも当時は他の分野の女性ミュージシャンたちと会う機会ができたから」（三五歳　女性器楽奏者）

というのは、音楽仲間や批評家、あるいは一般の人々、その上女性器楽奏者さえも女性バンドというものに否定的であるため、音楽的に評価されることがほとんどないのだ。音楽のプロジェクトではなく自分の性別のおかげで起用されるということはプロとしての立場を傷つけることでもある。普遍的な音楽ではなく「女性の音楽」をする、ということも彼女たちのプロ意識に疑問を投げかける。女性器楽奏者たちは、このような機会に声をかけられると受けはするが、期間限定で携わったり、自ら納得のいく音楽的意義をそこに見出したりして、その体験と常に距離を置いている。そして居心地が悪いとその仕事とは縁を切るのである。

「「私は女だ」と自分に言い聞かせたことはない。ステージ上では。舞台裏だとそうじゃないこともあるけど、ステージでは、大事なことだと思うけど、人の性別とか考えたことはない。そうそう、何年か前にトリオをやらないかって声をかけられたことがあって……女性だけの。でもすぐに辞めてしまった……声をかけてくれた人、バンドのリーダー格の人なんだけど、「私たちは女で、女のトリオをやるんだ」っていう立場で、それが問題になった。彼女に言ってやったんだ。「女だとかそういうの、どうでもいいよ。女の音楽なんかしない。私たちはミュージシャンでしょ」って」（三八歳　女性器楽奏者）

とはいうものの、女性バンドでの活動が安らぎを感じる経験となることがあることも否めない。女性だけで演奏するということが、特に年長世代の女性たちにとっては全く違ったもの、むしろ実り多い経験になることもあるのだ。「音楽的に違った経験という感じではなかったかな……集団生活の違い、という感じ。ホテルの部屋も一緒でも問題ないし、いつもより心地いい。一緒に買い物したりと

かね（笑）」（四九歳　女性器楽奏者）

女性バンドというのは、音楽界においてたまにある仕事の機会ではあるものの、「フェミニスト的」な主張を持ったものではなく、関わろうとする女性たちからも懐疑的な目で見られる傾向にある。それは女性器楽奏者がジャズ界において継続的に働ける安定した仕事の（男性がメインであることの多い）社会的ネットワークに取って代わるものではないといえる。女性器楽奏者たちは、ジャズミュージシャン（あるいはプロデューサーやイベントプランナー）のパートナーの作る人間関係を拠り所とせねばならず、自らをより歓迎してくれるよりオープンな他の芸術世界《アート・ワールド》で活動することがない限り、そこから抜け出すのは困難となる。そして相手との関係が崩れるとプライベートにも仕事にも大きな影響を与える。新たに親密な関係を誰かと築き上げ、持ち直すことができなければ。

（1）Duclos-Arkilovitch Jonathan, « Isabelle Olivier, une décennie d'Océan », *Jazzman*, février 2001, 61, p. 7.

（2）Howard S. BECKER, *Les Mondes de l'art*, *op. cit.* Tia DENORA, *Beethoven et la Construction du génie*, Paris, Fayard, 1998 (1995). Robert R. FAULKNER, *Hollywood Studio Musicians. Their Work and Careers in the Recording industry*, London, University Press of America, 1985 (1971). Gladys E. LANG, Kurt LANG, *Etched in Memory*, *op. cit.*

（3）とはいえ当時（一九六五年）スティーヴ・レイシーが女性シンガーとよく共演していたというわけではない。それは、ある記者がこの件に関して質問をし、彼が答えた次のような回答が示している。この答えは、即興ジャズの世界でスティーヴ・レイシーほどの評価を得ている器楽奏者、つまりインタビュー当時は少なくとも個人的なプロジェクトにおいてはすでに演奏のパートナーを選ぶことができたくらいの評価がある奏者であっただけに、実に驚くべきものである。質問：女性シンガーと共に演奏するのはお好きですか？　答：ああそうだね、とても。だが残念なことに、一緒に演奏したいと思えるような素晴らしいシンガーのバックはしたことがないんだ。いままで二、三人シンガーのバックをしたけど、優れたシンガーではなかったね。Philippe CARLE, « Paris Blues », *Jazz magazine*, 550, 2004, p. 65-67, spéc. p. 66.
　一九六五年にパリで行われたこのインタビューは、スティーヴ・レイシーの死を悼んでここに紹介した。スティーヴ・レイシーはその後フランスに居を構え、のちに彼の友人となるシンガーのイレーヌ・アエビと異例のコラボレーションを展開するようになる（彼女はレイシーがパリに来たばかりの時に会った女性シンガーかもしれないが）。このような矛盾が生じる要因については第一部を参照。
（4）この点については前章で述べた。若い女性器楽奏者は、仕事を与えたい尊敬に値する同僚とみなされるためには、自分の性的魅力を封じることを早いうちから学ばなければならないのだ。
（5）この点に関しては第二章を参照。
（6）Gladys E. LANG, Kurt LANG, *Etched in Memory*, *op. cit.*
（7）Frances BORZELLO, *A World of Our Own : Women as Artists*, London, Thames and Hudson, 2000.
（8）Laureen ORTIZ, *Parcours par corps*, *op. cit.*
（9）Gerald ARNAUD, « Histoire de couples. Carla Bley, féminin singulier », *Jazzman*, 1998, 38, p. 10-12.
（10）クリスティン・シルトの論文において、アメリカでのこのようなイベントの一例が記され、分析されている。« "Riot Grrl Is..." Contestation over Meaning in a Music Scene », *in* Andy BENETT, Richard A. PETERSON, *Music Scenes. Local, Translocal, and Virtual*, Nashville, Vanderbilt University Press, 2004, p. 115-130.
（11）第一〇章では舞台における「女性らしさ」の構築の有無、それが女性器楽奏者に及ぼす影響、および女性器楽奏者に対する職業観を考察するが、その際に女性バンドを再度取り扱う。

# 第九章　男の世界にいる女性たち——両立しえないものの両立？

職業の世界に参入していく最初の数年間が経つと、私生活の面でも職業の面でも、音楽生活を担い、それを続けていくことを難しくする新たな現実が立ちはだかる。私生活と職業生活とのあいだで、女性としての社会化と男性的な世界とのあいだで、さまざまな矛盾が積み重なり、女性のジャズ器楽奏者たちの立場をより一層脆弱なものにしていく。

## 「男性的」な社会慣習にうんざり……

器楽奏者間の関係を組織するさまざまな「男性的」な慣習は、プロの世界に入った当初はそれらを上手く乗り切っていた女性たちを徐々に疲弊させてゆく。一部の器楽奏者の競争心と自己主張の強い振る舞いに対して、あるいはこの職業的活動において、そのネットワークのなかに留まるために必須のものとされる盛んな自己主張に対して、彼女たちは〔男性の器楽奏者に比して〕相対的に強い嫌気を見せる。彼女たちは、もっと満足感が得られると考えられる他の社会関係で自分の力量を試してみるか、そのような男性的な振る舞いを放棄することもある。

徐々に耐え難くなってくる「男性的」な振る舞いのなかでも、特に女性の器楽奏者たちが話題にするのは、多くの男性ジャズミュージシャンたちが演奏時に見せる、非常に自己主張と競争心が強い振る舞いである。

「例えば、ステージ上に六人か七人の男がいて、自分だけが女という場合、疲れる。ほんとに疲れるんだ」。「それはどうして？」という著者の質問に対して、彼女はこう続ける。「そうだね……演奏中の彼らは、サッカーチームみたい。サッカーをプレーしたいと思わないといけない。〔…〕ステージの上でバンド演奏を経験してきたけど、そこでは、男たちは目立とうと、ボールを自分で持とうとしているように感じた。彼らはギャラリーを沸かせたいんだ。彼らにとってはそれが大事なことだった。でも、もうそれに付き合うのがしんどくなってきた。〔…〕しばらくすると、そういうことにかなりうんざりしてくるんだ」（三八歳　女性器楽奏者）

男性器楽奏者たちですら、そのような「現実」を認知しており、それは著者との聞き取りや女性器楽奏者を交えた演奏の経験について公に語る際にも認められた。

「一九九九年、グリロは男女半々《パリテ》の原則に則り、彼とディディエ・プティ（Didier Petit）のセッション相手に、クリスティーヌ・ウォドラシュカ（Christine Wodrascka）（ピアノ）とエレーヌ・ラバリエール（ウッドベース）を招くことにした。「彼女たちの参加はきわめて重要なことでした」とグリロは語る。「彼女たちと一緒にやると、すぐに音が全然違うものになった。緊張も競争心も与えないような新しい音色に。男たちが競争に興じていると、彼女たちはすぐにより多くの真実をもたらしてくれる(1)」

「ここには争いや喧嘩が一切ない。ジャズを育んでいる一部のマチズモにおける基本といってもいい態度がないのだ（「どうしてゲイのジャズミュージシャンはほとんどいないのか？　誰もこういう問いかけをしない。彼は本物の男のように振る舞わなければならない。片方の目で楽譜を読みながら、もう片方の目で観客のなかに可愛い女性を探すということ」。パトリック・ランドルトとローゼマリー・A・マイナー（Rosemarie A. Meiner）との会話におけるイレーネの発言）。［…］ここでのシュヴァイツァーとファーブルの出会いのなかに見て取れるのは、もっと繊細なプロセス、もっと洗練された交流とアプローチである(2)」

三〇歳を過ぎると彼女たちは、「まだ男性たちと喧嘩をする、必要なときには言い返せる」と話しはしても、この種の関係にうんざりするようにもなり、そのせいで、よく周りから「文句の多い女」と思われるようになる。

しかし、より多くの場合、彼女たちはジャズの外の、もっと男女混合の、ともすれば女性的でさえある文脈のなかで、別の音楽的関係を築いていく。もしくは、音楽的なコラボレーションをする相手を、よく知った、尊敬するに足ると思えるミュージシャンに限定することで、そのような攻撃的に感じられる場面を減らしていく。

「あらためて微妙な差異に目を向けてみよう。競争的な環境に心地よさを覚える女性ミュージシャンもいるだろう。ペリーヌ（ピアニスト）はそうではない。彼女は、アルコール飲料や夜通しのパーティー、それから「俺の腕前を見せてやる」といった体《てい》のソロ演奏で、仲間に「自分をひけらかそう」とするミュージシャンを軽蔑する。「私にこの音楽を教えてくれた二人の女性は、自分の感情をどう伝えるべきか、自分の横で演奏している他のミュージシャンの音にどう耳を傾けるべきかを教えてくれた。ジャムセッションは私の好みじゃない。私は、私と音楽との女性としての関係を理解してくれる男性と一緒に演奏するほうが良い。彼らは自分自身のうちにある女性的な側面を認識し、それを大事にしているんだ(3)」

自身のパートナーとプロジェクトを行うことで、そうした経験は避けられるようである。だが、いずれにしても、音楽行為に対するこのような認識のために、彼女たちがフレンチジャズ界で演奏する機会がどんどんと狭まっていってしまう。

他方で、こうした女性たちは皆、自分を売り込み、演奏する場を探し、プロジェクトを立ち上げなければならない環境に不満を抱いている。彼女たちはそうした活動にほとんど価値を置いていないが、とはいえ、それらは彼女たちがジャズ界で自立し、活躍の場を広げていくためには必要な活動なのである。

「私はたくさんギグを開けてはいない。月に一、二度演奏する程度。もっと演奏したいけど、頑張ってギグの仕事を探したり、クラブに電話したりしないといけない」。「彼らはあなたを呼ばないの？」という著者の質問に彼女はこう答える。「いえ、普通は、ギグをオーガナイズするのはリーダー。なので、その……私が自分でやらないといけない」。だが、彼女の名前でバンドを始めてから一年以上、それができていないのだと彼女は話す。（二九歳　女性器楽奏者）

女性ジャズ奏者たちのなかには、言葉や行動に自信のなさを窺わせるものもいる。これはすでに女性オーケストラ奏者[4]や女性のロック・ミュージシャン[5]のあいだで確認されてきたものである。次のように、彼女たちは作曲や初レコードのリリース、あるいはジャムセッションや即興演奏を行う音楽の夕べで自分を主張することに困難を覚える場合がある。

「リーダーとして音楽に責任を持つのは、私には難しいと思うことが何度もあった。女性は男性よりも自分を疑いがちで、責任を持ったり、リーダーシップを発揮したり、自信を持ったりするのが難しい。男性も同じように疑念は持っているだろうが、それを見せないように、それに邪魔されないようにすることを学んでいる[6]」

「私たちはまだ古い、その……そう、抑圧の下にいる。抑圧されてるんだろうね。私たちは自信を持てない。少なくとも、ものすごく上手にできないと、そこにいる権利がない、という気持ちになってしまう。私たちはたぶん自分のことを認められない。男性たちが自分のことを認められるほどには……」。「他の女性たちもそう?」という著者の問いに彼女はこう答える。「他の女性たちとも話しあったけど、彼女たちもものすごく優秀でなければならないと感じていた。[…]一般的に男性ミュージシャンは私たちに比べ、あえて危険に身を置くことが多いように思う。よっぽど危険な場合でなければ。あるいは文化的な、歴史的なものなんじゃないかと」
(五〇歳　女性器楽奏者)

彼女たちと著者が出会った男性器楽奏者たちとを比較してみれば、男性たちのなかにも同じように、自分を売り込むことに対する拒否感は見られ、レコード制作や独自のプロジェクトを立ち上げることに難しさを感じているものはいた。しかし、男性の場合にはそうした拒否感が同様の系統だった行動に転ずることはなく、何より、同じような職業上の結果をもたらしはしない。知名度の低いミュージシャンたちは、非常に競争が激しくなっているこのプロの世界で自分の場所を守り続けるため、プロジェクトを立ち上げ、ギグを探し、またジャムセションに参加したり、仲間たちと出かけたり、定期的にパーティーを開催したりすることで、職業上のネットワークを維持する。非常に名の通ったミュージシャンであれば、エージェントやプロデューサーが「マネージメント」を行い、右に書いたような仕事の一部をこなし、彼らの職業的ネットワークを人情を駆使した方法で保ってくれ、それがまたミュージシャンにとっても重要な意味を持つ。また彼らは大抵、物質的にではないにせよ、少なくとも感情の面においてパートナーからのサポートを得ている。この〈パートナーの〉役割については、本章のすぐ後で検討する。

そして、一部の女性たちは自身にとって芸術の仕事は天職かという問いに疑いを抱くようになることがあり、著者が出会った女性たちのうちにも稀ではあったが、そうした女性たちがいた。彼女たちの人生において職業的実践は重要ではあっても、もはや中心的なものでなくなるのだ。こうした態度は、著者が出会った一部の男性ミュージシャンたちのあいだにも見られはした。しかし、努力の甲斐なく、認められず、名を上げることができなかった男性たちであり、著者が出会った三〇歳以上のほぼすべての女性とは異なり、何らかのかたちで評価を受けた経験のある男性たちには見られないものだった。むしろ後で見るように、母親になりたいという希望が、一部の女性たちに、自らにとって「天職かどうか」という疑問を引き起こさせる決定的な要因になっている。

## 日々の業務をこなしてくれるパートナーの不在——私生活を犠牲に？

管理職や大臣、アーティストに女性が少ない理由が説明される際、一般的に、職業生活と家庭生活の両立の難しさが、こうした非常に要求が多い高い社会的地位に就くことを阻む主要な要因として挙げられる。男性ミュージシャンたちには、高い名声を得ている女性器楽奏者がいない理由を説明しようとする際、この点を強調する者は少なかった。

「女性器楽奏者のWは個人的に知っているけど……。彼女とは以前に一度、一緒に演奏したことがあって。彼女のプロジェクトはとても優れたものだった。演奏もとても素晴らしいものだった。素晴らしいプロジェクトを行っていたけど、子どもができて、全部やめてしまったんだ。良くも悪くも取れる原因だね。彼女のプロジェクトはほんとうに素晴らしかったから残念だよ。今は知っている女性器楽奏者は多くないね」（三二歳　男性器楽奏者）

しかし、たしかにこの困難は女性器楽奏者たちの人生で潜在的に影響を及ぼしているが、著者が出会った女性器楽奏者たちのキャリアパスを説明する際には、それは二次的な要因でしかない[7]。こうした女性たちの多くはアーティストとしての本来の目的を守るため、子どもを作らない、決まったパートナーを持たないといったラディカルな選択をしているからだ――彼女たちにとってそうした選択は「天職である者の使命（vocation）」の一部になっている。だが、そのような選択が、彼女たちがフレンチジャズ界の一線で活躍し続けられる保証になるとはいえない。さらに言えば、母親になったからといって、仕事に注がれる時間や労力が減るとはかぎらない。「母であり妻」の役割を引き受けることに前向きなパートナーがいない状況下での子育てにおいて、女性器楽奏者たちは、クリエイティブな教育能力を発揮している。また、母になったことで、ほぼ引退という形をとることはあっても、それは仕事の機会を断るからというよりも、仕事面での展望が持てなくなることが要因であるように思われる（もっと言えば、男性の場合でも、見通しが立たなくなれば、同じような状態に置かれることもあるのだ）。

## 「皆、妻を必要とする」？

「女性の成功にとっての最大の障害は、妻を持てないことです。妻がアーティストのために何をしているのか、よくよく考えてみればよいでしょう。靴下を繕い、家事を切り盛りし、彼に代わって手紙を書き、彼のために人の家を訪問し、闖入者を追い払い、美しい絵画についての示唆を個人的に与え、常に激励と実用に満ちた批評をしてあげるのです(8)」

たしかに女性の器楽奏者たちには、著者が会った男性たちの多くがその恩恵にあずかっていた「妻」的なパートナーが存在しない。「妻」が存在しないということは、彼女たちが私生活と職業生活とのあいだだけでなく、自分自身の職業生活と彼女たちのパートナーの職業生活とのあいだに折り合いをつけなければならないことを意味する。

実際、ほとんどの男性器楽奏者の妻たちは、彼らの私生活と職業生活のマネージジメントにおいて重要な役割を果たしている。彼女たちは夫の音楽活動にスケジュールを合わせ――著名な器楽奏者の場合は、海外や地方での長期的なツアーも入る――、都合がつき次第、職場の夫のもとに駆けつける。著者は多くの女性のパートナーたちが、コンサートに出席したり、夏のワークショップや長期のツアー中、男性パートナーたちと数日間一緒に過ごしたり、音楽仲間とのパーティーに参加したりしている姿を見てきた。子どもができると――大抵は三〇歳を過ぎてからである――、日々の育児や家事の大半は妻たちが担うようになる。父親の方は仕事と仕事の合間に（家にいれば）、時々、子どもの面倒を見るという程度である。著者のインタビューを受けたある男性ミュージシャンもそうで、彼には病気の娘がいたが、自身のキャリアのある時期、本業がさほど忙しくない場合には、毎日家で娘の世話をしていたという。

しかしながら、こうした男性ミュージシャンに聞いたかぎりにおいては、彼らには子どもの世話のためや、妻の要望に合わせるために面白い音楽の仕事を断るという発想がほとんどなかった。職業生活においても、私生活においても、音楽が彼らの生活の最優先事項であり、彼らの妻たちはそれを承知の上で、彼らを選んでいた。

フランスの著名なジャズチェリスト、ヴァンサン・セガール（三四歳）は、自宅のアパルトマンについてこう話す。「ちょっとしたトレーラーハウスみたいでしょ？　横幅が狭いけど、縦長の間取りというのは、とても便利。ご近所も親切で、イザベルや子どもたちにもよくしてくれてる。どのみち、僕は出張が多いので(9)」

著者の研究およびフィリップ・クーランジョンの研究によれば、こうした女性たちは大抵の場合、ミュージシャンである夫の職業生活と音楽的成功を助ける裏方仕事を担い、フィリップ・クーランジョンが「事務管理者－パートナー（conjoints-organisateurs）」や「支援者－パートナー（conjoints-mécènes）」と呼ぶような役割を果たしている(10)。著者がインタビューした男性ミュージシャンのうちの数名は、彼らの職業生活を直接マネージメントする女性の芸能エージェントの連れ合い、あるいは大きな会社の広報部署で働き、（チラシ作成や電話連絡などで）彼らの仕事のオーガナイズを助けている女性の連れ合いがおり、彼女らとのあいだに子どもをもうけていた。彼女らは皆、仕事熱心で、また多くの場合、ジャズに情熱を傾け、彼らのデモ音源やレコードを聴く、彼らと音楽について議論する、彼らが困難を抱えた時には付き添う、彼らの稼ぎが少ないことを受け入れるといったかたちで、彼らの音楽活動を応援していた。女性たちとの自由な恋愛関係に価値を置いているミュージシャンの場合でさえ、その恋愛生活が続く期間においては、自身のキャリアの大成を手助けしてくれる女性と付き合う傾向がある。

著者が聞き取りをした女性器楽奏者は、このような「パートナー」の役割を長期にわたって引き受けるつもりのある男性に出会っておらず、また、そのような男性たちがいるとも期待していないようだった。大多数のケースでは、同じくジャズの仕事に就いている男性の方も並行してキャリアを追求し、パートナー同士で二人の音楽活動、プライベートの活動、そして職業活動の調整を図っていた。こうした男性のパートナーは器楽奏者である妻のプロジェクトをサポートしたり、音楽の知識や社会的ネットワークを共有したりして、妻の手助けをしはするが、その手助けの範囲は限られている。双方のキャリアの成功を確かなものにするため、絶えず調整の交渉が行われており、その関係を流動的で互酬的なプロセスにしていた。(11) 稀ではあるが、男性パートナーが別の職業世界にいるというケースもある。彼は音楽を十分に理解し、よく妻の芸術的才能を称賛するのだが、仕事においても私生活においても、妻とは別のプロジェクトを独自に展開する。この場合もやはり、絶えず緊張と交渉を伴うこととなるが、問題となるのは主に私生活に関する面である。

だが、（大多数の事例ではそうであるが）育てなければならない子どもがいない場合、ミュージシャンのパートナーの活動が優先されるために、妻の成功のために献身し、感情面、仕事面、音楽面で積極的にサポート役をするパートナーがいなくても、それが許容されてしまう。この状況は時として緊張を生み出すことがあるとしても、である。その上、離婚、別居、破局は女性器楽奏者にとって、プロの音楽活動から引退する場合よりも、ジャズ界での既存の職業的なネットワークの喪失に繋がる可能性が高いのだ。他方、女性器楽奏者たちが母親になりたいという希望を抱いている場合には、そのようなことを考えられるパートナーがいないことがより問題になるのだが、ここでも彼女たちは非常にクリエイティブであり、独特の社会的スキームを作っていることが分かった。

## 母になることを断念するのではなく、型にはまらない子育てのかたちへ

アーティストの生活と「立派」な家庭生活とはまったく両立しがたいとする伝統的なイデオロギーは、「よい」母親の役割とアーティスト生活とは両立しがたいと主張するイデオロギーに取って代わられている。[12] だがこのイデオロギーは、著者が観察した女性たちの選択、とりわけ、子どもを持たないという彼女たちの大多数がしている選択に浸透してはいるものの、(子どものあるなしにかかわらず)彼女たちがプロのジャズミュージシャンになれるか、それを続けられるのかどうかという問題に影響を与えることはほとんどない。

他方、年齢を重ねた女性器楽奏者の大半が(そのうち幾人かはミドルエイジ世代に属するのだが)、子どもを持たないという決断をしていた。彼女たちが問題にするのは、子どものいる生活をなんとかやっていくパートナーがいないということではない。そのうちの一人に至っては、子どもをほしがったパートナーとは別れたと語った。それが二人のあいだの諍いの主要な話題になっていたという。むしろ彼

女たちには、この選択によってもたらされた自由を保持したいという意志と、子どもを持ちたいとは思わないという姿勢がある。「本当にほしくない。こういう人生を生きているから。気兼ねなく動けるし、制約もない。それに、他のことは、何というか……強い子ども願望がないんだ」（三六歳　女性器楽奏者）

ミドルエイジ世代に属する女性器楽奏者のなかには、器楽奏者でありながら、母親になる可能性はあるのかと思案している者もいる。大抵の場合、彼女たちにはこの点について安心感が得られるような参考事例がなく、彼女たちはふさわしい父親が見つかるのを、そして／あるいは、彼女たちのキャリアにおいて、この問題をもっと「ポジティブ」に再検討できる適当な時期が来るのを待っている。

「〔子どもは〕ほしいんだけど、残念ながら私には時間がない。［…］人生計画としては、本当にほしいと思ってるけど、今のところ私はそれより、自分のライフスタイルや、最初の選択の犠牲者になってる。犠牲は払うつもりではいるけど。たぶん、この女性としての人生も犠牲にしていくんだと思う。音楽のためには多くの犠牲を払う覚悟があるし、たぶん子どもは作らない」。「子どもがいる女性ミュージシャンの例を知っている？」という著者の質問に彼女はこう答える。「そうだね、わかってるのは、何もかもをこなすのは無理。私が見た感じ、子どもを持っている女性ミュージシャンは、これは私の意見だけど、優れたミュージシャンじゃない。ただLは別だけど。どこからあんなエネルギーが出てくるのか分からないけど。でも、実際に彼女はこなしてるね」（三一歳　女性器楽奏者）

一方、子どもを持つ選択を除外していない女性たちや、子どもがいる女性たちのあいだでも、状況はそれほど単純ではない。子どもがいる女性たちのなかにも、たしかにやりくりするのが大変な時期もあったが、子どもができたことで実際に仕事の可能性が狭まったとは考えていない者もいる。彼女たちは自身の母親やパートナー、あるいは姉妹や友人たちの助けを借り、子育てをしながら、音楽の道を続けてきたのである。

この五三歳の女性器楽奏者は、子どもが生まれたとき、「娘の父親は無職だった」と語る。一家は一年間、地方で暮らし、夫が懇意にしていた別のカップルとアパルトマンをシェアした。「私たち四人で子どもの面倒を見ていました。みんなで一緒になって彼女を育てたんだ！」。一年後、一家はパリに戻り、そこでもまた友人二人とアパルトマンをシェアした。まだ定職に就いていなかった夫が、彼女が仕事をしているあいだ、子どもの面倒を見た。演奏するときも、出かけるときも、リハーサルのときも、「どこにでも娘を連れていく」……。数年後、夫と別れた彼女は、同じく離婚した母親である友人と一緒に住む。この器楽奏者はこう語る。「いつも思うんだけど、女性の心情が健やかだと、子どもも快適に暮らせる。だから、やめたいと思ったことはない。私は出産の四日前までコンサートをしたし、出産の一ヶ月後には次のコンサートをしてた、ええ……。でも、これ以上子どもはほしくないね。一人なら、なんとか育てられるけど……」（五三歳　女性器楽奏者）

別のケースでは、女性の器楽奏者はかなり年上で、すでに仕事で高い名声を獲得している夫と、プライベートと仕事の役割を分担しているというユニークなものもあった。

また、これもユニークだが、非常に若い頃に子育てをした女性が、子どもが独立したのを機に——特に前もって計画していたわけでもなく——、音楽のキャリアを出発させたというケースもあった。

両方の役割をこなすのはやはりどうしても難しいと悟ったと語ったのは二人の母親のみである。少なくとも〔子育ての〕最初の頃は、母親の役目が何より優先されることになりがちだからだという。一人は今までどおりの職業生活を続けていくことが難しいと考えているようであり、もう一人の方は、現状、期待したような満足のいくキャリアを積めていないことは、子どもができたことが理由なのかどうか、よくわからないという。

本章の結論は、一九世紀の女性エッチング画家たちが名声を築くことが少なかったことについてのグラディス・ラングとカート・ラングの結論と一致する。著者がインタビューした女性の半数以上が子どもを持っていない、あるいは子どもを持つことは難しいと考えていたが、残りの女性たちは自身のアーティストとしてのプロジェクトを成し遂げるのに苦労していたとはいえ、プロとして音楽活動を続けながら子どもを育てていた。さらに言えば、子どもの有無が彼女たちのキャリアに影響を与えることはほとんどない。言い換えれば、妻の成功のために献身するパートナーの不在こそが、彼女たちの経験と男性の同業者のそれを分かつものであり、そのせいで彼女たちは私生活においてより多くの緊張と矛盾にさらされるのである——プロの世界に入ることや、子どもを持つことをためらう女性たちがいるのも、これが理由である。また、こうした女性器楽奏者が大多数の同僚の目に「すごい女《やつ》」として映り、その経歴と振る舞いが非常に非典型的なものと見られるのも、このためである。しかし、パートナーがいないことは、すでにプロのミュージシャンになっている女性たちが、フレンチジャズ界で周縁化され、この職業の世界に参入することに困難を抱えていることの理由にはほとんどならない。

（1）Pascal ANQUETIL, « Alex Grillo : l'Amour en quatre », *Jazzman*, 79, 2002, p. 5.

（2）以下のCDジャケットに寄せられたペーター・リューディ（Peter Rüedi）の文章からの引用。« Irène Schweizer & Pierre Favre », Intakt CD 009/1992. この〈女性〉ピアニストと〈男性〉ドラマーは、即興演奏を行うスイスの著名なミュージシャンである。

（3）Jeff BUTELES, « Lady Sings the Blues. La place de la femme dans le jazz », 20 janvier 2003 (<www.citizenjazz.com/article3456357.html>. Consulté le 3 mars 2006).

（4）Hyacinthe RAVET, « Professionnalisation féminine et féminisation d'une profession », art. cit.

（5）Laureen ORTIZ, *Parcours par corps*, *op. cit.*

（6）アメリカのジャズピアニストの発言。Thierry PÉRÉMARTI, «At Home with Myra Melford », *Jazzman*, 2000, 58, p. 32.

（7）フィロメーヌ・グラバーは一九六〇年代初頭にスイス初の〈女性〉指揮者となった母ヘディ・サルキンについてなんとも心に訴える研究をしたが、私たちはここで彼女がそこで出した結論に行き着く。「しかし、母は以下の点を強調したがっている。彼女が指揮者のキャリアを放棄したのは、一部の新聞記事が間違って報じたように、子どもたちと家事が理由だったのではなく、ピアニストとしてのキャリアに

「専念」するためだった」。Philomène GRABER, *Diriger. Un fief masculin*, *op. cit.*

（8）アンナ・リー・メリット〔アメリカ生まれの女性画家〕が一九〇〇年に女性の芸術家たちに向けて書いた手紙の一節。この手紙は以下の文献で引用されている。Frances BORZELLO, *A World of Our Own : Women as Artists*, *op. cit.* p. 156.

（9）Francis MARMANDE, « Vincent Segal, violoncelliste musardeur », *Le Monde*, 24-25 février 2002.

（10）著者がインタビューした二〇人の男性ミュージシャン〔器楽奏者一七人、歌手三人〕のうち、アーティストの妻を持つ五人には子どもがいなかった。いま一人のジャズミュージシャンは、コンサルヴァトールで音楽を教えるクラシック奏者と結婚していた。フィリップ・クーランジョンが九三人のジャズミュージシャン〔ほとんどが男性である〕を対象に行った調査では、そのうちの六人の〔女性〕パートナーはアーティストで、その他の者のパートナーはほとんどが「支援者－パートナー」または「事務管理者－パートナー」だった。*Entre tertiarisation et marginalisation subventionnée. Les musiciens de jazz français à l'heure de la réhabilitation culturelle*, thèse de doctorat en sociologie, École des hautes études en Sciences sociales, Paris, 1998.

（11）一九八〇年代末に五六人の著名なヴィジュアル・アーティストを対象に行った調査のなかで、オディール・ブリンは、アーティスト同士のカップルのあいだでは、彼らの創作プロジェクト、恋愛生活、子育てと並んで、アーティストとしての仕事の管理について、微妙な交渉が行われることを明らかにしている。*Portraits d'artistes. Une sociologie de l'intimité de l'art*, thèse pour le Doctorat nouveau régime, Université de Paris V René Descartes Sorbonne, 1994.

（12）Philippe COULANGEON, Hyacinthe RAVET, « La division sexuelle du travail chez les musiciens », art. cit.

# 第一〇章　公的な領域で「女らしさ」を管理する——蔑視、中立、性的な魅力

これまで、フレンチジャズに女性が参入しにくい理由を、男女のジャズミュージシャンたちがキャリアにおける紆余曲折を経て構築する関係を分析することで明らかにした。女性器楽奏者たちの特徴として「女らしく」振る舞うことや、反対に「男性的な」選択をすることが挙げられる場合がいくつも見られた。それは例えば型にはまらない出産や子育ての方法で仕事を続けるというやり方であったりする。女性たちは、男性的な社会的慣習に常にさらされることにうんざりし、多くがそこから退き、あるいはより「快適」とされる特定の職業的地位に撤退し、あるいは閉じこもるようになる。また、極めて男性的であるジャズバンドに入り、そこで音楽を続けることは、仕事では自分の性的魅力の封じ込め方を学ぶことでもある(1)。

だがこうしたジェンダー的差異は、彼女たちが音楽芸術において正統な存在であるかどうかや、ミュージシャンそのものとしての評価のされ方にも影響を及ぼす。仕事上の評価と女性に対する固定観念がここで相反し合う。「女らしく」演奏し、魅力的な女性としてステージ上で振る舞うことは、快

い評価と同時に非難の対象ともなり、逆に彼女たち女性器楽奏者のプロとしての評価を傷つけてしまうこともある。[2]　女性に対するどのような固定観念が女性器楽奏者の音楽活動やステージに影響を与えるのだろうか？　女性たちは男性の職業と言われる世界において、自分たちへの視線に対しどのように対処し、自らのプロとしての位置を保っているのだろうか？　そして同時に、彼女たちはどの程度、「女性」であると同時に認められたミュージシャンとして成功を収めているのだろうか？

ジャクリーヌ・ローフェが一九八〇年代の女性管理職に関する草分けとも言える研究で見事に示したように、女性は、自分に有利になるように「女性らしさ」を否定することも主張することもできるし、消し去ることも際立たせることも、あるいは反転させることも、変容させることもできる。[3]　彼女たちは、社会での経験や個人的な経験、またキャリアを積んできた職業上の背景を掛け合わせてこのような多様な戦略を生み出す。したがってここでは、女性器楽奏者の公的な「女性性」が、プロミュージシャンとしての立場形成と、それに対する周りからの評価にも影響を与えるような職業上の二つの瞬間——彼女たちの音楽表現、ステージにおける身体の扱い——について議論する。この筋道は困難を極め、女性たちは常に矛盾に陥り、時には「確固たる」女性的な表現とそれに対する非難のはざまで鬱状態にまでなることもあるようだ。だが、それがより広範な「フェミニスト的な[4]」要求に繋がることはほとんどない。例外といえば年配の女性たちであり、彼女たちのなかには自らの状況と自分たちの住む世界の「男性的」な機能との政治的関係性をところどころで表現している者もいる。「（レコーディングをする）理由の三つ目はその政治的な部分。私は女だけど、もう、男だけが足跡を残し、語ったことを記し、ものを書き、歴史を残すという現実には飽き飽き。彼らのような女性は少なからずいるし、私はその一人[5]」

## 女性的な音楽「スタイル」とは？

本節では、たとえジャズの評論家やミュージシャンが女性器楽奏者の音楽性の「女性らしさ」に（賞賛する場合を除いて）あまり言及しなくても、女性器楽奏者たち自身は女性の音楽的特異性を否定することと、肯定することの間で揺れ動いている点を見ていきたい。

### 「中性的」な語彙を持つ評論家やミュージシャンたち

女性器楽奏者のレコードが批評されそのキャリアについて語られる際、何らかの形で性別が言及されることはよくある。女性ジャズバイオリンについて、あるいはあらゆる固定観念を覆すような女性器楽奏者について、ユーモアを交ぜつつ語られることも多い。

「イザベル・オリヴィエは、その楽器からすぐさま連想されがちな気だるさや儚さ、ともすればアリス・コルトレーンとハーポ・マルクスが合体してしまうのではと思わせるような流動体の世界から遠く離れ、よりオープンで対照的な異なる泉をずっと選んできた。［…］船の船長が女性であることに驚きを隠せないであろう男たち（まだ死んではいないが！）には、アニエス・ヴァルダの言葉を送っておこうと思う。「イザベル・オリヴィエ、それはロングドレスを思わせない。高音のアルペジオでもない。それは、エネルギッシュなハープだ[6]」

だが次の二つの例に見られるようにジャズの評論家たちが特定の「スタイル」、いわば「女性的な」スタイルを彼女たちに付与することはない。

「今や「女性のジャズバイオリン」ともされる比類なき「マドモアゼル・スイング」ことフロランス・フルカドについては改めて紹介するまでもないだろう。彼女のトレードマークであった白熱のスイングは健在で、見事に刷新されたスタンダード曲に加え、美しいオリジナルもある。またしても、豊かなインスピレーション、創意工夫、素晴らしく完成度の高い言葉の厳格さと大胆さに圧倒されてしまう。そして、なんと見事な音だろうか。また彼女を支えるのは才能豊かなパートナーたちだ。ヴィットリオ・シルヴェストリはスティーヴィー・ワンダーのヒット曲『You are the Sunshine of My Life』を繊細なニュアンスを持って演奏する。そしてマーク・フォセットはフロランスが影響を大きく受けたステファン・グラッペリの素晴らしきパートナーだったことを忘れてはならない。非凡な女性ミュージシャンがまた一人誕生した(7)」

「マリー=アンジュ・マルタンもまた、その才能にもかかわらず控えめなミュージシャンの一人である。確かに彼女のギターは革新的なものではなく、そのサウンドは非常に説得力はあるものの最新の技術を駆使したものでもない。また初レコーディングに一流のミュージシャンたちを選んだのでもない。彼女は友人に囲まれて自らを表現するという選択をとった。サックスとクラリネットにはジェラール・メソニエ（Gérard Meissonnier）、ドラムはファビアン・メソニエ（Fabien Meissonnier）、ウッドベースにはブリュノ・マニェ（Bruno Magnet）、そしてゲストとして同志であるフレデリック・シルベストル（Frédéric Sylvestre）（美しいバラード『Herbie』など二曲を彼が作曲している）が参加している。このリラックスした雰囲気の中で、（バーニー・ケッセル、ウェス・モンゴメリー、ジム・ホール、ジャンゴといった）古典主義あふれる彼女の世界観が独自の構図（美しいバラードの『Crocus』やテンポの速い『Kickstart』）で巧みに描かれており、同時に古参へのオマージュ（ペティフォードの『Tricotism』にちなんだ『Magnetism』）をしっかりと忘れない点にも満足がいく。もちろん、すべてがこのクオリティというわけではないが（『I've got the Blues』『Shire』はあまりいただけない）、マリー＝アンジュのギターとジェラール・メソニエのクラリネットのかけあいがサントゥアンの傍で行われるまでは、程よいエスプリが保たれている(8)」

ダニエル・ピストーヌが一九九〇年代のクラシック音楽の批評を体系的に研究した結果、このような批評においてもはや「不正確な」語彙は使われなくなったとしているが、同様の状況がジャズの世界にも見られる。実際、「有名誌において「女性のアート」、「女性の創作」といった表現は使われることはなく、「女性らしい創作」といった言葉もほとんど用いられない。「雄々しい才能」などという表現はもってのほかである。男性のアーティストとの比較や、参照といったものは芸術の領域においてほとんど消え去ったと言っていい。（男女の）平等という主張が、私たちの社会において差異というものを間違いなく消し去ろうとしているのだ……(9)」。

評論家が女性性を強調した形容詞を使うこともあるが、その意図は優れた音楽的資質を女性性に帰することで器楽奏者を引き立てようとするものである。

「この美学的論理は、ある意味で非常に女性的なものである。複数の流派を受け入れ「繋がりを作る」ことで、「行間で」自己主張できる一種の理想共同体を構成しているのだ。これはピアニストが自らのグループを率いる独自のやり方にも見出せる。ここにも派手なエゴイズムや権力への幻想はなく、「伴奏」が成し遂げる芸術を通し作品全体に形と動きと方向性を与える極めて繊細なやり方があるのだ[10]」。

実のところ、男女に関係なく「女性らしさ」は完璧に扱えると非常に評価されている。声が器楽奏者の音楽表現の究極のモデルとなっているように、「女性的」な資質は、ジャズ評論家やミュージシャンによって、才能ある器楽奏者となる究極の要素として定義されているのである。「ソプラノはいつも女性の声だと思っている。ジョン・コルトレーンやウェイン・ショーターのようなサックス奏者がソプラノに専念しているのを見ると、彼らがそれをある時期から自分の演奏に取り入れたのだとわかる。少し後期だね。女性らしさが確固たるものになるのは、熟してからだ[11]」

「女性らしさ」という語彙が用いられる場合、命題は逆転している。これら男女の器楽奏者は社会的に女性的であると定義された資質——つまりオープンマインドであったり、繊細であったり、他人に耳を貸すことができたりという才能——によって評価される。聞き取り調査や談話をした男性ジャズミュージシャンたちにもこれまで述べてきた評論家たちの表現や修飾語と同じ語彙や同じ見方をする傾向があった。

では女性のジャズミュージシャンはどうだろうか。そこには極めて両義的な関係性が見られる。性別による音楽的な区分を否定し、スタイルや表現の仕方はミュージシャンの個性によってまず決定づけられるとする者もいれば、逆にそういった区分を主張する者もいる。奇妙なことにこの区分は、(比較的「男性的」とみられる) 演奏楽器、年齢、評判、音楽スタイル、(比較的「女性的」とみられる) 外見といった他のもっと明白な区分とは合致しない。

## 女性のスタイルと評価

調査対象の女性器楽奏者の多くは、女性らしい感性や独自のスタイル、資質を持っており、彼女らは皆それが音楽的に「プラス」になっていると主張する。彼女たちによると同僚や友人からそのような違いを評価されることもあり、中にはそれがきっかけでそれらの違いを意識するようになった者もいる。その定義は多様だ。それは感情を表現する能力であり、遊び心のある能力であり、即興の余地を残す能力であり、常に自己主張しようとしない能力であり、無理に感動させようとしない能力なのだ。

「一番大事なのは音楽とどう向き合うかだと思う。男性と同じように音楽を解釈していないという気もする。男性よりも剥き出しじゃないというか。とても平凡にみえるけど、実はそうでもない。表現の仕方、特に即興音楽では……うん、違うね」(三六歳　女性器楽奏者)

だがこのような音楽観がどのように構築されたかを特定することは難しい。ピアノやバイオリンなど、より「女性的」といえる楽器を演奏する女性や、トランペットやギター、ドラムなど「男性的」な楽器を演奏する女性たちそれぞれに、こういった音楽観が見られる場合もあれば、そうでないときもある。年齢も老若混合だ。スタイルも、即興であったり、トラッドであったり、モダンであったりさまざまで、容姿（と社会的な振る舞い、とくに人を魅了する動作）も、女性らしくある時もあればそうでないこともある。このような動向が築き上げられる明確な理由を見つけることはできなかった。明らかになった点といえば、これらが彼女たち女性の音楽的な才能に、つまり自らの技術で自分自身を表現することに、ある程度の自信をもたらしたということである。この違いを明確に表現することは難しく、従って、彼女たちはそういった表現を試みようとはしない。

またロックの女性器楽奏者たちも「女性的な感性」を語るということが観察されている[12]。だが、女性としての公の主張というような、デルフィーヌ・ノーディエが分析した、七〇年代に女性作家たちが「エクリチュール・フェミニン」を用いて男性たちと自らとを差異化したようなそれとはかけ離れている[13]。女性器楽奏者は、「女性のスタイル」があると確信を持っている者もいるとはいえ、それを話の種のような扱い以外で仕事仲間と話すことはあまりなく、プロとしての立場の形成に大きく関わる要素としようとは思わない。彼女たちは、何よりもまず、ミュージシャンなのである。

### なかには拒否する女性器楽奏者も

残るは、男女の差異をあえて認めないという女性器楽奏者たちだ。人格や個人史、年齢も手伝って、男女はそれぞれの特徴（男性は力強さ、速さや強い主張、女性は耳を傾け、優しく静かであるといった）に沿った表現をするようになる。

「全くそうは思わない。力強さが男性的だとも。でも、私の心に響くのは女性的な男性たち。それは明らか。女っぽいって言うんじゃなくて、より繊細。だから私がいいなと思う女性たちは、男性的なものを持ってる人たち。容姿じゃなくてね。Xの器楽奏者たちがたいていそんな感じ。たまに女子っぽすぎるところが問題なんだけど……」（三三歳　女性器楽奏者）

女性も同じミュージシャンであり、音楽的な違いはこのような基準では説明できない。ここで、良きミュージシャンという観念が現れる。作曲や演奏、即興の仕方を女性性や男性性とうまく組み合わせられる者たちのことだ。音楽や芸術を「女性性」と「男性性」の幸せな結合を想起させるような、中間的な位置に置く「両性」という言葉が引き合いに出されることも度々見られる。「創造や芸術は両性的だと思う。自分のあるがままに創作ってされるものだから、女性で、女性としての経験をすれば、男性的な生き方をした男性とは違うものが生まれるけど、それは別に……結果的として作品にその違いは現れないし、全ての人々がある程度の女性性と男性性を持っていると思う」（五二歳　女性器楽奏者）

彼女たちは周囲からの非難を避けたいという思いを抱いていることが多く、これは前章で確認したように女性バンドでより強い拒絶が見られる。音楽的パフォーマンスにおいて性別が全く関係ないとすれば、女性であることは中性的であらねばならないということだ。彼女たちのなかには「女性らしい」感性を指摘されることにうんざりし、「男みたいに演奏するねって言われる方がマシ！」と言う者もいた。

## たまらなく女らしい身体――管理された性的魅力

前章ですでに述べたように、女性器楽奏者は、聴衆やジャズ界の関係者、そして同業者である器楽奏者たちにとって非常に魅力的な資質を持ちうる存在だ。「女らしい」身体の見せ方は注目の対象となり、記者の興味を引き、ともに仕事をするミュージシャンたちを誘惑する。かなり閉鎖的であることが想定される世界では、これは資産となりうる。だがまさにこの性的魅力がまた、彼女たち女性器楽奏者が非難され評価を下げられ、受け入れられないことに絶えず恐れなければならない原因でもあるのだ。これは女性シンガーたちにもまた、共通している点である。

ここでもまた、彼女たちがどのように振る舞い、自らの受ける視線を手玉に取り、あるいは気に留めず、プロとしての立場を構築していくのかという疑問が現れる。女性ミュージシャンたちはどのようにして自らの身体を管理し、自らを期待される立場にがんじがらめにし、自らが雇用され難くなりプロとして認められ難くなるような女性への固定観念を乗り越えているのだろうか？　女性ミュージシャンたちは、それを隠し、偽装し、「男性化」させ女性性の跡を一切消す必要があるのだろうか？　それとも自らの身体にもっと価値を見出し、「女性性」というある特定の才能として主張すべきなのだろうか？　女性的な要素と男性的なそれが混在し、「二つの性の記号が同時に存在」し、「性の不確定な領域を作る」「両性的」な身体が作り上げられることは可能なのだろうか？[14]

## 素晴らしい魅力的資質に惹かれて……

聴衆や仕事仲間、評論家、イベントプランナーやプロデューサーたちは、女性器楽奏者たちの性的な魅力をある程度重んじている。彼女たちは、その魅力を無視しようがそれに従おうが、それをめぐる要求や視線、期待を拭い去ることはできない。業界に入った当初から彼女たちは仲間に対し性的魅力を封じることを学び、誤解の発生、場をわきまえないアプローチ、恋愛関係のもつれによる非難、心無い指摘によりプロとしての仕事が途絶えたりすることをできるだけ阻止する。[15]

だがそれだけではない。自分の身体は、キャリア形成のさまざまな場面で自分たちを起用するイベントプランナー、プロデューサーや仕事仲間との関係においてもうまく扱われなければならない。ステージ上の服装は？　聴衆に対してどのように振る舞う？　レコードのジャケットに何を載せる？　ルポにはどの写真を使う？

ここである女性ミュージシャンの話を紹介しよう。彼女は自分の音楽で認められたいと感じているが、そのためには人々を魅了する資質を駆使するよう求められ、ある種の葛藤に直面している。

当時この若手の女性器楽奏者は、以前からのバンドでアルバムを制作すべく、レコードのレーベルを探していた。そこで彼女は次のような葛藤に直面する。レーベルの責任者と会い、アルバム制作の提案をすると、彼はすぐに興味を示したが、すぐに「メディアを戦略的に使う」と宣言した。彼は、音楽には口を出さない、彼女の好きなように制作していいと言ってくれたものの、女性誌に連絡をとり「セクシーなジャケット」で女性であるということを全面に出す、ときっぱりと言った。女性器楽奏者曰く、「椅子のうえで縮こまってしまった。今まで避けてきたことだったから」。状況は彼女の手には追えなさそうだった。「もう苦労するのにはうんざりだったし、もっと演奏できて売れるならなんでもやる、という感じだったけど、ジャケット上でゴージャスでセクシーなポーズをするとは思っていなかったし、嫌だった。だから説得しないといけなかった。分かるかな、女っていうことがここでこんなにも……役に立つか足を引っ張るか、いまでも分からない。まわりの男の仲間たちみたいにアルバムを作りたかったのに、この様！」。その後のやりとりで彼女は、家賃を払うのにすら苦労している自分にとって状況を打開できるかもしれないこの機会に惹かれる一方で、自らの品位を落とすような差し迫った要求に耐えていけるかどうか分からないとも言っていた。また、この聞き取り調査を通し自分が何を選択するかをゆっくり話し、考えることができたとも言っていた。

次の会話は、女性ミュージシャンが自分たちのバンドに参加するとき、その魅惑的資質を全面に出しそれを利用することに対し、男性ミュージシャンたちがあまり躊躇することなくそれを真っ当だと感じている点を表している。

著者「バンドに女性はいる？」
相手「一人ね」

著者「どうやって見つけた？」
相手「バンドの一人、器楽奏者のやつに勧められたんだ」
著者「どうして一緒にやっていこうと？」
相手「上手いからね。（最新のアルバムのジャケットを出し）彼女だよ」
著者「このジャケットはどうしてこのように？」
相手「バンドの誰かを載せるのは面白いと思ったし、どうせなら見てくれのいい奴がいいだろ。その方が面白いし」

ジャケットには、若い彼女がセクシーなポーズをとり、同じくしっかりメイクし、こなれた服装の（ミュージシャンではない）別の女性と共に写っていた。その横には男性ミュージシャン（グループのリーダー）が非常にカジュアルな服装で、無造作なポーズをしていた。

最後にサックス奏者であるソフィー・アルールと女性シンガー、ミナ・アゴシのレコードがリリースされた際の話を紹介しよう。二〇〇五年末にそれぞれリリースされたこの二枚はどちらも、『ジャズマガジン』で非常に高い音楽的評価を得た(16)。ところが、二〇〇五年一一月の同誌では彼女たちが共に演奏したわけでもないのに、「鏡のように向かい合った横顔」が載っている。ジャズの女性評論家は二人を扱った記事のなかで「一人は歌い、もう一人が吹く……」とレポートしている。彼女たち「二人の若い女性」が一つの記事に同時に紹介されるのは、その性が同じだからなのである(17)。

## 「男っぽい」容姿か、わきまえた性的魅力か

著者の会った女性には、過度に魅惑的な容姿は害を与える可能性があり、誹謗中傷の対象となり自分の品位を下げるとしている者が多い。これに同意しなかったのは二人だけだった。一人はバンドにおいての経験が良きものとなったため、もう一人は自分の演奏する楽器が男性的であり、美しさに欠けているためそのようにする必要性を感じたという。しかしそれ以外の女性たちは、女性シンガーも、他の音楽ジャンルで活動する女性器楽奏者たちでさえも「忌避剤」を用いている。次に紹介するアメリカのジャズ器楽奏者の話のように、レコードのジャケットやステージでの彼女たちの容姿における「セクシー」「チャーミング」「魅惑的」「グラマラス」といった要素ははっきりと否定される。次に紹介するアメリカ人のジャズ奏者である彼女は調査対象のフランスの女性器楽奏者たちと同様の見方をしている。

「非常に優れた女性ジャズミュージシャンもいるけど、女性のセクシーな側面がかなり強調されていて、もうミュージシャンの側面ではなくなっている。それがより真剣な女性ミュージシャンたちをある意味苦しめているのだと思う。この「女はうまく演奏できないから愛嬌で……」っていう暗黙の了解みたいなセクシーなイメージに対しては抗《あらが》わないといけない。こんなの五〇年代にはなかったのに、現在は本当に多い。まったく！」(18)

彼女たち女性器楽奏者が選んだ行動は、音楽スタイルと同様だが、相反する二つの軸を中心としてより自律したかたちで編成されている。一方では、年齢に関わらず「女性らしくあるゲーム」に参加

しないと決めた者がいる。彼女たちはステージにふさわしくありたい、何より「女」としてステージに上がりたくないというはっきりとした意思を持っていることが多い。ステージに上がるとき、足取りは軽快で、靴のヒールは低く、ダークカラーのパンツとジャケットを身につけ、メイクや凝ったヘアスタイルは避け、観客には単調に語りかけることが多い。稀にまったく逆のものを要求されたときは、その時の気分や要求のされ方によって異なるが、ショックを受け、恥ずかしくなり、驚き、あるいは面白がりもするという。

「何年か前、脚本家が映画を作っていて連絡があったんだけど、Aっていうミュージシャンを補佐する女性ミュージシャンを探してた。それが本当に同伴者という感じで。映画には、上下黒にシャツっていうコンサート用の格好で伴奏するつもりで向かった。で、現場に着いたら脚本家が「それしかないの?」って。「はい、これしか。Aさんの伴奏なんで」って言ったら彼は「ドレスとかは?」って。私は「ありません」って言った。私は伴奏者として自分を見てたけど、彼は付き添いの女として私を見てた」。なぜそういう服装にしたのかと聞くと、彼女はこう答えた。「いつもこういう服装。男性っぽい……オケ用のジャケットをいつも着てる。なんでかは分からないけど……」(五六歳　女性器楽奏者)

他方で、個人的に女性らしさを表現するための一つの選択として、あるいはプロとして世間体を重んじて、あまり魅惑的にならないようにする女性たちもいる。

「自分にとって快適じゃないといけないし、自分をしっかり整えて、自身の力を感じないといけない。自分が気持ちよくなるような、心地いい服を着て、自分をしっかりと出してくれる服で。［…］美しくて調和できているもの。男たちがよくやるようにジーンズとかTシャツみたいな、無造作な格好でステージに上がることはないね（笑）」（五〇歳　女性器楽奏者）

自分の身体を中性化したり男性化したりするのではなく、女性らしさと男性らしさが合わさったものにこだわる女性ミュージシャンたちもいる。彼女たちはそのためにある種の女性らしさを主張する。プロとして必要な「男性的」な行動（リラックスする、ステージでは外見を気にしない、思い切り楽器を吹いたり叩いたり叫んだりする）と、ステージ用にあつらえる女性的な外見（メイク、ヘアメイク、服装など）を巧みに組み合わせるのである。プロとしてやっていくための男性的な側面と外見における女性的な側面のバランスをとることで、両性的な身体を構築し、二つの利点を享受しようとしているのかもしれない。

女性器楽奏者は、一人前のミュージシャンとして男性たちと同じように仕事をしようと努力しても、暗黙のうちに「女性」という「存在」として捉えられてしまうことが大半である。彼女たちは公的な領域にある女性として、相対的なパラドックスに直面する。彼女たちがその身体、音楽的技術、そして個性において「女性らしさ」を主張すれば、男性の価値観や慣習に支配された世界ではそれに対する非難を浴びる危険性がある。だが一方で、彼女たちが「女性性」を否定し、外見や技術、個人の人格において中性性を主張するならば、（仕事仲間や聴衆、イベントプランナーやプロデューサーなど）女性の誘惑的な能力に興味を抱きそれに惹かれる人々にとって、ほとんど面白くない存在になる危険性もあるのだ。ここには、アルレット・ファルジュとセシル・ドーファンの編著[19]で詳しく述べられていた「悪い」誘惑と「良い」誘惑という、歴史的に構築された差異を見出せる。前者がミュージシャンのプロ意識と個人そのもののどちらか、あるいは両方を問うものであるのに対し、後者は「女性らしさを感じたい」というミュージシャンの「個人的な」選択であり、仕事上の判断として問うべきものではない。だがこの二つの誘惑の境界は非常に曖昧であり、女性ミュージシャンたちにとって自分自身が心地よく、かつ社会的に有益である立ち位置を明確にするのは難しいようだ。

したがってこの二つの落とし穴の間を常に行き来しながら、それぞれが異なる方法で「女性らしさ」を構築し、主張しているのである。「女性らしさ」の定義の仕方は多様であり、（年齢や外見、出自などの）社会的特性、音楽スタイル、家族構成や音楽歴とは明確には関連づけられない。だが彼女たちミュージシャンは、この男性的な世界のなかでもたらされる可能性と、自らの人生をよりよく、より許容でき、より快適にするために交渉を重ね得てきた選択や戦略が交差する位置で、女性らしさというものを構築しているのである[20]。

（1）これらの点については既にこれまでの三章で述べてきた通りである。

（2）この矛盾は、クリスティーヌ・メヌソンが調査した女性山岳ガイドやボクサーたちにも見られている。« Être une femme dans un sport "masculin" », art. cit. ; « Les femmes guides de haute montagne », art. cit.

（3）したがってジャクリーヌ・ローフェによると、管理職の女性はさまざまな戦略をとって職業上の立場を形成していくことがあるという。「差異に服従」する者もいれば、男性との競争から身を退くために差異を「認める」者もいる。また、特に「女性的」な資質が評価される分野では「差異を利用する」者もいるが、一方で従順すぎる女性や、過度に女性らしさを出し、魅了する女性たちの差異を批判する者もいる。Jacqueline LAUFER, « Les femmes cadres dans l'organisation », *in* COLLECTIF, *Le Sexe du travail. Structures familiales et système productif*, Grenoble, Presses universitaires de Grenoble, 1984, p. 71-95.

（4）社会における他の領域と同様、女性ミュージシャンたちは、フェミニズムをやり過ぎで要求が多すぎると捉え、距離を置く傾向にある。

（5）Thierry LEPIN (propos recueillis par), « Joëlle Léandre : "ce qui me fait tenir, c'est la colère" », *Jazzman*, 77, 2002, p. 34-35, spéc. p. 35.

（6）Michel CALONE, « Isabelle Olivier. Petite et grande », *Jazz magazine*, 551, 2004, p. 34.

（7）Claude OBERG, « Florence Fourcade. *About love* », *Jazz Magazine*, 562, 2005, p. 40.

（8）Arnaud MERLIN, « Marie-Ange Martin Quartet. *Kickstart* », *Jazzman*, 62, 2000, p. 48. マリー＝アンジュ・マルタンの写真は本書の巻末に掲載。

（9）女性作家に関するモニック・ド・サンマルタンの研究や女性画家に関するマリア・アントニエッタ・トラスフォリーニの研究など、数々の歴史研究により、「女性的」という文言の使用が長きにわたりいかに女性の作品を軽視し、正統性の低いものとしてきたかが明らかにされている。Danièle PISTONE, « L'art et les femmes dans l'imaginaire français. L'exemple des compositrices », *in* Anne-Marie GREEN, Hyacinthe RAVET (dir.), *L'Accès des femmes à l'expression musicale. Apprentissage, création, interprétation : les musiciennes dans la société contemporaine*, Paris, L'Harmattan, 2005, p. 147-158, spéc. p. 148. Monique DE SAINT MARTIN, « Les femmes "écrivains" et le champ littéraire », art. cit. Maria-Antonietta TRASFORINI, « "Elles deviendront des peintres" », art. cit.

（10）Stéphane OLLIVIER, « Geri Allen, l'entre deux mondes », *Jazzman*, 105, 2004, p. 16-17, spéc. p. 17.
（11）Alex DUTHIL (propos recueillis par), « Les multipistes de Julien Lourau », *Jazzman*, 111, mars 2005, p. 30-32, spéc. p. 32.
（12）Odile TRIPIER, « Mixité et discrimination dans le champ musical : l'exemple des femmes dans les groupes rock », *Documents de recherche OMF*, Série : Sociologie des faits musicaux et modèles culturels, Observatoire musical français, 3, mars 1998.
（13）Delphine NAUDIER, « L'écriture-femme, une innovation esthétique emblématique », *Sociétés contemporaines*, 44, 2001, p. 57-73.
（14）Mariïa MAYERTCHYK, « L'androgynie : inversion des sexes et des rôles dans les rituels du cycle familial », *Ethnologie française*, 34, 2, 2004, p. 251-257, p. 251.
（15）この点については第七章で深く考察した。
（16）『ジャズマガジン』二〇〇五年一〇月号（#563）にソフィー・アルール『Insulaire』のレビューが、『ジャズマガジン』二〇〇五年一二月号（#565）にミナ・アゴシ『Well you needn't』のレビューが掲載されている。
（17）本記事と写真は本書の巻末に転載。
（18）キャロル・ケイは、五〇年代初頭からプロとしてギターを始めたアメリカのミュージシャンである。（インタビュー：二〇〇一年二月八日、Site Jazz Break, Dossier « Jazz et Femmes », <www.jazzbreak.com>, consulté en mars 2006.）
（19）Cécile DAUPHIN, Arlette FARGE (dir.), *Séduction et Sociétés*, Paris, Seuil, 2001.
（20）ヴィヴィアナ・ゼリエは、親密な人間関係と経済的なやりとりは、社会のさまざまな領域、最も「私的な」領域においてさえも、必然的に関連していることがほとんどであることを明確に示している。すべての「人間関係にかかわる仕事」と同様に、音楽の演奏は、ミュージシャンの身体、気持ち、感情といった「個人としての」関わりを前提としている。だがそれは対価を得ることができ社会的に認知される仕事でもある。したがって音楽を演奏するということは、ミュージシャンの「心の奥深く」まで「見せる」ことができるかという問いをめぐって、絶え間ない社会との交渉が構築され続けることを意味するのである。Viviana A. ZELIZER, *The Purchase of Intimacy*, Princeton, Princeton University Press, 2005.

# 結論

ジャズの世界は、シンガーにせよ、器楽奏者にせよ、女性が非常に冷遇される世界であることは明らかだが、そうなっている理由は、彼女たちを排除しようというあからさまな欲望とは別のところにもある。たしかに一部に明らかな例外はあり、また一般的にもそう批判されてはいるが、男性ミュージシャンたちは、時として演奏をともにする女性たちをハナから生きづらくさせようとしているわけではない。さまざまな社会過程――ジャズの世界の内在的な過程と外在的な過程の両方――こそ、女性ミュージシャンたちがこの芸術世界《アート・ワールド》に参入し、そこでの生活の維持を困難にし、また、女性のシンガーや器楽奏者を音楽的・職業的・経済的階層の下層に位置づけているのである。ゆえに、彼女たちの一人一人が、女性ミュージシャンたちのキャリアに有利に働きはしない「男性的」な世界の構築に携わっている。ベートーヴェンの天才性の構築に関するティア・デノーラの歴史社会的分析[1]と同じように、著者はフレンチジャズ界における女性ミュージシャンの周縁化をもたらすとともに、その状況を正当化する要因となっている、さまざまな社会過程を明らかにしてきた。その周縁性は長い時間のなかで構築されているものであり、女性たちが——最上級の名声を獲得している女性ミュージシャンですら——ジャズを主体に生計を立てることを非常に困難にする、数々の選択と社会的相互作用の積み重ねによるものである。

女性シンガーは、特定の楽器や音楽のプロフェッショナルと見なされない。もっと正確に言えば、彼女たちは天賦の才能によって声や身体で自身を表現することに長けた、魅力的な女性として見られる。その代償に彼女たちは、特定の資質や技術的スキルを備えた本物のミュージシャンであると見なされることが難しいと感じることになる。(2) ジャズシンガーは「女性的な仕事(3)」とされ(Buscatto, 2003; Perrot, 1987)、それゆえに、特定の分野のプロフェッショナルとしての資質がすべて否定される。シンガーの役割を、性的魅力と危険性との間を行き来する神話的イメージと結びつけることが、彼女たちを価値が減じられた地位に押し留めている。シンガーと器楽奏者とのぶつかり合いのなかで行われているのは、音楽の形式で表現される、数千年前から続くジェンダー関係の再演なのだ。「他の皆と同じく半ば犠牲者、半ば共犯者」というジャン=ポール・サルトルの有名な言葉のように、〔女性の〕シンガーたちは、一つの現実を作り上げることに参画しているが、その現実は、彼女たちを経済的・感情的・社会的に強く依存した状況に陥らせているのである。

女性器楽奏者の場合は、彼女たちがフレンチジャズ界に入り、そこに留まることを難しくしている社会過程が他にもある。家族的・音楽的・職業的資源の蓄積に加え、非常に「男性的」な世界に「順応」できるという例外的な能力を備えている「過度に社会化された」一握りの女性しか、フレンチジャズ界に参入することができない。それゆえ、二一世紀に入ってもなお、若い女性の器楽奏者は数少なく、若い男性の器楽奏者に交じって活動するパイオニアとして見られているのだ。しかし彼女たちの例外的な資源も、女性に対して特に閉鎖的なこのジャズの世界に残り続けるためには十分とはいえない。自由なままでいるために子どもを持たない、あるいは型にはまらない母親の役目をどうにかこなすという、ラディカルではあるが、かなり広く行われている選択ですら、彼女たちがジャズのプロフェッショナルとして長く活動を続ける保証にはならない。ジャズミュージシャン〔あるいはプロデューサー、あるいはイベントプランナー〕であるパートナーの助力〔を得ること〕は、効率のよいインフォーマルな仕事上の人脈を築くための近道ではあるが、これは時が経てば人脈に限界をもたらすことにもなる。最上級の称賛を得ている者の場合ですら、そうした助力は、女性の器楽奏者が音楽で生計を立てるために「他の場所」――ワールドミュージック、ショービジネス、教育活動、他国でのジャズ演奏の場――を探すことを強いられる状況に歯止めをかけるわけでは決してない。またこの助力は、時が経てば、彼女たちが業界に残り続けるための障害にもなる。関係が破綻すれば、それは音楽、そして仕事上の困難の源泉になってしまうからだ。三〇代を迎えると、女性の器楽奏者たちは男性的な慣習を共有すること――当初はそれが彼女たちの成功を導いた――にうんざりしてくるようである。自信の喪失と、「男らしい」あるいは競争心があると見なされる振る舞いに対する疲れ、違った働き方をしたいという欲望が、彼女たちに、この芸術世界《アート・ワールド》の外で他の仕事仲間を求めることを促すこともある。最後に、女性の器楽奏者は、彼女たち個人にふさわしいだけでなく、イベントプランナーやプロデューサー、同僚たちからの要望に叶う、「わきまえた性的魅力」を作り上げなければならない。それはまた、誹謗、あるいは労働関係の維持を脅かす「浮《うわ》ついた」振る舞いであるという非難を受けないようにするためでもある。

しかし、ヘイニッヒとポラックが分析した展覧会における作家たちの場合と同様に、[4]彼女たちの中にも「ステータスの創造者」としての役割を果たす者たちがいる。こうした女性たちのなかには、私生活のやりくりと音楽界との関わりの両方で、自分たちの技術で生計を立てるための予想外の解決策を編み出している者たちもいる。彼女たちの技術があまりにも女性的であるという理由で女性シンガーが低く評価される状況に直面し、一部の革新的なボーカリストやシンガーは、ボーカルとしてのプロ意識や、自らのアーティストとしてのイメージを再定義しているのだ。こうした革新が次第に逸脱したものとしてみられることがなくなれば、という期待は持てる。そしてその変化には、性の平等を中心価値の一つに据えている現代社会において、彼女たちの不在、あるいは彼女たちが低く評価されていることに、面目のなさを常に感じている男性たち——ジャズの批評家や器楽奏者、プロデューサー、イベントプランナー——の協力も期待できるかもしれない。

より広い意味で捉えれば、著者はフレンチジャズ界で行われたこのエスノグラフィー調査によって、社会的に認知されている職業への女性たちの参入に影響する過程についての理解を、主に三つの線に沿って深めた。女性と結び付けられた性的魅力のイメージが、彼女たちの社会的・職業的軌跡をどのように方向づけているか。女性たちはどのように自分たちの「女性性」についての可変的な定義と格闘し、ある程度の成功を収めているか。そして、性別という公の規範の外側にある、社会的なジェンダー関係の生産と逸脱には、どのような変動パターンが見られるか、の三点である。

女性外科医や女性管理職と同様、[5]女性のアーティストたちは、彼女たちが他者の目に浮かび上がらせるイメージを逃れることができない。それゆえ、仕事仲間や芸術関係者あるいは一般の人々と安定的な仕事上の関係を築きたいと思っている女性たちにとって、彼女たちが持つ強い性的魅力は特に憂慮すべきものである。性的魅力は多くの場合、二重の危険を招く。そういった魅力に付き物の誹謗を受ける恐れ、そして彼女たちが醸し出す非常に強い魅力に起因する、安定的で多くの実りをもたらす人間関係の破綻である。そのため、こうした女性アーティストたちは、独創性を発揮し、さまざまな防衛戦略を練り上げなければならない。性的魅力を封じる、男性のアーティストや芸術関係者と暮らす、自らの身体を男性化する、抑制の効いた性的魅力を作り上げる、といった戦略である。だが彼女たちは、この束縛を振り払おうと悪戦苦闘しながら、常に労働関係の破綻、悪評、中傷を伴う一時的な成功といったリスクにさらされることになるのである。職業をめぐるより伝統的な文脈のなかで「女性性」に結び付けられてきた女性蔑視についてもっと分かれば、このようなステレオタイプが彼女たちの職業上の軌跡にもたらしているいくつもの障害と、そうした障害から逃れ、長い成功を収めるために彼女たちが用いている数々の戦略についての理解がさらに深まるはずである。

また、女性シンガーたちの仕事と結び付けられている「女性性」は常に彼女たちを評価の低い職業的地位に押し留めているが、女性器楽奏者たちに付与される「女性性」（および「男性性」）の定義も、母性、音楽性、外見、あるいは社会的振る舞いといった特性によって非常に可変的であることを著者は確認した。ベルナール・ライール[6]やレズリー・サルジンガー[7]が述べているように、「女性性」「男性性」の定義自体、社会的な背景や地理的区分、職業上の文脈に応じた相互の関係性のなかで変化するが、ここでは比較的小さく狭い職業世界のなかにおいても、それらの定義が変化しているように見える。またこうした女性たちは、一見したところきわめて「男性的」に見える女性でさえ、自分を女性らしい、い、と感じたいと思っており、この自己認識がステージ上で、音楽のなかで、社会関係のなかで、あるいは母親をしている際に表に出されるのである。一部の女性器楽奏者は、人生のある時期に鬱状態になった経験があり、その原因は「自身の女性性の喪失」だったと語った。彼女たちが言うには、そのことに気づいたのは、時に長期間に及ぶこともあった心理療法のおかげであったが、そのために彼女たちのほとんどは、ジャズの世界での音楽活動を放棄しなければならないという代償を払わねばならなかった。以上の観察が私たちに促しているのは、男性的な職業環境における女性性の社会的定義の可変性と、こうした女性たちが自分を女性らしく感じ、また「本物」のプロフェッショナルとして認識されるために――ある程度しか成功していないにしても――実行している創造的な戦略の両方を、より深く理解しようと努めることだろう。

上述の問題に劣らず重要な点は、女性の排除はここでは、自由で、開かれた、流動的な職業環境において展開されているということである。ミュージシャンとしての資格の承認は、彼らの日々の音楽生活に組み込まれているものであり、いかなる時点でも、採点表や公的な政策、職務評価法で決められるものではないとはいえ(8)、それを作り上げることに携わるあらゆる人々にとっては、物理的かつ精神的な現実がある。それゆえこうした過程は、個々のミュージシャンが共同で生産するインフォーマルな規範の影響だけでなく、私たちの社会における「女性の役割」を定義している社会規範の重圧を受けながら作用しているのだ。この社会的役割の内面化と、ジャズ界で得られる機会との間で、シンガーも器楽奏者も自分たちの許容範囲を超える社会的秩序を生産・再生産してしまうのである。つまり、才能だけでは決して十分ではないのだ……。だからこそ、女性に対し極めて閉鎖的な「男性の」職業世界が、彼女たちの進出と活躍を困難にしている要因を明らかにするには、その世界の男女が生産、再生産し、また逸脱するジェンダー関係の分析が必要となるのだ(9)。

本書が以上のような問題の多元性を把握し、記述し、明確化するエスノグラフィー的なアプローチの本領を示せていることを願う。エスノグラファーは、ある職業世界において「女性性」がとる形態に可能なかぎり肉薄し、その「女性性」が自らのキャリアパスに与える弊害をできるかぎり抑えるために、女性たちが編み出しているさまざまな方法を把握することができる。たしかにこれまでにも、女性の芸術家やエンジニア、リーダーや軍人などを扱ったいくつもの研究が、私生活と職業生活の困難な接合を見事に描き、また「女らしさ」のステレオタイプ——例えば、感傷性、性的魅力、母性——が、彼女たちの仕事上の機会に及ぼしうるさまざまな弊害を明らかにしてきた。しかしながら、どのようにこれらのステレオタイプが相互に作用しながら女性たちを「起用できない」立場に追いやっているのか、他方で女性たちがどのような戦略を用いて、それらのステレオタイプを逸脱しているのか[10]を記述している研究はほんのわずかしかない。エスノグラフィー的アプローチの価値はここにある。この方法論を用いることで、ある一つの職業世界において、女性についてどのようなステレオタイプが作動しているのか、そしてそうしたステレオタイプは、個々の人間たちによってどのように生産され、再生産され、侵犯されているのかをはっきりと確認することができる。またそれによって、比較調査への道が開かれる(Buscatto, 2007)。

例えば、ジャズの世界だけを見ても、アメリカでは女性がジャズミュージシャンの一五~二〇%を占めるのに対し、フランスでは約八%にすぎない[11]。こうした違いについてエスノグラフィー的手法を用いて問題化していけば、本書で行った分析はより精緻なものになるだろうし、それだけでなく、作動しているさまざまな社会過程の性質が一層くっきりと浮き彫りとなり、この分析の意味を高めることにもなるだろう。

(1) Tia DENORA, *Beethoven et la Construction du génie*, *op. cit.*

(2) Margaret MARUANI, Chantal NICOLE, *Au labeur des dames*, *op. cit.* Margaret MARUANI (dir.), *Les Nouvelles Frontières de l'inégalité. Hommes et femmes sur le marché du travail*, Paris, La Découverte, 1998. Danièle KERGOAT, « Ouvrières et infirmières, deux rapports à la qualification », *in* Danièle KERGOAT, Imbert FRANÇOISE, Hélène LE DOARÉ, Danièle SÉNOTIER, *Les infirmières et leur coordination 1988-1989*, Paris, Éditions Lamarre, 1992, p. 56-75.

(3) Michèle PERROT, « Qu'est-ce qu'un métier de femme ? », *Le Mouvement social*, 140, 1987, p. 3-8, spéc. p. 4.

(4) Nathalie HEINICH, Michael POLLAK, « Du conservateur de musée à l'auteur d'expositions : l'invention d'une position singulière », *Sociologie du travail*, 31 (1), 1989, p. 29-49.

(5) Joan CASSEL, « Différence par corps : les chirurgiennes », art. cit. Jacqueline LAUFER, « Les femmes cadres dans l'organisation », art. cit.

(6) Bernard LAHIRE, « Héritages sexués : incorporation des habitudes et des croyances », *in* Thierry BLÖSS (dir.), *La Dialectique des rapports hommesfemmes*, Paris, PUF, 2002 (2001), p. 9-25.

(7) Leslie SALZINGER, « Manufacturing Sexual Subjects : "Harassment" , Desire and Discipline on a Maquiladora Shopfloor », *in* Stephanie TAYLOR, *Ethnographic Research. A Reader*, London, Sage Publications, 2002, p. 115-137.

(8) Jacqueline LAUFER, « Entre sphère publique et sphère privée : les enjeux des droits des femmes », *in*

Margaret MARUANI (dir.), *Les Nouvelles Frontières de l'inégalité*, *op. cit.*, p. 107-114.

(9)「性の社会的関係を考える必要がある。それぞれの性のカテゴリは、他との関係においてのみ定義され、「どちらも単独では、少なくともまず同じ構造システムの要素として完全に概念化されなければ、研究できない」」(Mathieu, 1971, p. 37)。Patricia ROUX, Céline PERRIN, Gaël PANNATIER, Valérie COSSY, « Le militantisme n'échappe pas au patriarcat », *Nouvelles Questions féministes*, 24, 3, 2005, p. 4-16, p. 7.

(10) Marie BUSCATTO, « Ethnographies du travail artistique : apports et usages épistémologiques », *Sociologie de l'art*, Opus 9-10, 2006, p. 89-105. 著者はまた同様のアプローチを用いて、女性労働組合員が疎外される過程を明らかにした。« Syndicaliste en entreprise : une activité si masculine… », *in* Patricia ROUX, Olivier FILLEULE (dir.), *Le Sexe du militantisme*, Paris, Presses de Sciences Po, 2009, p. 75-91.

(11) この統計調査は、芸術文化研究センターが二〇〇一年に、四つの主要都市、デトロイト、ニューオーリンズ、ニューヨーク、サンフランシスコで行ったものである(Jeffri, 2003)。Joan JEFFRI, *Changing the Beat. A Study of the Worklife of Jazz Musicians. Volume 1 : Executive Summary*, New York, National Endowment of the Arts, 2003.

# 方法論についての付録

本書では、考察の基盤となるエスノグラフィー調査を一九九八年六月から実施した。著者のアマチュア歌手という立場を利用し、歌の練習、オーケストラ・ワークショップ、セミプロ研修、コンサート、友人同士のパーティー、即興ジャムなどで、音楽に携わる人々のやりとりを観察し記録した。さまざまな文脈でプロのミュージシャン同士の出会いの場に居合わせ、時には著者自身もそれを体験した。楽器の種類や評判、音楽スタイル、ネットワークもさまざまなプロミュージシャン、およびプロになる過程の男女のミュージシャン一〇八人と、さらにアマチュアの男性ミュージシャンおよび男性器楽奏者約一〇〇人を観察した。

これらの観察からジャズ界で行われている実践、交流、音楽的規範を把握することができた。人間同士の交流を介し構築される音楽的規範、ミュージシャンたちが私生活において共有する多くの瞬間、時間をかけて構築される社会的ネットワーク、そして相手を見る際に働く固定観念を観察することができたのである。しかしこれらの観察はまた、調査対象であった女性ジャズミュージシャンについて考察するには不十分であることも明らかになった。第一に、これらのミュージシャンたちがプロになってゆくキャリアパスを、幼少期から調査時まで体系的に辿っていくことはできなかった。彼らの人生の経路はインフォーマルな観察では特定することが難しい。たとえ観察によっては対象者が自分たちの人生経路について補完し、修正し、より豊かにすることができたとしても、である。第二に、女性器楽奏者たちが演奏する数々のコンサートを観察はしたものの、彼女たち自身の観察はあまりできなかった。ジャズ界においてその数も立場的にも、彼女らは圧倒的に少数派なのである。そして今回の調査では、トラッドジャズに携わっている、あるいは非常にユニークな経歴を持った定評のある器楽奏者たちを長期的に調査することはできなかった。そこで二〇〇一年以降、一九人のプロの女性器楽奏者と七人の女性ジャズシンガーに対し聞き取り調査を行い、彼女たちの人生経路とキャリアパスについて、そして彼女たちが自らの実践、選択、現実にどのような理由を与えるのかについて理解を深めるために、これらの観察を補足した。これらを、プロの男性器楽奏者に行った一七の聞き取り調査およびフレンチジャズの男性シンガー[1]に行った三つの聞き取り調査と照らし合わせ体系的に比較した。

また、二〇〇一年より定期的に専門誌（『ジャズマン』、『ジャズマガジン』、「ル・モンド」紙の専門記事）を分析し、対象者と彼らの同僚に関する客観的情報（コンサート、レビュー、調査対象のミュージシャンへの協賛）と主観的情報（動機づけとなる言説や社会的な表象など）により補完的分析を行った。このような資料を用いたのは、機密保持の原則を破ることなく、さまざまな分析の要点をできるだけ詳しく説明し実証するため、またジャズに携わるさまざまな人々の問題設定に関連する価値観や行動に相対的な一貫性を与えるためである。

またここで、著者が直面した方法論の問題をどのように解決したかを紹介したい。まず、「ジャズの世界」というものを、確固たる定義がない中でどのように定義すればいいのだろうか。著者は器楽奏者やシンガーである女性が、どのようにジャズの世界に入り、そこに残るのか（より正確に言えば何が彼女たちの参入を妨げ、あるいは男性よりもその数を少なくさせているのか）を理解しようと思った。だがこの仕事の世界は、参入する際の障壁もなければ、正式な選考基準や会員資格もない。その世界には独学で学んだ者も、音楽院の元生徒もいる。アマチュアとプロの境界は、ステージの上でも人生経路においても曖昧だ。ジャズに専念するミュージシャンから、（こちらが多数派だが）異なるプロの音楽界で活動する者たちまで、その経歴は多様である。その道は、不安定な状態が長く続き、成功と失敗を繰り返した末、方向転換が必要になることもある。(2) では誰がジャズの世界に属していると定義するのか？ 著者は観察対象者・聞き取り調査対象者を、二つのソースを掛け合わせて「選択」した。まず二〇〇四年の『ジャズ２００４――フランスのジャズのディレクトリガイド（*Jazz 2004. Le guide-annuaire du jazz en France*）』（Paris, CIJ, Irma Éditions, 2004）のなかで自らをそう位置づけている者。そして、レコードの販売、コンサートの企画、ウェブサイト、彼らの仕事仲間やインフォーマルな談話の中で名前が挙がり、現在または過去のジャズ界における活動を確認することができる者を抽出した。

そこで、二つ目の方法論的問題に直面することになる。ジャズミュージシャンの数を数えるとき、何をもって数えればいいのだろうかという問題だ。『ジャズ２００４――フランスのジャズのディレクトリガイド』によると、その数は二〇〇〇人前後で推移しているようだ。しかしレイモンド・ムーラン（*L'artiste, l'institution et le marché*, Paris, Flammarion, 1992）が画家の数を数えたときのように、ジャズミュージシャンを数えることは危険であることがわかる。これらの数字は概数なのだ。レコード、コンサート、ジャズミュージシャンとのコラボレーションなどの「客観的」情報があるとはいえ、ジャズミュージシャンであるということは彼らの自己申告に基づくものであり、ジャズ界における実際の活動、報酬など、安定して存在する基準があるわけではない。しかも、これらのジャズミュージシャンの大多数は、ジャズで生計を立てていない。そしてこの芸術世界《アート・ワールド》においてジャズとは何かという定義そのものが議論となっており、一筋縄ではいかないのだ。しかし『ジャズ2004――フランスのジャズのディレクトリガイド』という比較的信頼のおける媒体を通じて、少なくとも調査の期間において、ジャズ界で活動し、自らをジャズ・プロフェッショナルと定義する人々を見つけ出すことができた。実のところ、著者は二〇〇五年、このガイドに紹介されているアーティスト名と、パリや地方で行われたコンサートに参加したアーティスト名、そして八年間のエスノグラフィー調査で観察・取材したアーティスト名を体系的に照らし合わせ、このリストの妥当性を「検証」している。アーティストの名前がなかったり、または「誇張」した紹介をしていたり、あるいは紹介が適切でなかったとしても、それはジャズの世界で主に（あるいは副次的であっても）活動している対象のミュージシャンの大多数のケースに鑑みると、ごくわずかなものに過ぎない。

　第三の問題は、仕事の世界に入った最初の段階で、あるいはその何年後かにそこから退いた人々をどのように識別するかという点である。著者は一九九八年からのエスノグラフィー調査によって、女性ジャズシンガーは数年の努力の末結局完全にその世界から退き、女性器楽奏者はプロを目指す初期段階（ジャズの研修や学院、ジャムセッションや友人とのパーティー）でもかなり少数であることを明らかにした。これらの事実は、調査において大多数であった、ジャズ教室で教えあるいはジャズスクールや教室の運営に積極的に参加しているミュージシャンたちから確認された。また調査を通して、女性シンガーはプロを目指す初期段階にかなりの人数が姿を消していることもわかった。そこで、調査の時点でプロを目指している若い女性器楽奏者や女性シンガー、そしてこの世界で活動し続けるその上の世代の女性ミュージシャンたちの分析を通して、研究対象を厳格に把握できると考えた。

さらに、プロのミュージシャンの地位に到達すること、そしてそれを維持することが誰にとっても明らかに難しい競争と飽和の世界において、何が社会的な男女の問題であり、何がジャズ界の機能としての問題であるかを区別することは可能なのだろうか。[3] これについては、観察・聞き取り調査を行った男女や、会話や資料調査からその存在を知った男女それぞれの経歴を比較することで、彼らが経験した現実の違いを明らかにするという方法をとった。このような比較は、調査したミュージシャンたちの大半が男女の扱いに違いはないと語っているだけになおさら必要とされた。女性器楽奏者が少ないのは「歴史的」「人類学的」理由、[4]「文化的」で「世代的」な要素があるのだと説明はされたが、その「本質」は不明であり、著者が繰り返し説明を求めても説明は変わらなかった。女性ミュージシャンは、挙げられた問題について絶えず言及はしているものの、それが女性ミュージシャンとしてのキャリアに与えた影響については体系的にはほとんど分析されていなかった。[5]

そして最後に、聞き取り調査の中で人生の軌跡を再構築することが危険であることに言及しておきたい。過去の出来事を思い出すことの難しさや、現在に照らして過去を振り返る傾向などもあり、間違えたり、忘れてしまったり、歪曲してしまう可能性も高い。このような欠点を補うために、三つの補完的な手法により得られた情報を継続的にクロスチェックした。一つ目はエスノグラフィー調査の観察中に、対象のミュージシャンについてインフォーマルな形で話すこと。二つ目は聞き取り調査中に他の既知の男女器楽奏者について質問すること。そして三つ目は、専門誌やウェブサイトの情報（コンサートの日付と場所、コラボレーション、同業者や批評家による評価など）を読むことで、器楽奏者たちと彼らのキャリアをより明確に位置づけることだ。

（1）男性歌手や女性歌手へのインタビューが少ないのは、一九九三年からの実践の結果、プロやアマチュアのジャズシンガーに特権的かつ集中的、長期的に調査したためである。このテーマに関する認識論的考察は、以下の拙稿を参照されたい。« Les "carrières" amatrices à la lumière de l'ethnographie de très longue durée », *in* Marc PERRENOUD (dir.), *Terrains de la musique*, Paris, L'Harmattan, 2006, p. 205-226.

（2）これらの点については第一章で詳しく述べた。

（3）ジャーナリストのレスリー・ゴースによるアメリカの女性ジャズミュージシャンを取り上げた本でも同様の問いかけがされている。Leslie Gourse, *Madam Jazz. Contemporary Women Instrumentalists*, New York, Oxford University Press, 1995.

（4）電話で最初の連絡をしていた頃、かなり著名なミュージシャンが、彼女に聞き取りをするよりもこのテーマについて人類学者に会ったほうがいいのではと繰り返し「助言」をしてきた。さらに全体としてみると、調査対象となった男女の大半は私たちと会うことに同意し、聞き取り調査には非常に多くの時間を割き、都合をつけてくれたものの、著者がこの問題についてはっきりと質問をすると、「どう答えてよいのか」を答えあぐねていた。ここでいう「難しさ」には、さまざまな理由がある（同じ人物に複数の理由があったりもする）。（特に若手に多かったのは）自らを「選んでくれた」仕事仲間との日常における「前向き」な経験、かなり個人的な動機でもって自分の道を「選んだ」という感覚、そのような差別的状況に対する無自覚（つまり現実と思えないことについて何を言うべきか分からない）、不平を言う人と見られることへの恐れ、見知らぬ人間に打ち明けた批判的な発言が悪用されることへの恐れ、自分自身の人生について否定的感情を持ちたくないという願望、「問題を起こす」ことへの恐れ、フェミニズムに対する不快感などである。しかし、自らの状況に明らかに「批判的」であり、怒りさえ感じていた（比較的上の世代で著名な）五人がいた。その発言の多くが、しっかりと事実に基づいており、理路整然としたものであった。他の一四人は、このジャズの世界にかなり「順応して」いたが、一方で、その非常に「男性的」な現実を必ずしも評価していないとも述べている。全体的な印象としては、（ジャズ界は）むしろ女性が受け入れられやすい世界であるが、非常に「男性的」に機能しており、（その機能に）順応する必要があるということだ。さらに、男性たちは自分たちに差別的な慣習を普及している原因があるとは誰も考えておらず、女性の進出に最も好意的な者ですら、外的な要因以外に女性がこの世界に少ない状況をどう説明したらよいのかほとんどわからないというのである。正確な説明はなく、積極的差別の実践に取り組みたいと答えたのは、たった一人であった。

（5）このテーマに関する著者の最初の論文を読んだ女性シンガーには、多くのことを学んだと述べながら「落ち込んだ」者もいたが、著者に手紙で同意してくれた者もいる。若手のシンガーたちは自分たちに何が起こっているのかやっと理解できたとも語ってくれた。

# 参考文献

## ジェンダーと身体の社会学および人類学


BAUDELOT Christian, « Rien n'est joué », *in* Margaret MARUANI (dir.), *Les Nouvelles Frontières de l'inégalité. Hommes et femmes sur le marché du travail*, Paris, La Découverte, 1998, p. 277-283.

BEAUVOIR Simone (de) *Le Deuxième Sexe*, Paris, Gallimard, coll. « Folio », 1976 (1949).

BERNARD Michel, *L'Expressivité du corps. Recherche sur les fondements de la théâtralité*, Paris, Jean-Pierre Delarge, coll. « Corps et culture », 1976.

BERTHELOT Jean-Michel, « Corps et Société », *Cahiers internationaux de sociologie*, vol. LXXIV, 1983, p. 119-131.

BLÖSS Thierry (dir.), *La Dialectique des rapports hommes-femmes*, Paris, PUF, 2002 (2001).

BUSCATTO Marie, « Syndicaliste en entreprise : une activité si masculine... », *in* Patricia ROUX, Olivier FILLEULE (dir.), *Le Sexe du militantisme*, Paris, Presses de Science Po, 2007, p. 75-91.

——, « Women in Artistic Professions. An Emblematic Paradigm for Gender Studies », *Social cohesion and Development Journal*, 2 (1), 2007, p. 69-77.

BUTLER Judith, *Gender Trouble : Feminism and the Subversion of Identity*, Routledge, 2006 (1990).

CACOUAULT-BITAUD Marlène « Professeur du secondaire : une profession féminine ? Éléments pour une approche socio-historique », *Genèses*, 36, 1999, p. 92-115.

——, « La féminisation d'une profession est-elle le signe d'une baisse de prestige ? », *Travail, Genre et Sociétés*, 5, 2001, p. 93-115.

*Cahiers du Genre*, « Variations sur le corps », 29, 2001.

CASSEL Joan, « Différence par corps : les chirurgiennes », *Cahiers du genre*, 29, 2001, p. 53-81.

DAUNE-RICHARD Anne-Marie, « Hommes et femmes devant le travail et l'emploi », *in* Thierry BLÖSS (dir.), *La Dialectique des rapports hommes-femmes*, Paris, PUF, 2002 (2001), p. 127-150.

DAUPHIN Cécile, FARGE Arlette (dir.) *Séduction et Sociétés*, Paris, Seuil, 2001.

DURET Pascal, ROUSSEL Peggy, *Le Corps et ses Sociologies*, Paris, Nathan, 2003.

GOFFMAN Erving, « Frame Analysis of Gender », *in* Charles LEMERT, Ann BRANAMAN (eds.) *The Goffman Reader*, Malden, Massachussets, Blackwell Publishers Inc., 1997, p. 201-227.

——, « La Ritualisation de la féminité », *Actes de la recherche en sciences sociales*, 14, 1977, p. 34-50.

HAMELIN Patrick, RODRIGUES Anne-Catherine « Conducteurs et conductrices de poids lourds », *Recherche Transports sécurité*, 87, 2005, p. 147-173.

KERGOAT Danièle, « Ouvrières et infirmières, deux rapports à la qualification », *in* Danièle KERGOAT, Françoise IMBERT, Hélène LE DOARÉ, Danièle SÉNOTIER, *Les Infirmières et leur Coordination 1988-1989*, Paris, Éditions Lamarre, 1992, p. 56-75.

LAHIRE Bernard, « Héritages sexués : incorporation des habitudes et des croyances », *in* Thierry BLÖSS (dir.), *La Dialectique des rapports hommes-femmes*, Paris, PUF, 2002 (2001), p. 9-25.

LAUFER Jacqueline, « Les femmes cadres dans l'organisation », *in* COLLECTIF, *Le Sexe du travail. Structures familiales et système productif*, Grenoble, Presses Universitaires de Grenoble, 1984, p. 71-95.

——, « Entre sphère publique et sphère privée : les enjeux des droits des femmes », *in* Margaret MARUANI (dir.), *Les Nouvelles Frontières de l'inégalité. Hommes et femmes sur le marché du travail*, Paris, La Découverte, 1998, p. 107-114.

LE BRETON David, « La symbolique corporelle », *Ethnologie française*, 15, 1, 1985, p. 73-78.

LEMIEUX Denise, « Les femmes et la création culturelle », *in* Denise

LEMIEUX (dir.), *Traité de la culture*, Sainte-Foy, Presses de l'université Laval/Éditions de l'IQRC, 2002, p. 241-260.

MARRY Catherine, *Les femmes ingénieurs. Une révolution respectueuse*, Paris, Belin, 2004.

——, « Variations sur le sexe des métiers », *in* Catherine VIDAL (dir.), *Féminin-Masculin. Mythes et idéologies*, Paris, Belin, 2006, p. 83-93.

MARUANI Margaret (dir.), *Les Nouvelles Frontières de l'inégalité. Hommes et femmes sur le marché du travail*, Paris, La Découverte, 1998.

——, *Femmes, Genre et Sociétés. L'état des savoirs*, Paris, La Découverte, 2005.

MARUANI Margaret, NICOLE Chantal, *Au labeur des dames. Métiers masculins, emplois féminins*, Paris, Syros Alternatives, 1989.

MAUSS Marcel, « Les Techniques du corps », in *Sociologie et Anthropologie*, Paris, PUF, 1997 (rééd.), p. 365-383.

MAYERTCHYK Mariïa, « L'androgynie : inversion des sexes et des rôles dans les rituels du cycle familial », *Ethnologie française*, 34, 2, 2004, p. 251-257.

MENNESSON Christine, « Être une femme dans un sport "masculin" : modes de socialisation et construction des dispositions sexuées », *Sociétés contemporaines*, 55, 2004, p. 69-90.

——, « Les femmes guides de haute montagne : modes d'engagement et rapports au métier », *Travail, Genre et Sociétés*, 13, 2005, p. 117-138.

MÉTOUDI Michèle « La Femme Publicitaire. Sport et chinchilla », *Esprit*, 2, 1982, p. 34-50.

MONJARET Anne, « Images érotiques dans les ateliers masculins hospitaliers : virilité et/ou corporatisme en crise », *Mouvements*, 31, 2004, p. 30-35.

MONJARET Anne, TAMAROZZI Frédérica, « Pas de demi-mesure pour les Miss : la beauté en ses critères », *Ethnologie française*, 35, 3, 2005, p. 425-443.

MOSCONI Nicole, DAHL-LANOTTE Rosine, « C'est technique, est-ce pour elle ? Les filles dans les filières techniques industrielles des lycées », *Travail, Genre et Sociétés*, 9, 2003, p. 71-90.

PADAVIC Irene, RESKIN Barbara, *Women and Men at Work. Second Edition*, Thousand Oaks, CA, Pine Forge Press, 2002.

PERROT Michèle, « Qu'est-ce qu'un métier de femme ? », *Le Mouvement social*, 140, 1987, p. 3-8.

ROUX Patricia, PERRIN Céline, PANNATIER Gaël, COSSY Valérie, « Le militantisme n'échappe pas au patriarcat », *Nouvelles Questions Féministes*, 24, 3, 2005, p. 4-16.

SALZINGER Leslie, « Manufacturing Sexual Subjects : "Harassment", Desire and Discipline on a Maquiladora Shopfloor », *in* Stephanie TAYLOR, *Ethnographic Research. A Reader*, London, Sage Publications, 2002, p. 115-137.

SCHWEITZER Sylvie, *Les femmes ont toujours travaillé (Une histoire du travail des femmes aux XIXe et XXe siècles)*, Paris, Odile Jacob, 2002.

SEGNINI Liliana Rolfsen Petrilli « Accords dissonants : rapports salariaux et rapports sociaux de sexe dans des orchestres », *Cahiers du genre*, 40, 2006, p. 137-161.

TABET Paola, « Les mains, les outils, les armes », *L'Homme*, XIX (3-4), 1979, p. 5-61.

ZELIZER Viviana A., *The Purchase of Intimacy*, Princeton, Princeton University Press, 2005.

## アート・ジャズ・声の社会学および文化人類学

ADORNO Théodor W., *Prismes : critique de la culture et de la société*, Paris, Payot, 1986.

BECKER Howard S., *Outsiders. Sociologie de la déviance*, Paris, Métailié, 1994 (1963).

——, *Les Mondes de l'art*, Paris, Flammarion, 1998 (1982).

BOURDIEU Pierre, « Remarques provisoires sur la perception sociale du corps », *Actes de la recherche en sciences sociales*, 14, 1977, p. 51-54.

BUSCATTO Marie, « La *jam* vous fait chanter. Des multiples vocations d'une nouvelle pratique du jazz », *Ethnologie française*, 2003, 33 (4), p. 689-695.

——, « De la vocation artistique au travail musical : tensions, compromise et ambivalences chez les musiciens de jazz », *Sociologie de l'art*, Opus 5, 2004, p. 35-56.

——, « Les voix du jazz, entre séduction et expression de soi », *Prétentaine*, 18/19, 2005, p. 85-101.

——, « Ethnographies du travail artistique : apports et usages épistémologiques », *Sociologie de l'art*, Opus 9-10, 2006, p. 89-105.

——, « Les "carrières" amatrices à la lumière de l'ethnographie de très longue durée », *in* Marc PERRENOUD (dir.), *Terrains de la musique*, Paris, L'Harmattan, 2006, p. 205-226.

CAMERON William B., « Sociological Notes on the Jam Session », *Social Forces*, 33 (2), 1954, p. 177-182.

CHRISTIAN Harry, « Convention and Constraint among British Semi-Professional Jazz Musicians », *in* Avron L. WHITE (ed.), *Lost in Music. Culture, Style and the Musical Event*, London, Routledge, 1987, p. 220-240.

COULANGEON Philippe, *Entre tertiarisation et marginalisation subventionnée. Les musiciens de jazz français à l'heure de la rehabilitation culturelle*, thèse de doctorat en sociologie, École des hautes études en Sciences sociales, Paris, 1998.

——, *Les Musiciens de jazz en France à l'heure de la rehabilitation culturelle. Sociologie des carrières et du travail musical*, Paris, L'Harmattan, 1999.

——, *Les Musiciens interprètes en France. Portrait d'une profession*, Paris, La Documentation française, 2004.

CUCKROWICZ Hubert, « Le prix du beau », *Genèses*, 36, 1999, p. 35-53.

DENIOT Joëlle, « L'intime dans la voix », *Ethnologie française*, 32 (4), 2002, p. 709-718.

DENIS-CONSTANT Martin, ROUEFF Olivier, *La France du Jazz. Musique, modernité et identité dans la première moitié du XXe siècle*, Marseille, Éditions Parenthèses, 2002.

DENORA Tia, *Beethoven et la construction du génie*, Paris, Fayard, 1998 (1995).

DUTHEIL-PESSIN Catherine, « La chanson populaire, source vive », *in* Jean-Olivier MAJASTRE, Alain PESSIN (dirs), *Pour une sociologie des oeuvres*, Paris, L'Harmattan, 2001, p. 375-391.

FABIANI Jean-Louis, « Carrières improvisées : théories et pratiques de la musique de jazz en France », *in* Raymonde MOULIN (dir.), *Sociologie de l'art*, Paris, L'Harmattan, 1999 (1986), p. 231-245.

FAULKNER Robert R., « Orchestra Interaction : Some Features of Communication and Authority in an Artistic Organization », *The Sociological Quaterly* 14, 1973, p. 147-157.

——, *Hollywood Studio Musicians. Their Work and Careers in the Recording industry*, London, University Press of America, 1985 (1971).

FERRY Marie-Paule, « Voix des masques, voix des esprits », *in* Nicole REVEL, Diana REY-HULMAN (ed.), *Pour une anthropologie des voix*, Paris, L'Harmattan, 1993, p. 329-340.

FONAGY Ivan, « Les chances d'une caractérologie vocale », *in* Nicole REVEL, Diana REY-HULMAN (ed.) *Pour une anthropologie des voix*, Paris, L'Harmattan, 1993, p. 47-82.

FREIDSON Eliot, « Les professions artistiques comme défi à l'analyse sociologique », *Revue française de sociologie*, 27 (4), 1986, p. 431-443.

GILLIE-GILBERT Claire, « "Et la voix s'est faite chair..." Naissance, essence, sens du geste vocal », *Cahiers de musiques traditionnelles*, 14, 2001, p. 3-38.

GONZALES-MARTINEZ Esther, « Postures lyriques. L'ajustement voixrôle dans le travail interprétatif du chanteur soliste », *Revue française de sociologie*, 2000, 41 (2), p. 277-305.

HEINICH Nathalie « Façons d'être écrivain. L'identité professionnelle en régime de singularité », *Revue française de sociologie*, 36 (4), 1995, p. 499-524.

HEINICH Nathalie, POLLAK Michael, « Du conservateur de musée à l'auteur d'expositions : l'invention d'une position singulière », *Sociologie du travail*, 31 (1), 1989, p. 29-49.

*Jazz 2000. Le guide-annuaire du jazz en France*, Paris, CIJ, Irma Éditions, 2000.

*Jazz 2004. Le guide-annuaire du jazz en France*, Paris, CIJ, Irma Éditions, 2004.

JEFFRI Joan, *Changing the Beat. A Study of the Worklife of Jazz Musicians. Volume 1 : Executive Summary*, New York, National Endowment of the Arts, 2003.

KAWADA Junzo, *La Voix. Étude d'ethno-linguistique comparative*, Paris, EHESS, 1998 (1988).

KOENIGSWARTER Pannonica de, *Les Musiciens de jazz et leurs trois voeux*, Paris, Buchet-Chastel, 2006.

LEVERATTO Jean-Marc *et al.*, *Le Théâtre d'amateurs en Lorraine*, Metz, Université de Metz / DRAC de Lorraine, 2002.

MABRU Lothaire, « Vers une culture musicale du corps », *Cahiers de musiques traditionnelles*, 14, 2001, p. 95-110.

MAGUET Frédéric, « À "corps" et à cris. Une phénoménologie des cris de marché », *Ethnologie française*, 29 (1), 1999, p. 57-65.

MARGOLICK David, *Strange Fruit*, Paris, 10/18, 2001 (2000).

MARMANDE Francis, « Du sexe, des couleurs et du corps », *L'Homme*, no spécial « Jazz et Anthropologie », 158-159, 2001, p. 125-138.

MENGER Pierre-Michel, « Rationalité et incertitude de la vie d'artiste », *L'Année sociologique*, 39, 1989, p. 111-151.

——, *Les Intermittents du spectacle. Sociologie d'une exception*, Paris, Éditions de l'EHESS, 2005.

MORIN Edgar, *Les Stars*, Paris, Seuil, 1972 (1957).

MOULIN Raymonde, *L'Artiste, l'Institution et le Marché*, Paris, Flammarion, 1992.
—— (dir.), *Sociologie de l'art*, Paris, L'Harmattan, 1999 (1986).
PARADEISE Catherine *Les comédiens. Profession et marché du travail*, Paris, PUF, 1998.
PARADIS Annie, « Lyriques apprentissages. Les métamorphoses de l'émotion », *Terrain*, 37, 2001, p. 29-44.
PEDLER Emmanuel, *Entendre l'opéra. Une sociologie du théâtre lyrique*, Paris, L'Harmattan, 2003.
PERRENOUD Marc, « La figure du *musicos*. Musiques populaires contemporaines et pratique de masse », *Ethnologie française*, 2003, 33 (4), p. 683-688.
REVEL Nicole, REY-HULMAN Diana (ed.), *Pour une anthropologie des voix*, Paris, L'Harmattan, 1993.
SEGRÉ Gabriel, « Le rite de la *candlelight* », *Ethnologie française*, 32 (1), 2002, p. 149-158.
SORIGNET Pierre-Emmanuel, « La construction des identités sexuées et sexuelles au regard de la socialisation professionnelle : le cas des danseurs contemporains. », *Sociologie de l'art*, Opus 5, 2004, p. 11-34.
STEBBINS Robert A., « A Theory of Jazz Community », *The Sociological Quaterly*, 9 (3), 1968, p. 318-331.
TOURNÉS Ludovic, *New Orleans sur Seine. Histoire du jazz en France*, Paris, Fayard, 1999.
WEBER Max, *Sociologie de la musique. Les fondements rationnels et sociaux de la musique*, Paris, Métailié, 1998 (1920).
WHITE Avron L. (ed.), *Lost in Music. Culture, Style and the Musical Event*, London, Routledge, 1987.

## アートと女性(あるいは、アートの世界の女性)

BAHAR Saba, « Introduction. Repenser la voix à la lumière des études genre », *in* Saba BAHAR, Agnese FIDECARO, Yasmina FOEHRJANSSENS (dir.), « Le genre de la voix », *Equinox*, 23, automne 2002, p. 11-25.
BIELBY Denise, BIELBY William T., « Women and Men in Film : Gender Inequality Among Writers in a Culture Industry », *Work and Occupations*, 19, 1996, p. 366- 397.
BILLARD François, *Les Chanteuses de jazz*, Paris, 1994 (1990).
BLIN Odile, *Portraits d'artistes. Une sociologie de l'intimité de l'art*, thèse pour le Doctorat nouveau régime, université de Paris V

René Descartes Sorbonne, 1994.

BORZELLO Frances, *A World of Our Own : Women as Artists*, London, Thames and Hudson, 2000.

BUSCATTO Marie, « Chanteuse de jazz n'est point métier d'homme. L'accord imparfait entre voix et instrument en France », *Revue française de sociologie*, 44 (1), 2003, p. 33-60.

——, « Femme dans un monde d'hommes musiciens. Des usages épistémologiques du "genre" de l'ethnographe », *Volume !*, 4 (1), 2005, p. 77-93.

——, « La *jam* chante, le genre nous hante », *Cahiers de musiques traditionnelles*, 18, 2005, p. 239-251.

*Cahiers de musiques traditionnelles*, « Entre femmes », 18, 2005.

COULANGEON Philippe, RAVET Hyacinthe, « La division sexuelle du travail chez les musiciens », *Sociologie du travail*, 2003, p. 361-384.

ESCAL Françoise, ROUSSEAU-DUJARDIN Jacqueline, *Musique et Différence des sexes*, Paris, L'Harmattan, 1999.

FAURE Sylvia, « Filles et garçons en danse hip-hop. La production institutionnelle de pratiques sexuées », *Sociétés contemporaines*, 55, 2004, p. 5-20.

FIDECARO Agnese, LACHAT Stéphanie (dir.), *Profession : créatrice. La place des femmes dans le champ artistique*, Lausanne, Antipodes, 2007.

GOLDIN Claudia, ROUSE Cecilia, « Orchestrating Impartiality : The Impact of "Blind" Auditions on Female Musicians », *The American Economic Review*, september 2000, p. 715-741.

GOURSE Leslie, *Madam Jazz. Contemporary Women Instrumentalists*, New York, Oxford University Press, 1995.

GRABER Philomène, *Diriger. Un fief masculin*, université de Genève, mémoire du Certificat de formation continue « Aspects sociaux et culturels du féminin et du masculin », 2004.

GREEN Anne-Marie, RAVET Hyacinthe (dirs), *L'Accès des femmes à l'expression musicale. Apprentissage, création, interprétation : les musiciennes dans la société contemporaine*, Paris, L'Harmattan, 2005.

LANG Gladys E., LANG Kurt, *Etched in Memory. The Building and Survival of Artistic Reputation*, Urbana and Chicago, University of Illinois Press, 2001 (1990).

LEMIEUX Denise, « Les femmes et la création culturelle », *in* Denise LEMIEUX (dir.), *Traité de la culture*, Québec, Sciences humaines, Éducation et IQRC, 2002, p. 241-260.

LENOIR Remi, « Notes pour une histoire sociale du piano », *Actes de la recherche en Sciences sociales*, 1979, 28, p. 79-82.

MARQUIÉ Hélène, « Asymétrie des genres et apories de la création : peut-on sortir d'un imaginaire androcentré ? », *Labrys – Études féministes*, 3, janvier/juin 2003, <www.unb.br/ih/his/gefem/labrys3/web/fran/helene2.htm>.

MORINIÈRE Thomas, « Le "don" vocal et sa dette », *Journée d'études « Genre et construction de l'objet »*, École normale supérieure, Paris, 3 juin 2004, 6 pages.

NAUDIER Delphine, *La Cause littéraire des femmes. Modes d'accès et modalités de consécration des femmes dans le champ littéraire (1970-1998*), thèse de doctorat en sociologie, École des hautes études en Sciences sociales, Paris, 2000.

—— , « L'écriture-femme, une innovation esthétique emblématique », *Sociétés contemporaines*, 44, 2001, p. 57-73.

ORTIZ Laureen, *Parcours par corps : une enquête de terrain sur les musiciennes de rock*, mémoire de maîtrise de sociologie, université de Paris I Panthéon Sorbonne, septembre 2004.

PASQUIER Dominique, « Carrières de femmes : l'art et la manière », *Sociologie du travail*, 4, 1983, p. 418-431.

PISTONE Danièle, « L'art et les femmes dans l'imaginaire français. L'exemple des compositrices », *in* Anne-Marie GREEN, Hyacinthe RAVET (dirs), *L'Accès des femmes à l'expression musicale. Apprentissage, création, interprétation : les musiciennes dans la société contemporaine*, Paris, L'Harmattan, 2005, p. 147-158.

QUEMIN Alain, « Modalités féminines d'entrée et d'insertion dans une profession d'élites : le cas des femmes commissaires-priseurs », *Sociétés contemporaines*, 1998, 29, p. 87-106.

RAVET Hyacinthe, « Professionnalisation féminine et féminisation d'une profession : les artistes interprètes de musique », *Travail, genre et sociétés*, 9, 2003, p. 173-195.

ROUEFF Olivier, « Esthétisation et masculinisation du jazz en France dans l'entre-deux-guerres : l'éclairage du genre sur l'invention d'une pratique culturelle », *Journée d'études « Genre et construction de l'objet »*, Paris, École normale supérieure, 3 juin 2004, 7 pages.

RUDENT Catherine, « La voix de fausset dans *Speed King* de Deep Purple : une virilité paradoxale », *in* Cécile PRÉVOST-THOMAS, Hyacinthe RAVET, Catherine RUDENT, *Le Féminin, le Masculin et la Musique populaire d'aujourd'hui*, Actes de la journée du 4 mars 2003, Université de Paris IV-Sorbonne, Observatoire Musical Français, Série Jazz, chansons, musiques populaires actuelles, 1, 2005, p. 99-108.

SAINT MARTIN Monique (de), « Les femmes "écrivains" et le champ littéraire », *Actes de la recherche en Sciences sociales*, 83, 1990, p. 52-56.

SCHILT Kristin, « "Riot Grrrl Is..." Contestation over Meaning in a Music Scene », *in* Andy BENETT, Richard A. PETERSON, *Music Scenes. Local, Translocal, and Virtual*, Nashville, Vanderbilt University Press, 2004, p. 115-130.

SLEMBEK Edith, « La voix entre données biologiques et modèles socioculturels », *in* Sabar BAHAR, Agnese FIDECARO, Yasmina FOEHRJANSSENS (dir.), « Le genre de la voix », *Equinox*, 23, automne 2002, p. 27-36.

TRASFORINI Maria-Antonietta, « "Elles deviendront des peintres". Femmes artistes et champ social de l'art », *in* Agnese FIDECARO, Stéphanie LACHAT (dir.), *Profession : créatrice. La place des femmes dans le champ artistique*, Lausanne, Antipodes, 2007, p. 25-47.

TRIPIER Odile, « Mixité et discrimination dans le champ musical : l'exemple des femmes dans les groupes rock », *Documents de recherche OMF*, Série « Sociologie des faits musicaux et modèles culturels », Observatoire Musical Français, 3, mars 1998.

WHITELEY Sheila (ed.), *Sexing the Groove. Popular Music and Gender*, London and New York, Routledge, 1997.

WILLENER Alfred, *Tromba. Essay on Women playing Trumpet (and Other Brass Instruments)*, université de Lausanne, 1993.

# あとがき　「もう一一年……だが（ほとんど）何も変わらない」

二〇一七年一〇月、『Victores du jazz』の審査員が発表した受賞者は驚くべきものだった。今日の社会では、男女平等（つまり給与と役割の平等、セクハラや性暴力、さらには教育）についても日に日に議論されるようになっているにもかかわらず、この権威ある賞にノミネートされた一四人（うち二人は同位）は全て男性だったのだ。六人のアーティストと八人のプロのジャズ奏者に値する女性はいなかった、というわけである。

この女性の不在について、音楽誌は、『フランス・ミュージック』のライター、アリエット・ド・ラルを筆頭にすぐさま指摘した。彼女は二〇一七年一〇月二三日の討論（1）において、なぜ二〇一七年にもなって音楽界が、非常に著名な女性ミュージシャンや女性従業者をも陰に追いやっているのかの全てを、確固たる証拠と見事なユーモアセンスでもって説明しようとした。当時まだ少数ではあっても、メディアの取り上げるような女性ジャズミュージシャン、つまり女性シンガーや女性器楽奏者は少なからずいたのである。そして、二〇一七年一〇月といえば「ワインスタイン事件」の議論が白熱し、#Balance ton porc（吐き出しちゃいな）（二〇一七年に #MeToo 運動が全世界で盛り上がると、フランスでもSNS上の運動「#Balance ton porc」が展開され、そのツイート数は五〇万件にも上った）によって仕事でのセクハラを証言する者が後を絶たなかったころだ。そんななかフレンチジャズ界は女性の不在の話題で持ちきりとなった。

このような文脈で『Jazz News』誌編集者のマチュー・デュランドもまた、自らの論説に『Les fleurs du mâle blanc』[2]（直訳すれば「男性白人の華」という意味だが、ボードレールの著名な作品『悪の華（Les fleur du mal）』の悪（mal）と男性（mâle）をかけている）というなんとも印象深いタイトルをつけ、「白人男性」しか含まれていないこの受賞者リストに、明らかな性差別と人種差別があると率直に認めたのである。その文章は短く、女性の不在の要因については論じられていないが、それでも彼はド・ラル氏によるかの批判が大きな進歩を示すものだとしている。「根底には進歩もある。そのような問題が全く見えず、問題にもされなかった時代もある。女性の不在が指摘されるということ自体が、意識が勢いよく進歩していることを明らかに示している。問題をあらわにするということが解決への第一歩なのだ」

何日かして、出版の論理の「偶然の産物」だろうか、CNRS（フランス国立科学研究センター）出版がこの二〇〇七年に刊行された拙著の新版を出さないかと提案してきた。本書は基本的にはジャズ界において女性が少ないことや、その姿が見えにくいという「問題をあらわ」にしているが、それだけでなく、その要因をも追究しているからということだった。この時点（二〇一八年）で、内容を全く変えずに新版を出すことが読者にとってどのような意義があるのか。『Jazz News』誌の論説員のように進歩について議論できるのだろうか。できるなら、どのような進歩なのか。それとも反対に、現時点ではあまり変化の兆しがないと、低迷した状況について議論すべきなのだろうか。

このあとがきのタイトルにも明らかなように、現実を鑑みると著者は後者を取り扱う方向に寄っていった。もちろん当時の状況把握自体（女性は稀な存在であり、日の目を見ることは少なく、端に追いやられている状態）はすでにかなり時間の経ったものではあるが、冒頭の「Victoires du jazz」の受賞者が示しているように、大きな進歩はほとんどないのである。一方この一一年で西洋のさまざまな芸術分野において、経験的調査としての、芸術に関する仕事の領域における女性の進出についての横断的研究が増えてきている。だが、これらの研究では、西洋の女性アーティストがその世界に参入し、留まり、認められる社会過程で不利な状況に陥っていることを認知・確認できはするが、それがフレンチジャズ界における状況を改善させたかといえば、あまりそうとは言えない。結論としてここでは、女性の立場を改善する努力がされており、男女平等に前向きな女性ミュージシャンを尊重した言説が公的にもなされているにもかかわらず、なぜジャズ界は女性たちにアーティストとしての確固たる居場所を与えられないのかを探りたい。

## 一一年後の現在でも同じ状況

この新版が旧版からどの部分も省いていない理由として、序章で述べたように、ジャズ専門誌やより広範にいえば（ミュージシャン、プロデューサー、エージェント、聴衆、イベントプランナーすべてを含む）ジャズ界全体において、二〇年前から女性は少数であるということがはっきりと「問題」とされてきたのにもかかわらず、フレンチジャズ界においていまだ女性が少数であり女性ミュージシャンが疎外されているという状況があり、それを理解するための要素が本書にいくつもあることを挙げたい。

まず、著者のジャズ界の経過観察と、数は多くないが現時点で存在する数字に鑑みると、フレンチジャズの「惑星」についての拙著を出版した一一年前とほとんど状況が変わっていないことを証明しているように思われる。その「数少ない数字」を見てみよう。二〇〇七年、IRMA社から刊行された『ジャズ2004――フランスのジャズのディレクトリガイド』を通して、数字としては説得力は弱いものの（特に割合の算出においてであるが、この点は「方法論についての付録」を参照してほしい）、著者は女性ミュージシャンがごくわずかであると結論づけた。概算でしか分からないが、ジャズミュージシャンの八%が女性であり、シンガーの六五%が女性、器楽奏者の九六%が男性と、男女間における「横の」差別ははっきりとしていた。この数字は、一九九八年から二〇〇七年までの調査期間でさまざまな音楽シーンを繰り返し観察し、コンサートのプログラムなどを網羅した結果、概して裏付けできるものであった。だが、社会学博士でLe Pôle（ペイ・ド・ラ・ロワール現代音楽協力センター）の研究者であるクレール・アンヌカールが最近行った定量調査は、その目的も、方法論も異なるものであるが[3]、二〇一六年には非常に似た数字が出されている。調査対象のミュージシャンにおける女性の割合は一二%だったのだ。そして二〇〇七年以降もジャズシーンの観察を継続し、女性ジャズミュージシャンが「打開策」として用いる戦略を追究し（Buscatto, 2010）、またジャズ専門のコラムニスト（つまり彼女たちの社会的および職業的な経歴、そしてこのような素晴らしい業界になぜ女性が少ないのか、Buscatto, 2014a, 2017）について調査し、著者は改めてジャズシーンにおいて女性は少数派であり、つねに周縁に追いやられているという結論に達した。また、調査はジャズ界における女性（とくに器楽奏者）の数の少なさだけではなく、彼女たちが（器楽奏者もシンガーも）、一定の評価を得ている者ですら脇に追いやられている状況を説明しようとした。女性ミュージシャンたちにとって、彼女たちと評判の水準が同じくらいの男性とは対照的に、同業者や音楽専門誌、聴衆からも「才能あるミュージシャン」として認められても、生計を立て（あるいは芸術活動を維持し続け）、音楽界におけるヒエラルキーの上位に位置することはかなりの苦労を要する。ステージのプログラムや音楽専門のブログ、著者が招待されてきた数々の講演で出会った女性ミュージシャンとの交流、無名の女性ミュージシャンたちからのメール（直近のものは二〇一七年一〇月）、エスノグラフィー調査の対象者たちが繰り返す証言に鑑みると、ここでも、一九九八年から二〇〇七年にかけて観察された彼女たちの疎外は続いているようであった。同様の例を挙げると、「Victoires du jazz」賞の発表からわずか数週間後に作成された『二〇一七年の概観――開かれた年（Le bilan 2017. Année ouverte）』[4]は、女性ジャズミュージシャン（および女性コラムニスト）が概して疎外されていることが確認できるような内容となっていた。ジャズ関係者の男性一六名と女性一名が二〇一七年のベストアルバム一〇枚をリストアップした。これらの評論家が最も多く引用した一〇枚のオリジナル・アルバムと三枚の復刻版アルバムのうち、女性ミュージシャンの名前があるものは一枚もない。そして個別ランキングは、女性のアルバムが全くないもの（数件）から、一人のジャズ評論家によって四人の女性ミュージシャンが推薦されているもの（一件のみ）までさまざまであった。個人ランキングでは、セシル・マクロリン・サルヴァントやダイアナ・クラールといった世界的に有名なジャズシンガーのアルバムから、即興演奏を得意とするフランスのクラリネット奏者エロディ・パスキエ（Elodie Pasquier）の初アルバムまで、女性ミュージシャンの（稀ではあるが）ノミネート作品は実に多彩であった。

## 科学的研究による分析の裏付けと洗練

西洋の国々、つまり法的な弊害が取り除かれ、差別は違法だとされている国々において、芸術に携わる仕事における女性の進出についての研究はこの一一年でどのように変化してきたのだろうか。実証的調査や横断的研究は、女性が参入しにくい芸術世界《アート・ワールド》にこれまで以上に開けた批判が発展するにつれ、増えてきたのだろうか。これらの分析は、二〇〇七年の拙著における分析を裏付け、洗練するものであるのだろうか。あるいは反証できる部分があるのだろうか。

そこには、著者による女性ジャズミュージシャンの状況の分析を確固たるものにし、磨き上げ、また同時に、女性アーティストの進出と認知が芸術世界《アート・ワールド》においてもどのようにして成り立っているのかについてさらなる視座を開く、並行した、かつ補完的な研究結果が展開している。

一方では、西洋社会におけるさまざまな芸術の領域の実証的調査が増え、男性アーティストはいまだに女性アーティストに比べて参入し、留まり、認知されやすい立場にあるという事実に確証をもたせている。この状況はメディア文化における「男性的な」芸術世界《アート・ワールド》においても同様だ。フランスのテレビコメディアン（Quemener, 2011）、フランス、アメリカ、ドイツのジャズミュージシャン（Buscatto, 2007; Knauer, 2016）、イギリス、スイスの現代音楽家（Whiteley, 1997; Perrenoud, Chapuis, 2016）、アメリカ、フランスの映画監督（Bielby, Bielby, 1996; Sellier, 2012）、ポルトガルやフランスのパンクミュージシャン（Brun, 2005; Guerra, Moreira, Quintela, 2017）、イスラエルのグラフィティアーティスト（Trajtenberg, 2016）、ギリシャの伝統音楽家（Hazipetrou-Andronikou, 2011）、オーストリアの電子音楽家（Reitsamer, 2011）などが挙げられる。男女混合といえる芸術世界《アート・ワールド》においては、アメリカ、フランス、イギリス、ブラジルのオーケストラ音楽家(Goldin, Rouse, 2000; Ravet 2003; Scharff, 2015; Segnini, 2006)、フランスの作家(Naudier, 2007, 2010)、フランスのサーカスアーティスト（Cordier, 2009; Garcia, 2011)、あるいはフランスやそれ以外の国のビジュアルアーティスト(Dumont, 2008; Levy, Quemin 2011; Pasquier, 1983; Provansal, 2018; Quemin, 2013）が挙げられる。また「女性的」要素の強い芸術分野では、ドイツ、スイス、フランスの演劇俳優（Eikhof et al. , 2014; Rolle, Moeschler, 2014; Doyon, 2015）やフランス人ダンサー（Laillier, 2016; Rannou, Roharik 2009; Sorignet, 2004）がいる。

また、著者自身がいくつか発表した実証的調査（Buscatto, Leontsini, 2011a&b ou Buscatto, Monjaret, 2016）もあり、ここでは西洋社会における現代の芸術に携わる仕事の世界での女性の進出状況を横断的に分析している（Buscatto, 2014b, 2016a, 2018）。この総論によって、本書において女性ジャズミュージシャンの状況を分析したように、社会過程が男女のアーティスト間にそれぞれのキャリアの段階において格差を生み出していること、と同時に女性に対して閉ざされた芸術世界《アート・ワールド》に参入し、留まり、承認されることに成功する者がどのようにしているのかがより理解できる。

概して現代の芸術世界《アート・ワールド》は、女性がその世界に参入し、留まり、アーティストとして認知されるという点においていまだ消極的である。「女性らしさ」に対する軽蔑的な固定観念、「女性的な」母としての役割、極めて男性的な社会的ネットワーク、「女性的」社会化などといった社会過程が蓄積し、ジャズの世界でもそれ以外の場所でも、それぞれの芸術世界《アート・ワールド》に特化した状況はあるものの（例えば文学はジャズのようには機能していない)、女性アーティストが男性アーティストのように活動的で認められるようになることを妨げているのである。

だが、男性の世界(ダンスや演劇のように大半が女性である場合も)における女性の立場特有の問題に直面し、この社会的現実を乗り越える資源を利用する女性アーティストもいる。顔を隠すスクリーンをクラシック音楽の採用オーディションで設置すること、有名な芸術教育機関への女性の入学を優先する政策などは、女性アーティストたちにとって重要な資源となる。大抵は無意識だが、少なくともキャリアの初期段階において、「女性としての資本」を利用したり、自らの言動を「男性化」したりすることを学び、アーティストとして起用され続け、長く認められるようにする。彼女たちは「過剰社会化」されていることが多い。この表現は著者が女性ジャズミュージシャンの状況を分析するのに作り上げたものだが、彼女たちは同業者の男性たちと比べて家族(親や配偶者)に依拠した資源を利用し、仕事以外の社交性を身につけ、有力なネットワークを築き、アーティストとしての資質に自信を持つことが多いのである。そして女性アーティストたちはまた、ひたむきに女性として振る舞うことで「女性的な」作品や「フェミニスト的な」作品を発表し、「女性的な」アーティストへのプロデューサーや大衆の関心を惹きつけたりすることもある。

したがって女性アーティストのなかには、個人として、あるいは集団として行動を起こし、そのキャリアパスにおいて「増殖する不利益」(Acker 2009)に耐え、芸術の分野において最も高い水準で認知される者もいる。「女性らしさ」という固定観念を乗り越え、有効に利用し、集団で行動し作品を生み出す能力は、個人が現代の芸術世界《アート・ワールド》においていかにして動き、弊害を乗り越え、創作を行い、さらには評価されうるのかということを私たちに教えてくれる。ここでも、著者のフレンチジャズの調査と同様の社会過程が見受けられる。

だがこの先行研究はまた、他のすべての権威ある仕事（Buscatto, Marry, 2009）と同様、女性が「増殖する不利益」を乗り越える基本的な資源は社会的で集団的に生み出されることも示している。一方では、公共の政策や法的措置によって女性たちが差別なく研修でき、採用され、認知されるようになることで芸術世界《アート・ワールド》における男女平等は促されていく。美術学校へ女性を平等に入学させること、女性の芸術活動への資金援助、あるいはクラシック音楽のオーディションの審査時のスクリーン設置のような、反差別的な措置を導入することは、男女が無意識に男性アーティストを優遇してしまう傾向に対しては長い目で見れば非常に有効であるように思われる。換言すれば、反差別の法的措置がないということは、男女における機会の平等を促進する上で良い兆候とは全く言えないのである。

他方、女性たちがそのような弊害を克服している状況に目を向けると、彼女たちは「過剰社会化」されている傾向がある。それは芸術に関する特別な教育や高水準の訓練を受け、アーティストであるパートナーと芸術に密接に関係した生活を送るといった、特定の個人資源を持つことである。だがこれらは他の社会決定要因によりさらにジェンダー間の不平等を強めてしまう。ここでもまた芸術世界《アート・ワールド》は、特権的な層以外の人々が仕事の実践の場に入ることを妨げる。性別、出自、学位といった根強い社会的差異が、自らに有益な技術、知識、ネットワークの機会をすでに持っている者を必然的に優遇してしまうのだ。ここで、インターセクショナルな視座を介して、どのようにして芸術界において不平等が作り上げられるのか、またジェンダーにおける不平等はアーティスト間の差別を助長するという点を理解することができる（Buscatto, 2016b）。

そして芸術世界《アート・ワールド》は、非常に階層化された世界として現れる。それは、ピエール・ミシェル・マンジェ（2009）などの社会学者たちが述べているように、人間同士のやりとりや競争的な大会を通じてのみ証明される才能や天才の神話とはかけ離れた、芸術的資質とは無関係な社会的基盤の上に成り立っている部分がある。そしてこの才能の神話への信仰によって、芸術世界《アート・ワールド》は性差や社会的差異を生み出し、それを正当化しながら、どこまでも開けたルールのない世界になる傾向を強めていく。実のところ、批評家、政府、講師、芸術家、聴衆といった当事者たちは、反差別的な措置を講じるのに協力できるにもかかわらず、そのような措置は資質を潰してしまうと考え、そういった計画に参加しても否定的になる傾向があるのだ。

## おわりに——無意識の惰性はどこから来るのか

最後に、ジャズ界におけるこの惰性はどこから来るのだろうかという問いで本書を締め括りたい。これは一見、著者による調査やその結果がジャズ評論家、聴衆、ミュージシャン、イベントプランナーといった、ジャズに携わる主要な人物に認知されていないことに起因しているように見える。この一一年の間、本書はジャズファンの間で定着し（この時点では新たに重版はされていないが、完売となっている）、とりわけフランス、カナダ、スイスの少なくとも三つのフランス語圏の国々において、フェスティバル、討論会、ラウンドテーブル、ジャズ専門および一般向けのメディアで定期的にレビューが書かれ、議論や発表もなされてきた。そしてそれは時が経ってもなお衰えることなく人々の関心を引き寄せている。女性が（ジャズ界に）少ないという事実や彼女たちの認知度の低さは、二〇年以上も前から認知され、解決すべき「問題」として定義されており、本書で扱った点を含め、あらゆる分析が公に議論されている。

さらに、ジャズ界のアクターたち、最も著名で音楽界のピラミッドの頂点に位置する者でさえ、女性の不在とその認知度の低さを道徳的失態と見ているようだ。この、女性の価値を下げる状況に対する集団としての批判は、一九九〇年代後半に調査した際にすでに見られていたが、近年の政治的・社会的出来事によってさらに強まったように思われる。男女平等を支持する公共政策の正当性が強まるにつれ、ジャズ界は、女性が進出できず、女性ミュージシャンを評価できていないということが特に顕著に表れている。芸術と文化におけるH/F運動（二〇〇八年に発足した芸術文化における男女平等に関する地域連合会）、現代音楽におけるH/F運動などの、芸術文化における男女平等のために奮闘しているメディア、政治、団体の女性（ときには男性も）のアクターの発展もみられた。また家庭や社会環境において男女平等の価値観をもって教育された新しい世代の女性や男性が登場し、彼ら個人にとってもこの状況が受け入れにくくなっている。

したがって、この慣習として根を下ろす惰性を理解するためには、他にも説明が必要なのである。著者は過去一一年間にわたり調査を行い、アーティスト、ライター、聴衆、イベントプランナーやプロデューサーといったジャズ界の数多くの人物と交流した。それにより、相反しながらも同時に存在する三つの過程の帰結を次に挙げることができる。

第一に、ジャズの世界は誰にでも開かれた場であり、アーティストがそこに参入し、立場を維持し、認知されるための基準を定めたルールはない。「開かれた場」とは、プロジェクトの資金調達、（公共の機関を含む）ジャズスクールやバンドへの採用、チャートや音楽誌による評価などを指す。だがすでに述べたように、個人が自らの行動によって「自然」の流れを変える能力はほとんどないと研究では結論づけられた。社会的規範は根強く残っており、ごく日常の仕草や行為に埋め込まれた独自の力学を持つ「男性性の」機能様式は、異を唱える声があるとはいえ、ごく自然で無意識な形で存続する傾向が見られる。反対に、差別を防ぐ規制や規則は、不平等の撲滅にとりわけ有効なようだ。例を挙げると、アメリカのオーケストラにおけるスクリーンの使用である。これにより、性別を含む身体的特徴を全く考慮せず、アーティストの演奏のみでコンペティションを行うことが可能になった。結果これらトップクラスのクラシックオーケストラにおける女性の比率が著しく増加したのである（Goldin, Rouse, 2000）。女性の芸術分野への参入には非常に好意的であるジャズスクールも、公的助成金を受けており、仲間内のコネの原則だけで作られるジャズバンドも、ジャズ賞の審査員も、ジャズ専門誌やジャズ専門のラジオ局も、いまだに（性を公表しない）ブラインドの採用や、雇用者や受賞者に女性を一定数割り当てるという方針に開けてはいない。ジャズは、反差別的な実践の最低限のルールさえ確立できない状況に陥っているのである。

〔第二に、〕したがって差別を防止する措置がなぜ存在しないかを問わなければならない。ジャズのアクターたちの中には長年にわたってこのような対策を意識してきた者もいるにもかかわらず、なぜ彼らはこのような対策の導入に抵抗感を持っているのだろうか。このような根強い惰性は、どうやら才能に関するイデオロギーが大きな要因となっているようだ。実際、才能だけがものを言い、性別、年齢、出自が社会的過程において全く不利であっても、才能があればいかなる人間も注目を集めることができるというのがすべての人々に共通する信念だとしたら、どうやって反差別的な実践について決定することができるだろうか？　ジャズの専門誌や普段の会話では、音楽を、あらゆる社会的要素を超越し、天性に従った行為として扱う才能のイデオロギーを起動させるものが常に現れる。才能のある女性は自分の道を見つけ、偉大なアーティストたちにも認められている。それは、音楽によって栄達を重ねた女性がいくらか存在することでも証明されている。

そして最後に、ジャズ界が差別的慣行に対して非力であることがわかる要素がある。それは（非常に著名な者も含め）すべてのジャズミュージシャンが一度は経験する経済的・社会的な問題である。本書の第一章で述べたように、ジャズの世界は不安定であり、飽和し、経済的に困難な状況にあり、ミュージシャンたちは苦境に瀕している。ジャズ界の男女は皆、不安定と不安の中に生き、差別と（も）闘うということを想定することは難しいのだ。しかしだからといって無為無策の状態が続くわけではない。

これから一〇年、男女平等において驚くべき結果が出るかもしれない。したがって、二〇二八年、男女平等の状況について新たな発見を読者とともに見つけられることを願ってやまない。

（1）« Pourquoi les Victoires du jazz n'ont nommé aucune femme cette année », chronique d'Aliette Delaleu réalisée pour la Matinale de *France Musique*, 23 octobre 2017.

（2）« Les Fleurs du mâle blanc », Éditorial de Mathieu Durand, *Jazz News*, no 67, Novembre 2017, p. 3.

（3）この調査は二〇一五年、ペイ・ド・ラ・ロワール地方、中央ヴァル・ド・ロワール地方においてジャズと即興音楽を演奏する二〇三人のプロ・アマのミュージシャンを対象に行われた。調査は基本的にプロフィールとミュージシャンたちの生活環境についてのもので、le Pôle と「le Petit Faucheu」、「la Fraca-Ma」、「Le jazz est LA」との協賛により行われた（Hannecart, 2016）。

（4）« Bilan 2017. Année ouverte », *Jazz News*, no 68, Décembre 2017, p. 19-25.

## 参考文献（新規追加）

＊ここでは、あとがきで引用し、本書の主な参考文献にすでに含まれている文献は改めて紹介していない。


Acker, Joan, « From Glass-Ceiling to Inequality Regimes », *in Le « plafond de verre » dans tous ses éclats. La féminisation des professions supérieures au XXe siècle* dirigé par Marie, Buscatto et Catherine, Marry, *Sociologie du travail* 51(2), 2009, pp. 199-217.

Brun, Eric, *La place des femmes dans la musique punk*, Mémoire de recherche, Master 2, Lyon, Université Lumière Lyon 2, 2005.

Buscatto, Marie, « Feminisations of artistic work. Legal measures and female artists' resources do matter », *Todas as Artes* Journal, 2018, to be published.

Buscatto, Marie, « Chroniques de "carrières". Des trajectoires creatives sous fortes influences socio-économiques », *Revue Interventions économiques / Papers in Political Economy*, 57, 2017, pp. 1-22.

Buscatto, Marie, « L'art sous l'angle du genre. Ou révéler la normativité des mondes de l'art », *in* Quemin, Alain et Villas Boas, Glaucia (dir.), *Art et société. Recherches récentes et regards croisés, France / Brésil*, Paris, OpenEdition Press, 2016a, pp. 210-223.

Buscatto, Marie, « "Intersectionnalité". À propos des usages épistémologiques d'un concept (très) à la mode », *Recherches sociologiques et anthropologiques*, 2016b, 47 (2), 103-118.

Buscatto, Marie, « Aux racines d'une exclusion féminine si "naturelle" : la chronique jazz, un univers très "masculin" », *REMEST (Revue multidisciplinaire sur l'emploi, le syndicalisme et le travail)*, 2014a, 9 (2), pp. 24-43.

Buscatto, Marie, « Artistic Practices as Gendered Practices. Ways and Reasons », in Artistic Practices edited by Tasos Zembylas,

London, Routledge, 2014b, pp. 44-55.

Buscatto, Marie, « Leader au féminin ? Variations autour du jazz », Cahiers du genre, 48, 2010, pp. 149-172.

Buscatto, Marie, Monjaret Anne (dir.), « Arts et jeux de genre », Ethnologie française, 46 (1), 2016.

Buscatto, Marie, Leontsini, Mary (dir.), « La reconnaissance artistique à l'épreuve des stéréotypes de genre », Sociologie de l'art, OPuS 18, 2011a.

Buscatto, Marie, Leontsini, Mary (dir.), « Les pratiques artistiques au prisme des stéréotypes de genre », Sociologie de l'art, OPuS 17, 2011b.

Buscatto, Marie, Marry, Catherine (dir.), « Le "plafond de verre" dans tous ses éclats : la féminisation des professions supérieures au XXe siècle », Sociologie du travail 51 (2), 2009.

Cordier, Marine, Le cirque sur la piste de l'art. La création entre politiques et marchés, Thèse pour le doctorat en sociologie, Nanterre, Université Paris Ouest Nanterre La Défense, 2009.

Doyon, Raphaëlle, Les trajectoires professionnelles des artistes femmes en art dramatique, Paris, Association H/F Île-de-France, 2015.

Dumont, Fabienne, « Les limites d'une évaluation chiffrée au regard de la fabrique des valeurs. Exemple de la reconnaissance des plasticiennes des années 1970 en France », Histoire & mesure, XXIII(2), 2008, pp. 219-250.

Eikhof, Doris Ruth, Haunschild, Axel, SchöBler, Franziska, « Behind the Scenes of Boundarylessness. Careers in German Theatre », in Careers in Creative Industries, Christian, Mathieu (ed.), London and New York, Routledge, 2014, pp. 70-87.

Garcia, Marie-Carmen, « Les pratiques clownesques à l'épreuve des stéréotypes de la féminité », in Les pratiques artistiques au prisme des stéréotypes de genre dirigé par Marie, Buscatto et Mary, Leontsini, Sociologie de l'art, 17, 2011, pp. 45-58.

Goyon, Marie, « Comment être artiste, femme et autochtone au Canada ? Du stigmate à son renversement dans l'art contemporain », in Les pratiques artistiques au prisme des stéréotypes de genre dirigé par Marie, Buscatto et Mary, Leontsini, Sociologie de l'art, 17, 2011, pp. 35-52.

Guerra, Paula, Moreira, Tania, Quintela, Pedro, « Cultures of youth resistance in Portugal : Gender and difference in the early days of punk », Talk at the *Focus on Women Research Cluster* Seminar, Concordia University of Edmonton, Alberta, Canada, February 1st 2017.

Hannecart, Claire, *Profils et conditions de vie des musiciens. Focus. Les musiciens de jazz*, Toulouse / Nantes, Le Pôle, Janvier 2016, 4 pages. http ://soco-etudes.com/musiciens-de-jazz/ Consulté le 26 février 2018.

Hatzipetrou-Andronikou, Reguina, « Déjouer les stéréotypes de genre pour jouer d'un instrument. Le cas des *paradosiaka* en Grèce », *in Les pratiques artistiques au prisme des stéréotypes de genre* dirigé par Marie, Buscatto et Mary, Leontsini, *Sociologie de l'art*, 17, 2011, pp. 59-73.

Knauer Wolfram (ed.), *Gender and Identity in Jazz*, Darmstadt Studies in Jazz Research, vol. 14., Hofheim, Wolke Verlag, 2016.

Laillier, Joël « Des petits rats et des hommes. La mise à l'épreuve de l'identité sexuée des apprentis danseurs », *in Arts et jeux de genre* dirigé par Marie, Buscatto et Anne, Monjaret *Ethnologie française* XLVI, 2016, pp. 31-43.

Levy, Clara, Quemin, Alain, « Stéréotypes genrés dans l'oeuvre, reconnaissance esthétique et succès marchand d'une artiste plasticienne : le cas de Marina Abramovic », in *La reconnaissance artistique à l'épreuve des stéréotypes de genre* dirigé par Marie, Buscatto et Mary, Leontsini, *Sociologie de l'art*, 18, 2011, pp. 53-71.

Marquié, Hélène, *Non, la danse n'est pas un truc de filles ! Essai sur le genre en danse,* Paris, Éditions de l'attribut, 2016.

Menger, Pierre-Michel, *Le travail créateur. S'accomplir dans l'incertain*, Paris, Seuil/Gallimard, 2009.

Monnot, Catherine, *De la harpe au trombone. Apprentissage instrumental et construction du genre*, Rennes, Presses Universitaires de Rennes, 2012.

Naudier, Delphine, « Les écrivaines et leurs arrangements avec les assignations sexuées », *Sociétés contemporaines*, 78, 2010, pp. 39-63.

Naudier, Delphine, « Les modes d'accès des femmes écrivains au champ littéraire contemporain », *in Droits d'entrée. Modalités et conditions d'accès aux univers artistiques* dirigé par Mauger, Gérard, Paris, Éditions de la Maison des sciences de l'homme, 2007, pp. 191-213.

Perrenoud, Marc, Chapuis, Jérôme, « Des arrangements féminins ambivalents. Musiques actuelles en Suisse romande », *in Arts et jeux de genre* dirigé par Marie, Buscatto et Anne, Monjaret *Ethnologie française,* 2016, XLVI (1), pp. 71-81.

Provansal, Mathilde, « Carrières féminines sous contraintes. Création, diffusion et reconnaissance des plasticiennes limitées par les stéréotypes de genre des intermédiaires », *in* Octobre, Sylvie, Patureau, Frédérique *Pour des politiques du genre dans le secteur culturel*, Paris, Ministère de la culture, 2018, à paraître.

Quemener, Nelly, « Ces femmes qui font rire. Du stéréotype féminin aux "nouvelles féminités" dans les talk shows en France », *in* Les pratiques artistiques au prisme des stéréotypes de genre dirigé par Marie, Buscatto et Mary, Leontsini, *Sociologie de l'art*, 17, 2011, pp. 17-30.

Quemin, Alain, *Les stars de l'art contemporain. Notoriété et consecration artistiques dans les arts visuels*, Paris, CNRS Éditions, 2013.

Rannou, Janine, Roharik, Ionela, « La segmentation sexuée des marchés de la création chorégraphique », *in Travail, genre et art* dirigé par Marie, Buscatto, Catherine, Marry, Delphine, Naudier, Paris, Document 13 du Mage, pp. 91-106.

Reitsamer, Rosa, « Young Women, New Technologies and Music Production ». Talk at the seminar series *Young Women in Movement : Sexualities, Vulnerabilities, Needs and Norms*, Seminar series *Science and Technology*, Goldsmiths, University of London, November 22 2011.

Rolle, Valérie, Moeschler, Olivier, *De l'école à la scène. Entrer dans le métier de comédienne*, Lausanne, Éditions Antipodes, 2014.

Scharff, Christina, « Blowing your own trumpet : exploring the gendered dynamics of self-promotion in the classical music profession », *The Sociological Review*, 63, 2015, pp. 97-112.

Sellier, Geneviève, « Films de femmes de la décennie 2000 : Avancées et freins dans le contexte français », in *Créations. Le genre à l'oeuvre 2 in* Melody Jan-Ré (dir.), Paris, L'Harmattan, 2012, pp. 93-120.

Sinigaglia-Amadio, Sabrina, Jérémy, Sinigaglia, « Tempo de la vie d'artiste : genre et concurrence des temps professionnels et domestiques », *Cahiers du Genre*, 2015, 59, pp. 195-215.

Trajtenberg, Graciela, « Multiple Trespasses. Female Israeli Artists Make Uncommissioned Street Art », *in Arts et jeux de genre* dirigé par Marie Buscatto and Anne Monjaret, *Ethnologie française* XLVI (1), 2016, pp. 83-92.

Tripier, Odile, « Mixité et discrimination dans le champ musical : l'exemple des femmes dans les groupes rock », *Documents de recherche OMF*, Série Sociologie des faits musicaux et modèles culturels, 3, Paris, Observatoire Musical Français, 1998.

Verger, Annie, « L'artiste saisi par l'école », *Actes de la recherche en sciences sociales*, 42, 1982, pp. 19-32.

Whiteley, Sheila (Ed.), *Sexing the Groove. Popular Music and Gender*, London and New York, Routledge, 1997.

# 謝辞

本書の構想は〔出版時より〕九年前、まだ研究に対する意欲も漠然としているときに生まれた。アマチュアシンガーとしてボーカルジャズのワークショップに参加した著者は、ジャズの世界における女性の立場に疑問を持つようになった。この刺激的な冒険に長年に渡り寄り添ってくれた多くの人々に感謝の意を捧げたい。

ハワード・ベッカーは、著者の研究の初期段階でまだ直感的でしかなかったものを掘り下げるよう鼓舞してくれた。以来彼には励まされ続けている。

同僚たちとフォーマル・インフォーマルにやりとりすることで、新しい道を模索し、アイデアを練り直し、分析を明確にして当初の推敲を修正する、あるいは疑問を突き詰めることができた。以下の人々にとりわけ感謝の意を捧げたい。Isabelle Berrebi-Hoffman, Marie-Christine Bureau, Marlène Cacouault-

Bitaud, Patricia Caillé, Josette Coenen-Huther, Philippe Coulangeon, Robert R. Faulkner, Sylvia Faure, Agnese Fidese-Caro, Agnès Fine, Jean-Pierre Hassoun, Chantal Horrelou-Lafarge, Christina Karakioulafis, Denis Laborde, Michel Lallement, Stéphanie Lachat, Philippe Le Guern, Catherine Levy, Marc Loriol, Catherine Marry, Hélène Marquié, Anne Monjaret, Delphine Naudier, Annie Paradis, Lorena Parini, Bruno Péquignot, Marc Perrenoud, Françoise Piotet, Sophie Pochic, Anne-Françoise Praz, Alain Quemin, Hyacinthe Ravet, Brigitte Rollet, Magdalena Rosende, Patricia Roux, Catherine Rudent, Olivier Schwartz, Geneviève Sellier, Roberta Shapiro, Liliana Segnini, Pierre-Emmanuel Sorignet, Pierre Tripier, Maria-Antonietta Trasforini et Izabela Wagner.

学術雑誌、学会、セミナーは、著者の研究分析が発展途上であってもその都度迎え入れてくれ、考察段階にある本研究を批判し、険しい道のりの中であっても前進するよう奨励してくれ、推敲に大きな役割を果たしてくれた。各々の機会に心より感謝したい。

Pascal Rouleau、Maurice Poulet、Marie Bellosta は本書の出版企画を当初から熱意をもって迎え入れてくれ、厳格さと敬意と関心をもって編集に取り組んでくれた。

『ジャズマン』と『ジャズマガジン』は、掲載した記事から抜粋した文章の複製を快く許可してくれた。ミュージシャンの匿名性を尊重するためイラストや名言を排除せざるを得なかったが、これらの雑誌が寛大に対応してくれたお陰で文章に命を吹き込むことが可能になった。

出会ったジャズミュージシャンたちの信頼、彼らの開けた精神とユーモアなしにはこの研究は存在さえしなかっただろう。残念ながら匿名性を保つためその名を挙げることはできないが、彼らには感謝してもしきれない。

Christel、Fabienne、Agnès、Patrice、Valérie、Sara、Florence、Anne-Marie、Violaine は、著者と共に音楽を、そして知的に疑問を持つことを愛し、かけがえのないこの冒険のひとときを心より分かち合ってくれた。ありがとう！

最後に、家族である Patrice、Raphaëlle、Numa に感謝の意を捧げたい。彼らの愛と信頼があったからこそ、この知の旅路で遭遇したさまざまな困難にも耐え抜くことができた。

# 訳者あとがき

＊本項では、執筆のために著者が特別に訳者に提供してくれた二〇二一年以降の未発表論文を参照しているが、本人の意思を尊重し、ここに紹介することは控える。

## マリー・ビュスカートとの出会い

マリー・ビュスカートと初めて出会ったのは冬のブダペスト、女性と音楽をテーマにした国際学会だった。国際学会における初めての英語での研究発表で全く緊張しきっていた私と同じパネルにいた彼女が、「私も日本についての発表をするんだよ」と軽快に話しかけてくれた。話を聞くと、私の博士論文を読んでくれていたという。練習になるからと終始英語で会話し、（今思えば引く手数多だったろうに）学会のあいだずっと隣にいてくれたのを今でも憶えている。世間知らずな私は、その後に彼女が、ハワード・ベッカーの同僚であり、ヨーロッパの文化と労働の社会学では名のある研究者であることを知る。思えばこの学会から、私とマリーの冒険（月並みだが私たちはそう呼んでいる）が始まったのである。この日以来彼女とは、毎週（ほぼ毎日と言ってもいいかもしれない）のようにメールでやりとりし、面白かった映画や小説の話をし、今後の研究プロジェクトのアイデアを出しあったりしている。現在では、ジェンダーと現代日本の音楽のセミナーや、ジェンダーに基づく暴力と音楽の研究プロジェクト、その他さまざまな執筆の企画など、多方面で活動をともにさせていただいている。

## 本書について

マリー・ビュスカートが本書の根幹となる調査に取り組み始めたのは二〇〇三年。当時のフランスでは、社会学においても音楽学においても、本書のような視点を持ってジャズ（とその世界の構造）を扱った研究は皆無であった。英語圏においても、過去の女性ジャズミュージシャンを音楽史から再発見し、その社会的位置を再考する歴史研究的なアプローチを用いたもの[1]がいくつかある程度だったという。彼女が調査を進める中、フランスの芸術文化界を揺るがす出来事が起こる。二〇〇六年、当時のフランス文化・通信省（二〇一七年より文化省に改名）が「ライブパフォーマンス部門における責任ある地位、意思決定の地位、代表権の管理への女性および男性の平等な参加のために」（Pour légal accès des femmes et des hommes aux postes de responsabilité, aux lieux de décision, à la maîtrise de la représentation）と題された第一次報告を発表したのだ。この報告により、芸術文化の世界における男女平等の問題が浮き彫りになる（ちなみに著者の「あとがき」にも記述されていたが、この報告書がきっかけとなり、二〇〇八年、芸術文化における男女平等に関する地域連合会が発足し、次々と地域支部ができる事になる）。このような社会的文脈において二〇〇七年に第一版が刊行された本書は、瞬く間に大きな評判を呼び、学術書としてはかなり一般的に広まった。したがって本書はフランスのジャズ界にジェンダー平等の議論を巻き起こすきっかけとなったと言える著作である。

## 本書の概要と読みどころ

本書において著者は、ジャズの世界に潜む「水平方向」（ジェンダーに基づいた音楽的な役割の棲み分け）と「垂直方向」（いわゆる「ガラスの天井」の問題）の二つに交差したジェンダーに基づく差別の構造を明らかにする。ジャズ界で活躍する女性たちを「シンガー」と「器楽奏者」に分け、エスノグラフィー調査、つまりフィールドワークと観察、聞き取り、資料調査を基にした、洞察に富んだ分析が二部構成で展開される。読者は本書を読み進めていく中で、女性シンガーと女性器楽奏者を取り巻く環境について、上述の二重に交差したジェンダー差別が、単なる男性による女性嫌悪《ミソジニー》的な姿勢や男性主義的な観点に起因するものではなく、より複雑な構造を持っていると次第に気づかされる。そして女性ジャズミュージシャンをめぐるジェンダー差別は、ジェンダーをめぐる「社会過程」（社会を構成する個人や集団からの情報が、私たちの思考、行動、感情に影響を与える一連の動的過程）がその根幹を成していることを徐々に理解する。本書の最後では、そのような社会構造において女性ミュージシャンが「逸脱」を行うためには、支援してくれる家族や男性配偶者とそのネットワーク、自らの女性性を利用していく技術、あるいは逆に女性であることの性的魅力を封じる技術が必要であり、彼女たちが逸脱するための資源ですら社会的に構築され、再生産されているものであることが分かる。

本書の「まえがき」においてハワード・ベッカー氏も称賛していたように、本書、言い換えれば著者のこの研究は、彼女の質的調査の専門家としての技量がなければ成り立たなかった内容でもある。質的調査の根幹を成すフィールドワークやインタビューにおいては、調査者と対象者との距離が調査結果を左右すると言っても過言ではない。対象者と距離がありすぎるのはもってのほかだが、近すぎても客観的な分析の妨げになる。本書に紹介されている証言の様子から、著者が調査対象であるミュージシャンたちと絶妙な距離感を保ちながらジャズの世界に入り込み、考察を行っているのが伝わってくる。例えば、フランス語は二つの二人称をもち（vous と tu）、距離の近しい間柄では「tu」を使用することが多い。本文に紹介されている証言では、聞き取り対象や観察対象になったミュージシャンのほとんどが著者とこの親しい間での二人称を使用している。さらにインフォーマントと著者の距離の近さが彼らの言葉の節々に表れており（この空気感を忠実に再現するため、本書における証言はあえて口語で翻訳している）、それが証言の信憑性と、調査そのものの綿密さを物語っている。もちろん、著者のアマチュアジャズシンガーとしての立場が大いに有利に働いていることもあるだろうが、それでも、女性シンガーに対し嫌悪感を隠さない男性器楽奏者の証言も幾度となく取り上げられていることも考慮すれば、著者のエスノグラファーとしての資質が窺える。そして、著者自身も「方法論についての付録」で記述しているように、それらの証言を資料調査により補完し、先行研究に鑑みながら入念に分析と考察を重ねている。本書はそのような意味で、文化社会学・労働社会学・エスノグラフィーを学び、実践する研究者たちにとっても有用な一冊である。

## 本書が二〇二三年に日本で刊行される意義

第一版が二〇〇七年に刊行された本書が、なぜ二〇二三年に日本語で訳される必要があるのか、と疑問に思う読者もいるだろう。本書の内容はその実、二〇一八年に出版された第二版においてもほとんど修正されていない。なぜ今か、という疑問に対しては、「あとがき」のなかで著者も言及しているように、フランスのジャズ界の状況が二〇〇〇年代初頭とほぼ変わっていない、という点が一つ挙げられるだろう（日本の状況に関しては次節で取り上げる）。

二〇二〇年代に突入した今日においても、女性シンガーは依然として（ジャズシンガーの中では多数派であるにもかかわらず）、ジャズという職業世界においては周縁化されている。他方、女性器楽奏者の数もいまだ僅かであり、そして彼女たちもまた本書で分析されていたように周縁に追いやられたままの状態だ。その要因も一六年前と同じく、そして本文で何度も著者が繰り返していたように、ジャズという職業の世界において（そして他の職業世界であっても）、女性（性）に付随する（儚さや受動性、感受性、さらには母性といった）観念が常に女性の職業的価値を軽視し続けているのに対し、男性（性）に付随するそれ（強さ、理性、活力、自発性など）によって、男性の職業的価値は高められ続けているためである。さらに、これも著者が「あとがき」で指摘していた点だが、「音楽における才能の神話」も依然としてジェンダー的な差別の解消を妨げている。つまり、「才能だけを重視するべきだ」として、ジェンダーに基づく不平等に関する議論に懐疑的な姿勢だ。著者は、この議論に介入できるはずの政府や批評家はおろか、アーティストですら、ジェンダーの平等をめぐる議論や対策が芸術活動や芸術の価値基準に悪影響を及ぼすと考える者が多いことを二〇二一年に刊行された本書の英語版のあとがきにおいても改めて指摘している。

## ジェンダーをめぐる日本のジャズ界の状況

さて、本書はフレンチジャズの世界を取り上げているが、著者は二〇一七年からその研究フィールドを広げ、現在までジェンダーをめぐる日本のジャズ界の状況の分析を続けている。そこで、最近の彼女の研究から、日本のジャズ界の様相にも少し触れておきたい。

世界的に見ると男性の割合が圧倒的に多いジャズの世界であるが、日本においては女性の割合が他国よりも若干多く、著者の調べではジャズ界で活躍するミュージシャン（プロ・アマ含む）の三割が女性だという。(2)フランスではジャズミュージシャン全体における女性の割合は二割に満たないため、数を見れば一見日本のジャズ界は（特に金管楽器において）「女性化」が進んでいるようだ。この女性化の根幹を成しているのは（やはりここでも）社会過程である。そして日本におけるこの状況には、ジャズという音楽ジャンルの日本社会での位置づけも影響しているようだ。フランスやアメリカと比べて、日本においてジャズに携わる人々（ミュージシャン、批評家など）は比較的社会のミドルクラス以上の層が多く、特に女性は「音楽教育」を受けた者がほとんどだという。これには、幼少期の「お稽古事」や小・中学校における「吹奏楽部」から、音楽大学における経験までさまざまな形態を含む。一方で、ジャズの音楽活動を主要な職業としている者は（特に女性は）極めて少ないという。著者はこの、音楽教育を経て音楽活動に部分的に携わる女性たちの人生の選択を説明するものとして、音楽教育を、のち（大学卒業後）に経済的に安定した「良き夫」を見つけるための教育の一環、つまり良妻賢母の女性教育の一環として女性たちが捉えているのではないかとしているが、同時に、現代の女性ジャズミュージシャンの様相とジャズそれ自体の社会的普及を考慮すれば、むしろ幼少期に近代的な女性教育としての音楽教育（お稽古事・部活動）によって音楽への道が開けた女性たちが、歳を重ねるにつれ自分たちの自己表現の手段として音楽活動を続けていると捉えた方がよいとも分析している。

とはいえ、日本もフランスと同様、ライフイベント——特に子どもの存在（つまり子どもを持つかどうか）——が女性たちにとって大きな問題であるようだ。近年の著者のインタビューに応じた女性たちはほぼ子どもがおらず、その理由として、音楽に専念したいから、音楽に専念すると良い母になれないからという意見が多く見られたという。本文にはフランスにおいて、三〇代後半を過ぎるとジャズから離れていく女性ミュージシャンも多いと書かれていたが、日本も同様の状況があるようだ。そしてその理由の一部は上記の点、つまり子育てを優先するかどうかにある。これらの点を考慮すると、日本においても女性ミュージシャンの音楽活動はジェンダーをめぐる社会過程によって規定されていると言える。

## ジェンダーをめぐるポピュラー音楽研究

ここまで駆け足で女性をめぐる日本のジャズ界の状況を見てきたが、ジャズに限らず、ジェンダーをめぐるエスノグラフィー的アプローチを用いたポピュラー音楽研究は近年欧米を中心に増えつつあり、例えばヨーロッパ一円の音楽産業界において活動するアーティストやサウンドエンジニアなどを対象とした調査[3]や、オーストラリアを中心とした音楽産業界のジェンダー不平等を読み解いた研究[4]などが挙げられる。本書と同様、これらの調査では、ジェンダーをめぐる社会過程は、男性が女性を支配するという単純な構図ではなく、ジェンダー概念に基づく社会的・芸術的規範が社会のなかで生産・再生産され、より重層的で交錯した構造のなかで成り立っていることが明らかになっており、研究者たちによってその社会的構造・メカニズムを解明する試みがなされている。他方、日本の音楽研究においてはこのような視座のアプローチが九〇年代以降あまり見られないことも指摘しておきたい。最近ではアイドルに関するエスノグラフィー調査も増えてきたが、そのほかの音楽ジャンルにおいてこのようなアプローチを持った音楽研究はほとんど見られない。この意味で、本書が日本における今後の音楽とジェンダーをめぐる社会学研究の発展の一助となれば幸いである。

最後に、本書の翻訳にあたり多大なご支援をいただいた方々への謝辞にてこのあとがきを締めくくりたい。

ジャズとジェンダーという極めて特殊なテーマの本の翻訳企画を「やりましょう!」と二つ返事で承諾してくれた青土社編集部の足立朋也さんには、感謝してもしきれない。翻訳が滞ってしまった時も、辛抱強く寄り添ってくださった足立さんには、本当に頭の下がる思いである。本当にありがとうございました。

そして企画段階から翻訳段階まで、多方面でお世話になった栢木清吾さんには、心より感謝の意を伝えたい。翻訳者として、また研究者として大先輩である彼の助言がなければ、この本は完成しなかった。特に、第九章と結論は彼の多大な支援によるところが大きい。この場を借りて、心より御礼申し上げます。

そして最後に、ブダペストで出会ってから今日まで、プライベートでも仕事でも私を応援してくれ、いつも的確な助言と軽快なおしゃべりで励ましてくれる、私の人生の師匠であり本書の著者であるマリー・ビュスカート氏に、最大の敬意と感謝の意を捧げます。

二〇二三年三月八日

中條千晴

(1) Dahl Linda *Stormy Weather: The Music and Lives of a Century of Jazzwoman*, London, Quartet Books, 1984. Gourse Leslie *Madam Jazz. Contemporary Women Instrumentalists*, New York, Oxford University Press, 1995. Tucker Sherrie "Big Ears: Listening for Gender in Jazz Studies" , *Current Musicology*, 71-73, 375-408, 2001.

(2) Buscatto Marie "Women's Access to Professional Jazz: From Limiting Processes to Levers for Transgression". *In* Reddan J. M., M. Herzig, and M. Kahr (eds.) *The Routledge Companion to Jazz and Gender,* New York, Routledge, 2022, 231-243.

(3) Julia Eckhardt and De Leen (2017), *The Second Sound - conversations on gender and music*, Presses du reel.

(4) Catherine Strong, Sarah Raine (eds.), *Towards Gender Equality in the Music Industry: Education, Practice and Strategies for Change*, New York/London, Bloomsbury, 2019, 220.

© Gaston

マリー＝アンジュ・マルタン

© Artis diffusion

ジョエル・レアンドル

À écouter le premier “vrai” disque de Laïka Fatien, on se dit que cela
valait la peine d’attendre. D’autant que le personnage, repéré naguère
par les plus perspicaces, n’est pas moins émouvant que le chant.



ライカ・ファティアン

スザンヌ・アビュール

# L'UNE CHANTE L'AUTRE SOUFFLE

Été 2003 : à la "une" de Jazz Magazine, une "nouvelle vague" de 23 musiciens prometteurs avec, au premier plan, deux jeunes femmes : **Sophie Alour**, celle qui souffle et qui vient de publier son premier album, "Insulaire", et **Mina Agossi**, qui chante et vient, elle, de publier "Well You, Needn't", son cinquième opus. D'où ce double portrait en miroir...

INTERVIEW > ÉMILIE QUENTIN

## Les premiers émois musicaux...

**SOPHIE** « Vers l'âge de treize ans *[Ndlr : Spohie est née le 24 décembre 1974 à Quimper]*, j'ai commencé d'étudier la clarinette au conservatoire de Quimper – je l'avais choisie en écoutant *Pierre et le Loup*.Puis, dans un couloir de l'école, j'ai entendu un saxophone... Mais j'ai dû attendre d'avoir dix-neuf ans et d'être à Paris pour louer mon premier sax. J'étudiais le classique mais j'ai très tôt écouté du jazz grâce à un musicien ami de mes parents qui nous apportait des disques à chacune de ses visites. J'ai découvert Dexter Gordon, Stan Getz et surtout le quintette de Miles avec Coltrane.

**MINA** « Née *[Ndlr : Le 6 janvier 1972 à Besançon]* d'un métissage franco-béninois, j'ai grandi entre la France, le Maroc, la Côte d'Ivoire et principalement le Niger. Si je dois remonter à mon premier feeling musical c'est sans hésitation les *Aristochats* de Walt Disney, puis, vers treize ans, un coup de foudre pour *My Song* de Keith Jarrett. Mais il faut savoir que je n'avais aucune aspiration à faire de la musique ou chanter : mon but était de devenir clown ; le théâtre et le jeu étaient mes vraies passions. Mais j'ai compris que ce n'était pas pour moi – en même temps, ce n'est pas si loin de cette passion de la scène que j'ai maintenant. »

## L'initiation...

**SOPHIE** « J'ai commencé au CIM en 95 et enchaîné par des séances enfermée dans le placard de ma chambre, puis des concerts dans des restaurants et la cave vide du Magnetic Terrasse, où l'on me laissait jouer. En 97 j'ai rejoint un big band féminin, Les Rumbananas, on avait pas mal de boulot – surtout "La Grosse Émission", sur la chaîne Comédie, où l'on a joué quatre ans. En 98 j'ai rejoint l'atelier de Lionel Belmondo à l'IACP. À partir de là les formations où j'ai joué se sont multipliées et chevauchées. J'y ai entre autres rencontré Dominique Mandin – nous avons fondé le Vintage Orchestra – et Stéphane Belmondo. J'ai aussi fait partie du groupe Manitu de Jean-Daniel Botta et du big band de Christophe Dal Sasso, qui m'ont beaucoup apporté dans l'écriture. »

**MINA** « À vingt ans j'ai rencontré un saxophoniste dans un bar quasiment vide de Besançon, il m'a forcé à improviser en chantant sur sa boîte à rythme. Je ne l'avais jamais fait, il a aimé et nous avons commencé de jouer dans la région. À cet âge-là, quand tu reçois ton premier cachet, tu te dis que tu veux faire ce

SOPHIE ALOUR ET MINA A



ソフィー・アルール

boulot toute ta vie. Au bout de quelques mois mes ambitions et envies d'indépendance se sont développées. Il y a eu la Bretagne et son orchestre New Orleans, une grosse machine à concerts. Pour eux le jazz dépassait difficilement le bebop. Moi, il me restait ces souvenirs de Jarrett, il fallait que j'aille voir plus loin – Björk, Bowie, Hendrix et l'électro existaient. Puis ma rencontre avec Vincent Guérin, contrebassiste, a été à l'origine d'un premier disque autoproduit : "Voice and Bass", élu "jeune talent autoproduit" pour la Fnac, et mon vrai point de départ. J'ai débarqué à Paris avec ma valise, en évitant les pièges du showbiz. En 99, je remontai avec Philippe Combelle les jam sessions vocales du Caveau des Oubliettes. Et en 2001, alors que je préparais un disque avec le Spirit of Life Ensemble, le 11 septembre a tout changé : nous avons enregistré "E-Zpass to Brooklyn" à New York, dans cette atmosphère étrange. Nous avons enchaîné les concerts à partir de cette époque, puis, sur le même label, "Carrousel"... »

## Les plus beaux souvenirs...

**SOPHIE** « L'année dernière, sur la grande scène de Vienne, avec le quartette de Rhoda Scott. Quelques minutes avant d'entrer en scène, mon sax ne fonctionnait plus, panique totale, Jim Tomlinson (sax de Stacey Kent) m'a prêté le sien… Après, j'étais si relax que c'en est devenu un grand souvenir. Sur une autre grande scène, avec le big band de Dal Sasso au Parc Floral, j'avais envie de disparaître… C'est un lieu vraiment impressionant. Dans un autre genre, avec mon groupe lors d'un concert au Baiser Salé, des amis sont venus nous rejoindre, et je ne sais pas pourquoi : ce soir-là, ça a décollé... »

**MINA** « Cette année, sélectionnés en tant que "nouveaux talents Adami", nous avons joué dans les plus gros festivals. Le théâtre antique de Vienne était magique, car les gens, des deux côtés de la scène, ne sont là que pour l'amour de la musique... En 97, j'avais eu la chance d'enchaîner les workshops de Sheila Jordan à Boston, puis Jeanne Lee à Nantes. Ces dernières années, Archie Shepp m'a fait découvrir l'essence d'Ellington, de Monk, et aller plus loin. »

## Leur nouvel album...

**SOPHIE** « J'ai commencé par une maquette en quartette avec le guitariste Hugo Lippi – l'échéance des trente ans et le désir d'accomplir quelque chose me travaillaient. Quand Nocturne a accepté mon projet, je traversais des moments où j'avais besoin de me retrouver seule pour composer, d'où le titre *Insulaire*. Je puisais mes ressources dans le fait d'écrire, je n'ai quasiment pas joué ou écouté de musique pendant cette période ; la littérature, le dessin devenaient vitaux. Le titre *Les Samouraïs* vient de la lecture de l'Hagakure – il y a ironiquement beaucoup de similitudes avec le monde du jazz. Pour les reprises, il était incontournable de choisir un titre de Joe Henderson *[Ndlr - son "héros musicien" qu'elle nous citait déjà en 2003]. Black Narcissus* est un duo, c'est une forme avec laquelle on ne peut pas tricher, c'est se mettre à nu. Je revendique tout dans les choix de ce disque, et aussi les erreurs. Outre les influences de la scène new-yorkaise, j'ai beaucoup puisé dans ce qu'apportent les chanteuses, Chaka Khan, Joni Mitchell, et surtout Shirley Horn : elle a l'art de mettre de "la musique dans les silences", Miles avait cette même capacité. J'ai passé neuf mois sur ce disque, c'est un cycle. Maintenant il est là. »

**MINA** « J'avais depuis longtemps envie de compositions et de réécritures sur le conte *La Belle et la Bête*, l'Opéra de Lyon m'avait proposé une résidence pour essayer de monter ce spectacle. J'ai préparé ce projet pendant plus d'un an, il n'a pas encore abouti sous cette forme. Le disque en est devenu la retranscription sous une autre. Je veux que chacun de mes morceaux soit une histoire. *Well You Needn't* est devenu le morceau phare du disque et c'est vers cela que j'ai envie de me diriger. Monk, c'est le sol, la terre… J'entends beaucoup de percussion dans ma tête quand je compose, ces sonorités viennent de là. De même pour Hendrix, c'est le sang, les tripes de cette musique… Je fonctionne au feeling ! En fait, nous tournions une page : je savais qu'Alex Hièle, le contrebassiste, allait nous quitter pour des raisons qui lui sont propres et que ma signature avec le label Candid me permettrait d'envisager d'autres horizons – ils me donnent les moyens et la liberté dont j'ai besoin. L'année à venir va être dure pour moi, car je ne veux pas choisir la facilité et me laisser aller... » ■

**CD** Alour : "Insulaire" (Nocturne). Agossi : "Well You Needn't" (Candid/Harmonia Mundi).

GRAPHIÉES PAR JOACHIM BERTRAND

ミナ・アゴシ

© Hélène Biensa

ジュリー・ソーリ

© Élodie Winter

ソニア・キャット＝ベロ

アイレール・ベッソン

ヴィクトリア・ラムラー

エクスペリメンタル・ジャズの
新参レーベル「チーフ・インスペクター」

［著者］マリー・ビュスカート　Marie Buscatto

パンテオン・ソルボンヌ大学（パリ第1大学）社会学教授。専門分野は労働・芸術・ジェンダーの社会学であり、質的調査の専門家でもある。フランス、アメリカ、日本の音楽・芸術業界における女性アーティストをめぐる状況についてフィールドワークを重ねてきた。現在は、芸術界への女性の参入や労働環境、また芸術界におけるジェンダーに基づく暴力（GBV）をジェンダー論の視点から研究している。主な著作に、"Jazz as a way to escape one's social "destiny". Lessons from Japanese professional jazz musicians"（Jazz Research, 50/51, 2023）、*La très grande taille au féminin* (CNRS ÉDITION, 2022)、*Sociologies du genre - 2e édition* (ARMAND COLIN, 2019) などがある。

［訳者］中條千晴（ちゅうじょう・ちはる）

1985年生まれ。リヨン高等師範学校人文社会科学東アジア研究所にて修士号を取得したのち、リヨン大学博士号取得。専門はメディア文化論、フェミニズム。フランス国立東洋言語文化学院日本学部特任講師を経て、2023 年4月より東京外国語大学国際日本学部特任講師。訳書に、アンジェラ・マクロビー『クリエイティブであれ——新しい文化産業とジェンダー』（共訳、2023年）、ポーリーヌ・アルマンジュ『私は男が大嫌い』（2023年）、レベッカ・ホール『女奴隷たちの反乱——知られざる抵抗の物語』（2022年）、ティファンヌ・リヴィエール『博論日記』（2022年）（いずれも花伝社）などがある。

・本作品はアンスティチュ・フランセパリ本部の助成金を受給しております。
Cet ouvrage a bénéficié du soutien du Programme d'aide à la publication de l'Institut français.

・本書はフランス東アジア研究所（IFRAE）の支援により出版されました。
Cet ouvrage a bénéficié du concours du laboratoire IFRAE.

Inalco
Université de Paris
CNRS
IFRAE
Institut français de recherche sur l'Asie de l'Est
UMR 8043

・本書はフランス国立ジェンダー研究所の「翻訳助成プログラム」の支援により出版されました。
Cet ouvrage a bénéficié du soutien du Programme d'aide à la traduction de GIS Institut de Genre.

[Institut du Genre]

女性《じょせい》ジャズミュージシャンの社会学《しゃかいがく》　音楽性《おんがくせい》・女性性《じょせいせい》・周縁化《しゅうえんか》

2023年4月1日　第1刷印刷
2023年4月12日　第1刷発行

著　者　マリー・ビュスカート

訳　者　中條千晴

発行者　清水一人
発行所　青土社
〒101-0051　東京都千代田区神田神保町1-29　市瀬ビル
電話　03-3291-9831（編集部）　03-3294-7829（営業部）
振替　00190-7-192955

印　刷　双文社印刷
製　本　双文社印刷

装　幀　今垣知沙子

Printed in Japan　ISBN978-4-7917-7543-9